Landnutzung und biologische Vielfalt in den Alpen

Landnutzung und biologische Vielfalt in den Alpen
Fakten, Perspektiven, Empfehlungen

Thematische Synthese zum Forschungsschwerpunkt II
«Land- und Forstwirtschaft im alpinen Lebensraum»

Nationales Forschungsprogramm 48 «Landschaften und Lebensräume der Alpen»
des Schweizerischen Nationalfonds

Jürg Stöcklin, Andreas Bosshard, Gregor Klaus, Katrin Rudmann-Maurer, Markus Fischer
Basel, Oberwil-Lieli, Rothenfluh, Potsdam und Bern, 2007

vdf Hochschulverlag AG an der ETH Zürich

Impressum

Projektteam
Prof. Dr. Jürg Stöcklin, Universität Basel; Dr. Andreas Bosshard, Büro für Ökologie und Landschaft, Oberwil-Lieli;
Dr. Gregor Klaus, Wissenschaftsjournalist, Rothenfluh; Dr. Katrin Rudmann-Maurer, Universität Basel;
Prof. Dr. Markus Fischer, Universität Potsdam und Universität Bern

Begleitgruppe
Leitungsgruppe des NFP 48:
Prof. Dr. Martine Rahier, Universität Neuchâtel; Prof. Dr. Wolfgang Haber, TU München; Dr. Michael Weber, ETH Zürich;
Stefan Husi, Schweizerischer Nationalfonds SNF; Urs Steiger, Kommunikationsbeauftragter NFP 48

Externe Mitglieder:
Dr. Urs Gantner, BLW; Prof. Dr. Georg Grabherr, Universität Wien; Dr. Josef Hartmann, Kantonales Amt für Naturschutz, Graubünden;
Dr. Erich Kohli, BAFU; Dr. Felix Schläpfer, Universität Zürich; Dr. Urs Tester, Pro Natura; Prof. Dr. Willi Zimmermann, ETH Zürich;
Projektleiter der Forschungsteams des NFP 48: siehe Tab. 1-1

[O]
Foto Titelseite: Priska Ketterer; Fotos Kapitelanfang, Kapitel 1: Andreas Bosshard; Kapitel 2: Markus Jenny; Kapitel 3: Katrin Rudmann-Maurer;
Kapitel 4: Markus Jenny; Kapitel 5: Andreas Bosshard/Markus Jenny; Kapitel 6: zvg; Titelbild Szenario I: Markus Jenny; Szenario II –IV: Andreas
Bosshard.

Gestaltung: Grafikatelier Max Urech, Interlaken.

Publiziert mit Unterstützung des Schweizerischen Nationalfonds zur Förderung der wissenschaftlichen Forschung

Empfohlene Zitierweise
Autorin/Autoren: Stöcklin J., Bosshard A., Klaus G., Rudmann-Maurer K., Fischer M.
Titel: Landnutzung und biologische Vielfalt in den Alpen
Untertitel: Thematische Synthese zum Forschungsschwerpunkt II «Land- und Forstwirtschaft im alpinen Lebensraum»
des Nationalen Forschungsprogramms NFP 48 «Landschaften und Lebensräume der Alpen»
des Schweizerischen Nationalfonds SNF
Ort: Zürich
Jahr: 2007

Bibliografische Information der Deutschen Nationalbibliothek
Die Deutsche Bibliothek verzeichnet diese Publikation in der Deutschen Nationalbibliografie; detaillierte bibliografische
Daten sind im Internet über http://dnb.d-nb.de abrufbar.

ISBN: 978-3-7281-3128-7

© 2007, vdf Hochschulverlag AG an der ETH Zürich

Das Werk einschliesslich aller seiner Teile ist urheberrechtlich geschützt. Jede Verwertung ausserhalb der engen Grenzen des Urheberrechtsgesetzes ist ohne Zustimmung des Verlags unzulässig und strafbar. Das gilt besonders für Vervielfältigungen, Übersetzungen, Mikroverfilmungen und die Einspeicherung und Verarbeitung in elektronischen Systemen.

Inhalt

	Inhaltsverzeichnis	7
	Kurzfassung	13
	Summary	17
1	**Einleitung**	21
2	**Die Entwicklung der alpinen Landschaft**	27
3	**Veränderungen der Biodiversität im Alpenraum und ihre Ursachen**	65
4	**Welche Landschaft und welche Biodiversität wünscht die Gesellschaft?**	103
5	**Szenarien – die alpine Kulturlandschaft im Jahr 2017**	113
6	**Handlungsempfehlungen zur Erhaltung der vielfältigen Alpenlandschaft und ihrer Biodiversität**	169
	Literaturverzeichnis	181

Inhaltsverzeichnis

	Inhaltsverzeichnis	**7**
	Kurzfassung	**13**
	Summary	17
1	**Einleitung**	**21**
2	**Die Entwicklung der alpinen Landschaft**	**27**
2.1	Der Mensch erobert die Alpen	28
2.2	Berglandwirtschaft im Umbruch	30
2.3	Wirtschaften unter schwierigen Bedingungen	33
2.4	Der Tourismus als Lebensnerv und Landschaftsverbraucher	36
2.5	Landwirtschaft im Spannungsfeld zwischen Ökonomie, Gesellschaft und Ökologie	39
2.6	Der Landschaftswandel im Alpenraum	42
2.6.1	Allgemeine Veränderungen in den letzten 120 Jahren	42
2.6.2	Landnutzungsveränderungen zwischen 1979/85 und 1992/97	52
2.6.3	Drei Kulturtraditionen – das Gedächtnis der Landschaft	54
2.6.4	Die Zunahme der Waldfläche	57
2.6.5	Bedeutung und Entwicklung der Schutzwälder	62
2.7	Alpenlandschaften unter Druck	64
3	**Veränderungen der Biodiversität im Alpenraum und ihre Ursachen**	**65**
3.1	Natürliche und durch den Menschen geprägte Biodiversität	66
3.1.1	Die natürliche Vegetation der Alpen	66
3.1.2	Artenreiche Alpen	66
3.1.3	Biodiversität im Wald	69

3.1.4	Eine vielfältige Kulturlandschaft erhöht die Biodiversität	70
3.1.5	Der Einfluss der Graslandnutzung auf Flora und Fauna	72
3.1.6	Biologische Wechselwirkungen im Grasland der Alpen	76
3.1.7	Der Einfluss der landwirtschaftlichen Nutzung auf die genetische Differenzierung von Wildpflanzen	77
3.1.8	Vielfalt der Kulturpflanzensorten und Nutztierrassen	78
3.1.9	Fazit	80
3.2	**Auswirkungen des Strukturwandels in der Landwirtschaft auf die Biodiversität von Wiesen und Weiden**	**81**
3.2.1	Die Intensivierung von Grasland	81
3.2.2	Umnutzung von extensiv genutzten Wiesen	84
3.2.3	Nutzungsaufgabe, Verbuschung und Wiederbewaldung von Grasland	85
3.2.4	Die Nutzung von Wiesen und Weiden als Skipisten	87
3.2.5	Der Rückgang der Nutzungsvielfalt bedroht die Biodiversität	87
3.3	**Wald im Wandel**	**89**
3.3.1	Erst übernutzt, dann unternutzt	89
3.3.2	Der Wald der Zukunft	92
3.4	**Auswirkungen von globalen Umweltveränderungen («Global Change») auf die Biodiversität**	**94**
3.4.1	Der Einfluss der Klimaerwärmung auf die Graslandvegetation	95
3.4.2	Migration und Aussterberisiken von alpinen Pflanzen durch die Klimaerwärmung	96
3.4.3	Der Einfluss der Klimaerwärmung auf Tiere im Grasland	96
3.4.4	Der Einfluss des erhöhten Stickstoffeintrags	97
3.4.5	Der Einfluss einer erhöhten CO_2-Konzentration in der Luft	98
3.4.6	Der Einfluss von Klimaveränderungen auf den Wald	98
3.4.7	Der Einfluss der globalen Veränderungen auf Tier-Pflanze-Wechselwirkungen	99
3.5	**Die Konsequenzen der beobachteten Veränderungen für Ökosystemdienstleistungen**	**100**
3.6	**Nutzungsänderungen und «Global Change» als Herausforderung**	**101**
4	**Welche Landschaft und welche Biodiversität wünscht die Gesellschaft?**	**103**
4.1	Was soll und was will der Bund?	104

INHALTSVERZEICHNIS

4.2	Was wünscht die Bevölkerung?	105
4.2.1	Die Meinung der Bergbevölkerung	105
4.2.2	Die Meinung der Touristen	108
4.2.3	Die Meinung der Schweizer Bevölkerung	109
4.3	Was wollen Naturschutzorganisationen?	110
4.4	Was wollen Fachleute und Entscheidungsträger?	111
4.5	Der gemeinsame Nenner	112
5	**Szenarien – die alpine Kulturlandschaft im Jahr 2017**	113
5.1	Wahl der Szenarien	114
5.2	Die Ausgangslage der Szenarien	116
5.2.1	Finanzielle Beiträge der öffentlichen Hand an die Schweizer Berglandwirtschaft	118
5.2.2	Geringe agrarpolitische Unterstützung ökologischer Leistungen im Berggebiet	122
5.3	Vorgehen bei der Szenarienbildung	125
5.4	Szenario I: Entwicklung unter den zu erwartenden politischen Rahmenbedingungen («Agrarpolitik 2011»)	129
5.4.1	Rahmenbedingungen	129
5.4.2	Auswirkungen auf Produktion, Tierbesatz und Einkommen	131
5.4.3	Auswirkungen auf Landschaft und Lebensräume	132
5.4.4	Gesamtbilanz	134
5.5	Szenario II: Verzicht auf politische Steuerung	135
5.5.1	Rahmenbedingungen	135
5.5.2	Auswirkungen auf die Entwicklung der Flächennutzung	136
5.5.3	Auswirkungen auf Landschaften und Lebensräume	139
5.5.4	Gesamtbilanz	143

5.6	Szenario III: Minimierung der Leistungsanforderungen und der Administration («Pauschalzahlungen»)	144
5.6.1	Rahmenbedingungen	144
5.6.2	Auswirkungen auf die Entwicklung der Flächennutzung	145
5.6.3	Bilanz für Landschaften und Lebensräume der Alpen	147
5.7	Szenario IV: Konsequente Ausrichtung der Direktzahlungen auf nicht marktfähige und öffentliche Leistungen der Landwirtschaft («Multifunktionales Agrarleistungsmodell»)	148
5.7.1	Konzeption des Szenarios	150
5.7.2	Finanzieller Rahmen	152
5.7.3	Rahmenbedingungen	154
5.7.4	Auswirkungen auf Einkommen, Betriebsstrukturen und Administration	161
5.7.5	Auswirkungen auf die übrigen Zielbereiche der Agrarpolitik	163
5.7.6	Bilanz für Landschaften und Lebensräume der Alpen	163
5.8	Schlussfolgerungen	167
6	**Handlungsempfehlungen zur Erhaltung der vielfältigen Alpenlandschaft und ihrer Biodiversität**	**169**
6.1	Landwirtschaft	171
6.1.1	Direktzahlungen müssen öffentliche, nicht marktfähige Leistungen entschädigen	171
6.1.2	Regionalisierung der Agrarpolitik	173
6.1.3	Förderung von Unternehmertum, Innovation und Wettbewerbsfähigkeit in der Berglandwirtschaft	174
6.1.4	Neue Prioritäten in Ausbildung und Beratung	174
6.1.5	Nutzung von Synergien	175
6.2	Forstwirtschaft	176
6.2.1	Biodiversität im Gebirgswald erhalten und fördern	176
6.2.2	Schutzwald zumindest minimal pflegen	176
6.2.3	Erhaltung der Waldfläche flexibler gestalten	177

6. 3	Empfehlungen an weitere Akteure	178
6.3.1	Tourismus	178
6.3.2	Verbände und Nichtregierungsorganisationen	178
6.3.3	Sensibilisierung der Bevölkerung	178
6.4	Fazit	179
	Literaturverzeichnis	181

Kurzfassung

Die Alpen sind nicht nur landschaftlich äusserst reizvoll, sondern auch ein Hotspot der Biodiversität in Europa. Mehrere hundert Pflanzenarten kommen ausschliesslich im Alpenraum vor. Durch die Schaffung der Kulturlandschaft hat der Mensch die Landschaften und Lebensräume der Alpen stark verändert. Es entstanden viele neue Landschaftselemente und Lebensräume. Insgesamt hat sich die landschaftliche und biologische Vielfalt der Alpen dadurch deutlich erhöht. In den vergangenen Jahrzehnten ist diese Vielfalt aber zunehmend unter Druck geraten.

Der Landschaftswandel und der Biodiversitätsverlust im Alpenraum sowie die zugrunde liegenden Ursachen und mögliche Zukunftsszenarien wurden in den vergangenen vier Jahren im Rahmen des Nationalen Forschungsprogramms NFP 48 «Landschaften und Lebensräume der Alpen» untersucht. Die vorliegende thematische Synthese fasst die Forschungsresultate und Analysen von 12 Projekten zusammen, stellt sie unter Beizug zahlreicher weiterer Forschungsarbeiten in einen grösseren Zusammenhang, identifiziert Steuerungsmöglichkeiten und leitet Handlungsempfehlungen für Akteure aus Politik, Landwirtschaft, Forstwirtschaft, Tourismus, Raumplanung und Naturschutz ab.

Landschaft und Biodiversität im Wandel

Durch Rodungen und die anschliessende kleinräumige landwirtschaftliche Nutzung der Alpen entstand im Laufe der Jahrtausende ein Mosaik aus Wald und offenem, vielfältig genutztem Grasland, das Platz für die Entwicklung von neuartigen Tier- und Pflanzengesellschaften bot. Zahlreiche Arten wanderten aus Osteuropa, Zentralasien und dem Mittelmeerraum in die neu entstandenen Lebensräume ein. In den traditionell bewirtschafteten Wiesen und Weiden entstand eine grosse Artenvielfalt. Aber nicht nur die biologische Vielfalt auf der Ebene der Arten wurde durch die menschliche Nutzung positiv beeinflusst. Die Züchtung von Nutztieren und -pflanzen sowie die verschiedenen Nutzungstypen im Wald und Grünland haben auch die genetische Vielfalt im Alpenraum beeinflusst. Durch die jahrhundertelange Zucht und die Abgeschiedenheit vieler Täler entstand eine besonders grosse Anzahl an Nutztierrassen und Pflanzensorten.

Seit Mitte des letzten Jahrhunderts kehrte sich die positive Wirkung der menschlichen Nutzung auf die Landschaften und die biologische Vielfalt zunehmend ins Negative um. Die wichtigsten Faktoren waren die Mechanisierung und die Intensivierung der Landwirtschaft sowie die zunehmende Erschliessung und Zersiedelung der Landschaft. Landschaftselemente wie Einzelbäume, Hecken und Obstgärten wurden systematisch entfernt. Wichtige Lebensräume für Tiere und Pflanzen verschwanden und die Landschaft wurde monotoner. Im Grasland fanden zwei gegensätzliche Entwicklungen statt: Einerseits wurden die wirtschaftlich gut nutzbaren Flächen immer intensiver bewirtschaftet: Die Schnittfrequenz und die Düngermenge wurden erhöht, Gülle ersetzte zunehmend die traditionelle Mistwirtschaft, und immer mehr Flächen wurden bewässert. Diese Intensivierung hat zu einem Verlust an Tier- und Pflanzenarten geführt, und zwar sowohl auf Parzellen- als auch auf Landschaftsebene. Da es Pflanzen- und Tierarten gibt, die auf einen bestimmten Nutzungstyp angewiesen sind, bedroht auch der zunehmende Rückgang der Nutzungsvielfalt die Biodiversität im Alpenraum.

Andererseits wurden steile und schlecht erschlossene Flächen, die nicht oder nur erschwert maschinell bewirtschaftbar sind, zunehmend aus der Nutzung entlassen oder – um Arbeitszeit einzusparen – in Weiden umgenutzt. Die nicht mehr genutzten Flächen holt sich früher oder später der Wald zurück. In der Schweiz hat die Waldfläche in den vergangenen 150 Jahren je nach Autor um 30 bis 100 % zugenommen. Betroffen waren fast ausschliesslich so genannte Grenzertragsstandorte, bei denen das Verhältnis zwischen Aufwand und Ertrag ungünstig ist. Weil von der Wiederbewaldung vor allem artenreiche Trockenwiesen und -weiden betroffen sind, muss diese Entwicklung aus Sicht des Biodiversitätsschutzes als negativ bewertet werden. Auch bei einer Weiterführung der gegenwärtigen, hohen Direktzahlungen für die Landwirtschaft, die als wichtigstes Steuerungselement der landwirtschaftlichen Nutzung gelten, wird mit einer weiteren Wiederbewaldung gerechnet, weil unter anderem das Sömmerungsgebiet, in dem der grösste Teil der Wiederbewaldung stattfindet, von den Direktzahlungen fast vollständig ausgeschlossen ist.

Auch das Aussehen der Gebirgswälder und ihre Funktion als Schutzwald sowie als Lebensraum für Tiere und Pflanzen haben sich tief greifend verändert. Da seit Jahrzehnten weniger Holz geschlagen wird als nachwächst, nimmt der Holzvorrat zu. Dadurch werden die Wälder immer dichter. Während typische Waldarten von der abnehmenden Holznutzung profitieren, werden licht- und wärmeliebende Arten, die auf lückige Waldtypen angewiesen sind, immer seltener. Die steigende Nachfrage nach Energieholz und die geplante Steigerung der Nutzung von Rundholz deuten darauf hin, dass dem Wald grössere Veränderungen bevorstehen. Eine Steigerung der Holznutzung würde sich nur dann positiv auf die Artenvielfalt auswirken, wenn bestimmte Richtlinien bei der Nutzung festgelegt und eingehalten werden.

Eine weitere Bedrohung für die Biodiversität im Alpenraum sind die Klimaerwärmung und der Stickstoffeintrag aus der Atmosphäre. Die Klimaerwärmung hat dazu geführt, dass immer mehr Pflanzenarten in höhere Zonen vorstossen. Durch den von verschiedenen Modellen prognostizierten Temperaturanstieg von mehreren Grad Celsius bis zur Jahrhundertmitte dürfte sich die Vegetation des Alpenraums deshalb deutlich verändern. Da die Arten der obersten Höhenstufen wesentlich konkurrenzschwächer sind als jene Pflanzenarten, die von unten nachrücken, und es keine Ausweichmöglichkeit nach oben gibt, könnten einzelne Arten aussterben.

Die Ökosysteme der Alpen dienen dem Menschen nicht nur als Lebensraum und zur Produktion von Nahrungsmitteln und Holz, sondern erbringen weitere Dienstleistungen («ecosystem services»). Dazu gehören die Erhaltung der Fruchtbarkeit der Böden, die Reinhaltung von Wasser und Luft und der Schutz vor Lawinen, Steinschlag und Erosion. Zudem erfüllt auch die Landschaft selbst eine sehr wichtige Funktion. Sie trägt durch ihre Vielfalt, Schönheit und Eigenart zur Lebensqualität und zur Identitätsstiftung in den Regionen bei und ist eine wichtige Grundlage für den Tourismus. Diese Leistungen der Ökosysteme und der alpinen Landschaften nehmen durch den Einfluss des Menschen immer mehr ab.

Aufgrund dieser Erkenntnisse und in Anbetracht des hohen ideellen und materiellen Wertes der alpinen Landschaften und ihrer Biodiversität muss die Frage gestellt werden, ob die künftige Nutzung und Gestaltung dieser Ressourcen nicht gezielter gesteuert werden soll. Dazu muss aber bekannt sein, welche Landschaft und welche Biodiversität die Gesellschaft wünscht. Umfragen haben gezeigt, dass die Bergbevölkerung, die Touristen und die Bevölkerung des Mittellandes eine identitätsstiftende Landschaft mit einer reichen Artenvielfalt als Gewinn empfinden. Tourismusbedingte Landschaftsveränderungen werden dagegen als ästhetischer Verlust empfunden. Auf Bundesebene existieren bereits klare Vorgaben zur Erhaltung der biologischen und landschaftlichen Vielfalt, doch der Bund und die Kantone kommen ihrer seit Jahrzehnten bestehenden Sorgfaltspflicht gegenüber Natur und Landschaft nur in ungenügender Weise nach.

Szenarien – was bringt die Zukunft?

Mittels Szenarien werden vier politisch realistische Perspektiven für die Entwicklung von Landschaften, Lebensräumen und der Biodiversität in den Schweizer Alpen beleuchtet. Im Fokus steht dabei die Landwirtschaft, weil sie mit Abstand den grössten direkten menschlichen Einfluss auf die Entwicklung der Landschaft, der Lebensräume und der Biodiversität hat. Zurzeit wird die Schweizer Landwirtschaft mit jährlich rund 2,5 Milliarden Franken Direktzahlungen für die Erbringung multifunktionaler Leistungen entschädigt. Der Umfang dieser Zahlungen und die an sie geknüpften Bedingungen sind im Gegensatz zu vielen anderen Einflussgrössen gestaltbar und beeinflussen zudem die Landnutzung und damit die Landschaften und Lebensräume der Alpen in ausserordentlich hohem Masse.

Im ersten Szenario werden die Auswirkungen der gegenwärtigen Politik analysiert. Dabei zeigt sich, dass mit der Agrarpolitik 2011 mit ihrer Mischung aus produktorientierten Subventionen (Marktstützungen), «Allgemeinen Direktzahlungen» und einem geringen Anteil ökologisch motivierter Direktzahlungen (Szenario I) der weitere Rückgang der landschaftlichen Vielfalt und der Biodiversität nicht aufgehalten werden kann. Damit können die Ziele der Agrarpolitik und der Verfassung nicht erreicht werden. Noch deutlich negativere Wirkungen auf die natürlichen Ressourcen hätten ein Rückzug der Landwirtschaft aus dem Berggebiet (Szenario II) oder eine Minimierung der Leistungsanforderungen (Szenario III). Im Gegensatz dazu zeigt Szenario IV, in dem produktorientierte Subventionen und ein grosser Teil der «Allgemeinen Direktzahlungen» in leistungsorientierte Direktzahlungen umgelagert werden, einen Weg auf, wie die Schönheit und Eigenart der alpinen Landschaft bewahrt und ihre Biodiversität erhalten werden können. Dies erfordert neben einer Anpassung bestehender Instrumente die Einführung neuer Instrumente und Landschaftsprogramme (siehe Kap. 5.7). Eine stärkere Gewichtung der Regionen und der Subsidiarität ermöglicht regional angepasste Massnahmen, was die Effektivität der Zahlungen erhöht. Dieses Szenario ist damit ein Beitrag zur Realisierung der vom Bund für den ökologischen Ausgleich im Kulturland geforderten und des mit Szenario I nur ungenügend erreichten Ziels, die landschaftliche Vielfalt und die Biodiversität zu erhalten und zu fördern.

Steuerungsmöglichkeiten und Handlungsempfehlungen

Basierend auf den Erkenntnissen aus den Projekten des NFP 48 und weiteren Quellen zu den Veränderungen der Landschaft, der Lebensräume und der Biodiversität und zu deren Ursachen und Steuerungsmöglichkeiten geben wir folgende Handlungsempfehlungen, wie Bund, Kantone, land- und forstwirtschaftliche Betriebe, Wirtschaft und Verbände zur nachhaltigen Entwicklung der Landschaften und zur Erhaltung der Lebensräume und der biologischen Vielfalt der Schweizer Alpen beitragen können:

– Das System der Direktzahlungen soll in Anlehnung an Szenario IV (Kap. 5.7) modifiziert werden und konsequent öffentliche, von der Gesellschaft gewünschte, nicht marktfähige Leistungen entschädigen (siehe Kap. 6.1.1). Die jetzigen Direktzahlungen sind dagegen zu einem grossen Teil nicht an Leistungen geknüpft, sondern stellen eine an die Fläche und die Tierzahl gebundene Rente dar.
– Die Leistungen sollten nach dem Prinzip der Subsidiarität verstärkt auf Kantons- und Gemeindestufe delegiert werden. Weil entsprechende regionale Programme unter geeigneten Rahmenbedingungen effizienter sind als zentralistische, empfehlen wir, mindestens ein Drittel der Direktzahlungen für regional differenzierte Förderungsinstrumente einzusetzen.
– Unternehmertum, Innovation und Wettbewerbsfähigkeit in der Berglandwirtschaft sollten gefördert werden. Die in dieser Synthese empfohlene konsequente Umlagerung der «Allgemeinen Direktzahlungen» fördert die unternehmerische Selbständigkeit der Landwirte in einem öffentlichen Markt, weil die Zahlungen im Gegensatz zu heute mit klar definierten Leistungszielen verknüpft wären und modular erbracht werden könnten. Je nach Förderbereich können fixe Anreize gesetzt und öffentliche Leistungen, für die eine Nachfrage besteht, ausgeschrieben werden. Durch Allianzen zwischen Landwirtschaft, lokalem Gewerbe und Tourismus lassen sich zudem die regionale Wertschöpfung und die Direktvermarktung vor Ort steigern.
– Wenn der Schutz der Artenvielfalt und der Landschaftsqualität wichtige Aufgaben der Berglandwirtschaft sein sollen, muss die bisher fast nur auf Produktionsaspekte ausgerichtete landwirtschaftliche Ausbildung und Beratung neue Schwerpunkte setzen.
– Die geplante Revision des Waldgesetzes muss neben forstwirtschaftlichen Kriterien auch Richtlinien zur Sicherung von Biodiversität und Landschaftsqualität enthalten.

Die Artenvielfalt im Wald kann mit einer verstärkten Holznutzung gefördert werden, wenn Mindestrichtlinien bei der Nutzung eingehalten werden. Eine starke Intensivierung der Bewirtschaftung mit dem alleinigen Ziel der Holzproduktion hätte klar negative Folgen.
- Der Tourismus profitiert von den öffentlichen Leistungen der Landwirtschaft. Es sollte deshalb verstärkt darüber nachgedacht werden, wie der Tourismus sinnvoll an den Kosten dieser Leistungen beteiligt werden könnte.

Der Übergang zur modernen Landbewirtschaftung sowie die Nutzungsaufgabe von schwierig zu bewirtschaftenden Flächen haben einen beträchtlichen Verlust an Landschaftsvielfalt, Lebensräumen, Arten und Kulturrassen in den Alpen verursacht. Diese Entwicklung wird von grossen Teilen der Bevölkerung abgelehnt. Die vorliegende Synthese des Forschungsschwerpunktes II des NFP 48 zeigt Wege auf, die zu einer nachhaltig genutzten, naturnahen und vielfältigen Kulturlandschaft führen. Wir wissen nun, was zu tun wäre, und die dazu nötigen Mittel scheinen politisch akzeptabel und volkswirtschaftlich tragbar zu sein. Es bedarf in den kommenden Jahren gemeinsamer Anstrengungen aller das Berggebiet betreffenden Akteure, diese Empfehlungen umzusetzen, bei denen vor allem im Bereich der Direktzahlungen auch mit einigen wohlgehüteten Tabus gebrochen wird.

Summary

The Alps are not only known for their fascinating landscape, they also constitute a hotspot of biodiversity in Europe. Several hundreds of plant species exist only in Alpine regions. By creating a cultural landscape, man has deeply changed the landscapes and habitats of the Alps. Many new landscape elements and habitats developed. Altogether, this has significantly enhanced the diversity of the landscape and of the biosphere of the Alps. But in recent decades, this diversity has increasingly come under pressure.

Landscape changes and loss of biodiversity in the Alpine region as well as the underlying causes and possible future scenarios have been studied during the past four years in the context of the Swiss National Research Programme NFP 48 «Landscapes and Habitats of the Alps». The present thematic synthesis summarizes the research results and analyses of 12 projects, puts them into a greater context by referring to numerous other studies, identifies control possibilities, and derives action recommendations for actors in politics, agriculture, forestry, tourism, spatial planning, and nature conservation.

Landscape and Biodiversity Subject to Change

Through clearing of forests and subsequent agricultural use of the Alps at a spatially small scale, in the course of the millennia a patchwork of forests and open grasslands used in manifold ways was created, which provided room for the development of novel animal and plant communities. Numerous species immigrated from Eastern Europe, central Asia, and the Mediterranean region into the newly developed habitats. A great diversity of species developed in the traditionally cultivated meadows and pastures. But not only the biological diversity at the level of species was positively affected by human land use. The breeding of domestic animals and the cultivation of crop plants as well as the various types of using forests and grasslands also influenced the genetic diversity in the Alpine region. Centuries of breeding and the seclusion of many valleys resulted in a particularly large number of domestic animal landraces and plant varieties.

From the mid-20th century on, however, the positive impact of human land use on the diversity of species and landscapes was increasingly reversed into a negative effect. Major causal factors were the mechanization and intensification of agriculture as well as the increasing opening-up of the landscape and the uncontrolled spread of human settlements. Landscape elements like single trees, hedges, and orchards were systematically removed. Important habitats for animals and plants disappeared, and the landscape became more monotonous. In the grasslands, two opposite developments took place: On the one hand, areas that easily lent themselves to agricultural use were cultivated ever more intensively. The cutting frequency and the amount of fertilizers used were increased, liquid manure increasingly replaced the traditional use of dung, and more and more areas were irrigated. This intensification led to a loss of animal and plant species, both at the level of individual lots of land and at the level of landscapes. Since there are plant and animal species that depend on a specific type of agricultural land use, the continuously decreasing diversity of land use, too, means a menace to biodiversity in the Alpine region.

On the other hand, steep or badly accessible areas, which did not or not easily lend themselves to mechanical cultivation, were increasingly dismissed from agricultural use or – to save working time – changed into pastures. Unused areas will sooner or later be recovered by the forest. In Switzerland, forest areas have grown up to 100 % in the previous 150 years. This refers almost exclusively to so-called marginal-yield sites, where the relation between expenses and returns is unfavourable. From a biodiversity protection perspective, this development has to be assessed as negative, since re-afforestation affects above all dry meadows and pastures, which are rich in species. Equally, with a continuation of the present high direct payments for the agricultural sector, further re-afforestation is expected, because – among other things – the summering area, in which re-afforestation mainly takes place, is almost completely excluded from direct payments.

The appearance of mountain forests and their function as protective forest and as habitat for animals and plants have deeply changed, too. Since for decades less trees have been felled than have grown again, the stock of wood is growing. Therefore, forests grow denser and denser. While typical types of forests profit from such reduced wood use, species that like light and warmth and are therefore dependent on open types of forests are becoming ever rarer. The increasing demand for energy wood and the planned increased use of timber suggest that major changes are in store for the forests. Increased use of wood, however, would positively affect biodiversity only if certain guidelines regarding this use would be introduced and observed.

An indirect menace for biodiversity in the Alpine region is global warming and the nitrogen input from the atmosphere. Climate change has made more and more plant species advance into higher zones. With a temperature rise of several degrees Celsius until the middle of this century, as it is predicted by different climate models, the vegetation of the Alpine region will therefore probably change significantly. Since the species growing in the top altitudinal levels are considerably less competitive than those species that move up from below, and since they cannot evade upwards, the extinction of individual species has to be faced.

For humans, the ecosystems of the Alps do not only serve as a habitat and for production of food and wood, they also provide further services («ecosystem services»). These include the preservation of the fertility of soils, the keeping clean of water and air, and the protection from avalanches, rockfall, and erosion. In addition, the landscape itself fulfills a very important function. By its characteristic features, it contributes to the formation of identities in the regions and is an important basis of tourism. These services of ecosystems and of Alpine landscapes are increasingly jeopardized by human influences.

Due to these insights and in view of the high material and immaterial value of the Alpine landscapes and their biodiversity, the question has to be raised whether the future use and shaping of these resources should not be controlled in a more purposive way. To this end, however, it has to be known what type of landscape and of biodiversity the society wants. Surveys have shown that the population of the mountain regions, the tourists, and the population of the Swiss Mittelland see an identity-forming landscape with a high biodiversity as an enrichment. Landscape changes due to tourism, on the other hand, are felt to be aesthetic losses. At a federal level, there are already clear guidelines for the preservation of the diversity of landscape and biodiversity, but this duty to care for nature and landscape, which has been existing for decades, so far has only insufficiently been fulfilled by the Swiss federal and cantonal governments.

Scenarios – What Will the Future Bring?

In four scenarios based on presently discussed framework conditions, possibilities of further development of landscapes, habitats, and biodiversity in the Swiss Alps are explored. The focus of the scenarios is on agriculture, since agriculture means by far the greatest direct human impact on the development of landscape, habitats, and biodiversity. At present, Swiss agriculture is compensated by direct payments of about 2.5 billions of Swiss francs annually for its multifunctional services. In contrast to many other influencing variables, these payments can be shaped as to their extent and to the conditions linked to them, and in addition, they mean a powerful influence on land use and thus on landscapes and habitats of the Alps.

In the first scenario, the effects of the present policy («agricultural policy 2011») are analysed. The analysis shows that by a mixture of product-oriented subsidies (market supports), general direct payments («Allgemeine Direktzahlungen»), and a small proportion of ecologically motivated direct payments (scenario I), the continuing decrease of the diversity of landscapes and biodiversity cannot be stopped. The goals of both agricultural policy and constitution cannot be achieved in that way. Still, significantly more negative impacts on the natural resources would be caused by a retreat of agriculture from the mountain area (scenario II), or by a minimization of requirements linked to payments (scenario III). Only scenario IV, suggesting a shift away from product-oriented subsidies and a redirection of a large part of the general direct payments to service-oriented direct payments, indicates a way to revaluate agriculture and preserve biodiversity. Apart from an adaptation of existing instruments, however, this will require the introduction of new instruments and landscape programmes (see chapter 5.7). A more pronounced role of the regions and greater emphasis on the principle of subsidiarity will foster regionally adapted measures, thereby increasing the efficacy of payments. Scenario IV is hence a contribution to how the goal of preserving and promoting the diversity of landscapes and biodiversity can be realized, as it is demanded by the Swiss federal government to ensure ecological compensation in cultural landscapes, but as it is only insufficiently achieved following scenario I.

Possibilities of Controlling and Recommendations for Acting

Based on the insights gained by the projects of the NPF 48 and from further sources relating to the changes of landscape, habitats, and biodiversity, to their causes, and to possibilities of controlling them, we recommend the following actions by which federal and cantonal governments, agricultural and forestry enterprises, the economy, and associations can contribute to the preservation of landscapes, habitats, and biodiversity of the Swiss Alps:

– The system of direct payments to the agricultural sector is to be modified according to the suggestions given in scenario IV (chapter 5.7) insofar as consequently public, non-marketable services are to be compensated (see chapter 6.1.1). The present direct payments are largely not linked to services but represent a type of financial return related to area and number of livestock.

– According to the principle of subsidiarity, the allocation of payments should be increasingly delegated to the level of cantons and communities. Since, with appropriate framework conditions, respective programmes are more efficient than centralistic ones, we recommend to use at least one third of the direct payments for regionally differentiated promotion instruments.

– Entrepreneurship, innovativeness, and competitiveness in the sector of agriculture in mountain areas are to be promoted. The consequent shift of general direct payments recommended in this synthesis will strengthen the farmers' entrepreneurial independence in a public market, since in contrast to the existing system, payments would be linked to clearly defined service goals and could be provided in a modular way. According to the type of instrument or program, either fixed incentives can be set or offers can be invited for public services for which there is a demand. Besides, the creation of regional value added and the direct marketing on site can be enhanced by alliances among agriculture, local commerce, and tourism.

– If the protection of biodiversity and of the quality of the landscape are to be important tasks of mountain agriculture, agricultural vocational education and agricultural consulting, which so far are almost exclusively keyed to production aspects, will have to set up new priorities.

– The planned revision of the forest law will have to prescribe sufficient criteria for safeguarding biodiversity and quality of the landscape. The biodiversity in forests can be promoted by means of increased use of wood if such use follows certain guidelines. A heavy intensification of forest management with the single goal of wood production, however, would entail negative consequences.

– Tourism profits from the public services of agriculture. Therefore, it should be considered how tourism could be involved in paying the costs of these services.

The transition towards modern agriculture and the abandoning of the use of areas difficult to be cultivated have caused a considerable loss in the diversity of landscapes, habitats, species, and domestic breeds and crop varieties in the Alps. This development is disapproved of by large parts of the Swiss population. The present synthesis of research focus II of the NFP 48 indicates ways towards a near-nature cultural landscape worth living in. So we know what should be done, and the respective necessary means seem to be politically acceptable and economically tolerable. In the years to come, common efforts of all actors relevant for the mountain area will be needed to implement these recommendations which, above all in the field of direct payments, also break some well-guarded taboos.

1 Einleitung

1 Einleitung

Die Alpen bestehen aus einem Mosaik vielfältiger Landschaften und Lebensräume. Diese Vielfalt wurzelt in der spezifischen Naturgeschichte der Alpen. Gleichzeitig spiegelt sie die vielfältige Nutzung durch Menschen unterschiedlicher Herkunft und Kultur während der letzten Jahrtausende wider. Neben den ursprünglichen Landschaftselementen wie Gletscher, Felsfluren, alpine Rasen, Moore, Urwälder und Fluss-, Auen- und Sumpflandschaften entstanden Wiesen, Weiden und Kulturwälder verschiedener Nutzungsintensität, Äcker, Obstgärten und Siedlungen. Mit ihrer einzigartigen Durchdringung von Natur- und Kulturlandschaft gehören die Alpen zu den landschaftlich und biologisch vielfältigsten Regionen Europas. Ob dies so bleibt, hängt von der zukünftigen Art der Nutzung des Alpenraums durch den Menschen ab.

Die aktuelle Nutzung der Alpen ergibt sich aus einem ständigen Wechselspiel zahlreicher, oft gegensätzlicher Interessen. Verändern sich die wirtschaftlichen, kulturellen und gesellschaftlichen Rahmenbedingungen, verändert sich auch die Landnutzung. Die Landschaft ist daher ein dynamisches Gebilde. Seit Mitte des letzten Jahrhunderts hat vor allem die Berglandwirtschaft einen tief greifenden Strukturwandel erlebt. Die neuen Landnutzungsformen beeinflussen sowohl das Landschaftsbild als auch die Quantität und die Qualität der Lebensräume von Pflanzen, Tieren, Pilzen und Mikroorganismen.

Der Landschaftswandel und die damit verbundenen Veränderungen von Lebensräumen und Biodiversität (siehe Kasten S. 24) in den Schweizer Alpen während der letzten Jahrzehnte waren Gegenstand des Nationalen Forschungsprogramms NFP 48 «Landschaften und Lebensräume der Alpen». Ziel war es, ein verstärktes Bewusstsein für die Kollektivgüter «Landschaften» und «Lebensräume» in ihrer umfassenden gesellschaftlichen Bedeutung zu schaffen. Zudem sollte gezeigt werden, welche Entwicklungen im Alpenraum erkennbar, gesellschaftlich wünschbar, ökologisch vertretbar und wirtschaftlich tragbar sind.

Die aus den 35 Forschungsprojekten des NFP 48 gewonnenen Erkenntnisse zur nachhaltigen Entwicklung der Landschaften und Lebensräume der Alpen werden mittels fünf thematischer Synthesen in praxistaugliche Handlungsempfehlungen für die Steuerung laufender Prozesse umgesetzt (siehe auch www.NFP48.ch). Die vorliegende Synthese beschäftigt sich in diesem Rahmen mit den land- und forstwirtschaftlichen Nutzungen der alpinen Landschaften und der Biodiversität. Wir beschreiben die Entwicklung der alpinen Landschaft und der darin eingebetteten Biodiversität, diskutieren die Ansprüche der Gesellschaft an die natürlichen Ressourcen und analysieren die potenziellen Auswirkungen der zurzeit auf gesellschaftlicher und politischer Ebene diskutierten Rahmenbedingungen auf Landschaft und Biodiversität. Auf diesen Informationen aufbauend identifizieren wir Steuerungsmöglichkeiten und leiten Handlungsempfehlungen ab. Die Synthese beantwortet folgende Fragen:

Kapitel 2: Die Entwicklung der alpinen Landschaft
– Welche Landschaften und Lebensräume gibt es in den Schweizer Alpen?
– Wie hat sich die Landschaft im Verlauf der letzten 150 Jahre entwickelt?
– Was waren und sind die treibenden Kräfte des Landschaftswandels?
– Welche Rolle spielt der Strukturwandel in der Berglandwirtschaft?

Kapitel 3: Veränderungen der Biodiversität im Alpenraum und ihre Ursachen
– Wie hat sich die Biodiversität in den Alpen seit der Besiedelung durch den Menschen verändert?
– Welchen Einfluss hat die land- und forstwirtschaftliche Nutzung auf die Biodiversität im Grasland und im Wald?
– Welche Konsequenzen haben die Biodiversitätsveränderungen für wichtige Ökosystemdienstleistungen wie den Schutz vor Naturkatastrophen?

Kapitel 4: Welche Landschaft und welche Biodiversität wünscht die Gesellschaft?
– Welche Zielvorstellungen gibt es beim Bund, in Gesetzen und Verträgen?
– Welche Landschaft und welche Biodiversität bevorzugen Einheimische, Touristen, Fachleute, Entscheidungsträger und Naturschutzverbände?
– Welches sind die wünschbaren Veränderungen?

Kapitel 5: Szenarien – die alpine Kulturlandschaft im Jahr 2017
– Welche Auswirkungen haben unterschiedliche politisch-administrative Rahmenbedingungen auf Landschaften, Lebensräume und Biodiversität?
– Wie verändern sich Landschaft und Biodiversität, wenn die heutigen agrarpolitischen Rahmenbedingungen beibehalten werden (Szenario I)?
– Wie verändern sich Landschaft und Biodiversität, wenn die Leistungs-, Stützungs- und Ausgleichsgelder weitgehend wegfallen (Szenario II)?
– Wie verändern sich Landschaft und Biodiversität, wenn die Leistungsanforderungen und die Administration minimiert werden (Szenario III)?
– Wie verändern sich Landschaft und Biodiversität, wenn die Direktzahlungen konsequent auf öffentliche, nicht marktfähige Leistungen der Landwirtschaft ausgerichtet werden (Szenario IV)?

Kapitel 6: Handlungsempfehlungen
– Wo besteht Handlungsbedarf?
– Welche Handlungsempfehlungen zur Steuerung der Landschaftsentwicklung und der Biodiversität ergeben sich daraus?

Die Landwirtschaft als wichtigster unmittelbarer Akteur für die Entwicklung von Landschaften und Biodiversität und die Direktzahlungen des Bundes spielen bei dieser Synthese eine zentrale Rolle: Der politisch-administrative Rahmen der Direktzahlungen lässt sich nämlich im Gegensatz zu vielen anderen Faktoren relativ rasch und direkt beeinflussen und spielt im Berggebiet eine zentrale Rolle. Die Direktzahlungen ermöglichen die Trennung von Preis- und Einkommenspolitik und eine Abgeltung von öffentlichen, von der Gesellschaft gewünschten (z.B. ökologischen) Dienstleistungen, welche die Gesellschaft von der Landwirtschaft fordert.

Die Projekte des NFP 48, welche substanziell zur vorliegenden Synthese beigetragen haben, sind in Tabelle 1.1 aufgelistet. Es handelt sich vor allem um jene Projekte, die sich ganz oder vorwiegend mit land- und forstwirtschaftlichen Nutzungen der alpinen Landschaften und der Biodiversität auseinandergesetzt haben. Dass nicht alle Projekte im gleichen Mass eingeflossen sind, hat nichts mit deren wissenschaftlicher Qualität zu tun. Die Wahl und die Gewichtung der Beiträge richten sich ausschliesslich nach thematischen Überlegungen. Ergebnisse und Publikationen des NFP 48 wurden bei den Literaturzitaten im Text durch das Hinzufügen des Projektkürzels (siehe Tab. 1-1) sichtbar gemacht.

Auch ausserhalb des NFP 48 wurden in den letzten Jahren wichtige nationale und internationale Forschungsarbeiten zum Thema der vorliegenden Synthese durchgeführt. Sie wurden ebenfalls ausgewertet. Diese Synthese geht somit weit über eine Zusammenfassung und Verdichtung der Ergebnisse des NFP 48 hinaus.

Zahlreiche Personen haben Anregungen und Verbesserungsvorschläge zum Inhalt des Buches beigesteuert. Dadurch konnte das Werk wesentlich verbessert werden. Besonders bedanken möchten wir uns bei den Experten der Begleitgruppe sowie bei Raimund Rodewald (Stiftung Landschaftsschutz Schweiz), Hans Ulrich Gujer (Bundesamt für Umwelt) und Stefan Mann (Forschungsanstalt Agroscope Reckenholz-Tänikon ART).

Biodiversität – die Vielfalt des Lebens
Biodiversität lässt sich mit «biologischer Vielfalt» oder «Vielfalt des Lebens» übersetzen. Biodiversität umfasst alle Arten von Lebewesen, auch den Menschen. Biodiversität kann auf unterschiedlichen Organisationsstufen betrachtet werden (Forum Biodiversität Schweiz 2004, Abb. 1-1):
- Am häufigsten wird Biodiversität auf der Ebene der Art beschrieben, im einfachsten Fall durch die Erfassung der Arten von ausgewählten Organismengruppen auf einer bestimmten Fläche.
- Auf genetischer Ebene lässt sich Biodiversität als die Vielfalt innerhalb eines Individuums, einer Art oder einer Population definieren. Genetische Vielfalt innerhalb einer Population kann vereinfacht als die Gesamtzahl der Allele – das sind verschiedene Merkmalszustände der Erbinformation – beschrieben werden. Zur genetischen Vielfalt gehört auch die Vielfalt von Sorten und Rassen bei Nutzpflanzen und Nutztieren.
- Zur Biodiversität zählt auch die Vielfalt der Lebensgemeinschaften, in denen Arten leben, die Vielfalt der Ökosysteme, an denen diese Lebensgemeinschaften teilhaben, und die Komplexität ökologischer Wechselwirkungen.

Biodiversität kann auf verschiedenen räumlichen Skalen betrachtet werden (Primack 1995). Die Anzahl der Arten in einer Lebensgemeinschaft (z.B. eine Wiesenparzelle oder ein Hochmoor) wird als Alphadiversität bezeichnet. Die Alphadiversität kommt dem Begriff Artenreichtum am nächsten und kann zum Vergleich der Artenzahlen verschiedener Lebensräume verwendet werden. Die Betadiversität bezeichnet dagegen das Ausmass, in dem sich die Artenzusammensetzung entlang eines Umweltgradienten ändert. Zum Beispiel ist sie hoch, wenn sich die Artenzusammensetzung an einem Berghang mit zunehmender Höhe verändert oder wenn die Nutzungsvielfalt in einem Gebiet gross ist. Die Gammadiversität bezieht sich auf grössere geographische Regionen und kombiniert Alpha- und Betadiversität. Um Biodiversität umfassend zu bewahren, benötigt man Informationen auf allen Ebenen und auf allen räumlichen Skalen.

Seit der Konferenz über Umwelt und Entwicklung der Vereinten Nationen (UNCED) in Rio de Janeiro 1992 sind die Bedeutung und der Wert von Biodiversität in der Biodiversitätskonvention festgehalten und allgemein anerkannt. Über 180 Länder haben mittlerweile dieses Abkommen unterzeichnet und sich verpflichtet, ihre Biodiversität zu schützen und ihre biologischen Ressourcen nachhaltig zu nutzen. Auch die Schweiz gehört seit 1994 zu den Mitgliedstaaten.

Der Wert der Biodiversität
Die Biodiversität ist eine der wichtigsten natürlichen Grundlagen des menschlichen Lebens. Für die Ernährung, Kleidung und medizinische Versorgung sind wir auf eine reiche biologische Vielfalt angewiesen. Die Biodiversität ist zudem die Grundlage aller Ökosysteme und erbringt wertvolle Dienstleistungen. Dazu gehören sauberes Trinkwasser, fruchtbare Böden, stabile Hänge, die Bestäubung unserer Kulturpflanzen und die natürliche Schädlingsbekämpfung in der Land- und Forstwirtschaft. Biodiversität ist auch die beste Zukunftsversicherung gegen drohende Umweltveränderungen. So garantiert die genetische Vielfalt der Kulturpflanzen und Nutztiere, dass auch unter geänderten klimatischen Bedingungen noch ein reichhaltiges Angebot an Nahrungsmitteln bereit steht. Darüber hinaus ist Biodiversität eine wichtige Komponente des menschlichen Wohlbefindens. In einer natürlichen und vielfältigen Welt erholen sich die Menschen. Ferien und Freizeitaktivitäten werden bevorzugt in vielfältigen Landschaften verbracht. Und schliesslich ist die heutige Biodiversität das Produkt einer Evolutionsgeschichte, die Milliarden von Jahren alt ist. Es gibt deshalb auch eine ethische Verpflichtung, die Aktivitäten auf der Erde so zu gestalten, dass keine Arten und keine genetische Vielfalt verloren gehen.

Abbildung 1-1
Die Organisationsstufen der Biodiversität

Zur Biodiversität gehören die genetische Vielfalt (genetische Variabilität innerhalb der Individuen, Arten und Populationen), die Artenvielfalt (Anzahl Arten in einer Lebensgemeinschaft), und die Vielfalt auf der Ebene der Ökosysteme (Vielfalt der Biotoptypen und Ökosystemprozesse in einer Region).

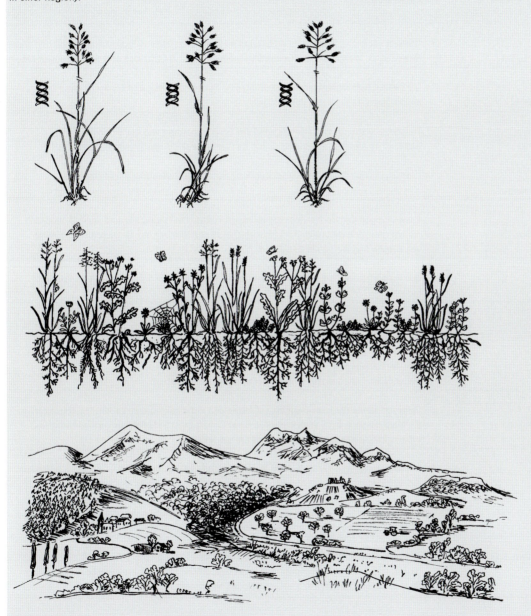

Quelle: Forum Biodiversität Schweiz 2004, Zeichnung: Corinne Klaus-Hügi.

Tabelle 1-1

Liste der für diese Synthese ganz oder teilweise ausgewerteten Teilprojekte des NFP 48

Projekte ohne offizielles Projektkürzel wurden zur Zitierung im Text mit einem Kürzel versehen.

Projektkürzel / Projektleitung	**Projekttitel**
FLOOD'ALPS / Prof. Dr. Jean-Michel Gobat	Überschwemmungsebenen im Alpenraum im Spannungsfeld von Sicherheitsansprüchen und Artenvielfalt: Veränderungen in der Wahrnehmung, den Entscheiden und dem Management
GLOBAL CHANGE / Prof. Dr. Christian Körner	Die interaktiven Wirkungen von Landnutzung, Stickstoffeintrag und Erwärmung auf hochalpine Ökosysteme in den Zentralalpen
GRASLAND / PD Dr. Andreas Lüscher	Treibende Kräfte für Veränderungen in der Bewirtschaftung und der Biodiversität von Grasland im Alpenraum: Eine Basis für die Planung zukünftiger Entwicklungen
MYKORRHIZA / Prof. Dr. Andres Wiemken	Landschaftsvielfalt aus unterirdischer Perspektive: Die Bedeutung der Mykorrhiza
NUTZUNGSVIELFALT / Prof. Dr. Markus Fischer, Prof. Dr. Jürg Stöcklin	Auswirkungen der Wechselwirkung zwischen kulturellen Traditionen und sozioökonomisch motivierten Veränderungen der landwirtschaftlichen Nutzung auf die biologische Vielfalt von Wiesen und Weiden in den Alpen
SCHUTZWÄLDER / Dr. Peter Brang	Minimale Baumverjüngung in Schutzwäldern: Herleitung von Sollwerten mit Simulationsmodellen
SULAPS / Dr. Stephan Pfefferli	Nachhaltige Landschafts-Produktionssysteme: Ein nachfrageorientierter landwirtschaftlicher Ansatz
TRANSFORMATION / PD Dr. Felix Kienast	Transformationsgeschwindigkeiten von Landschaften im Alpenraum: Gefahren und Chancen für Menschen und ausgewählte Arten
VERA / Prof. Dr. Heinz Müller-Schärer	*Veratrum album* (Weisser Germer) auf Alpweiden unter zukünftigen Landnutzungsszenarien: Ein Modellsystem zur Entwicklung von Bewirtschaftungsstrategien zur Verhinderung von Unkrautinvasionen und des Verlusts der Artenvielfalt
WALD-WILD-KONFLIKT / Dr. Josef Senn	Die Weisstanne und der Wald-Wild-Konflikt im Gebirge: Verändert der Verbiss durch Huftiere die Waldlandschaft in den Alpen?
WASALP / Dr. Priska Baur	Waldausdehnung im Schweizer Alpenraum: Eine quantitative Analyse naturräumlicher und sozioökonomischer Ursachen unter besonderer Berücksichtigung des Agrarstrukturwandels
ZIELVORSTELLUNGEN UND -KONFLIKTE / Dr. Marcel Hunziker	Zielvorstellungen und -konflikte bezüglich der Entwicklung alpiner Landschaften und Lebensräume: Psychologische Hintergründe, gesellschaftliche Mechanismen und Lösungsansätze für eine nachhaltige Landschaftsentwicklung im Alpenraum

2 Die Entwicklung der alpinen Landschaft

2 Die Entwicklung der alpinen Landschaft

Der Alpenraum war immer wieder Schauplatz von ökonomischen und gesellschaftlichen Veränderungen, die sich auf die ökologische Qualität der Landschaft ausgewirkt haben. In den letzten Jahrzehnten hat die Berglandwirtschaft einen tief greifenden Strukturwandel durchgemacht, der noch immer anhält. Obwohl die Landwirtschaft im Alpenraum heute sozioökonomisch von untergeordneter Bedeutung ist, hat sie nach wie vor und mit Abstand den grössten direkten menschlichen Einfluss auf die Entwicklung der Alpenlandschaften und auf die Qualität und die Quantität der Lebensräume für Tiere und Pflanzen. Sie gestaltet und prägt eine der wichtigsten und grössten wirtschaftlichen Ressourcen des gesamten Landes: Die schöne, auch für Touristen offensichtlich äusserst anziehende Landschaft mit ihren zahlreichen Ökosystemen, die wertvolle Dienstleistungen wie etwa die Regulation des Wasserhaushalts und die Stabilisierung der Hänge erbringen.

2.1 Der Mensch erobert die Alpen

Obwohl die Alpen ein Hochgebirge sind, boten sie keine schlechten Voraussetzungen für eine Nutzung durch den Menschen. Vor allem die inneralpinen Längstäler mit ihren fruchtbaren Böden stellten ausgesprochene Gunsträume für den Menschen dar. Die Eiszeiten haben die Voraussetzungen für eine Nutzung der Alpen durch den Menschen noch spürbar verbessert. Die riesigen Eisströme haben die Täler verbreitert, Felsen poliert, enorme Schuttmassen umgelagert und der gesamten Landschaft jene weichere Form gegeben, die die Besiedlung durch die Menschen erleichtert hat (Bätzing 2003).

Die landwirtschaftliche Nutzung der Alpen durch den Menschen begann vor rund 5000 Jahren. Man geht davon aus, dass die Alpen von oben nach unten in Besitz genommen wurden. Oberhalb der Baumgrenze fand der Mensch alpine Urrasen vor, die sich spontan für eine beschränkte Beweidung während der Sommermonate nutzen liessen. Alle anderen potenziellen landwirtschaftlichen Nutzflächen waren mit dichtem Wald bedeckt (Abb. 2-1) oder – im Falle der Talböden – sumpfig und überschwemmungsgefährdet. Bei der Veränderung der Ökosysteme unterscheidet Bätzing (2003) drei grosse Eingriffe: 1. die Schaffung der Kulturstufe der Almen durch Vergrösserung der alpinen Matten mittels Rodungen und durch Veränderung der Vegetationsdecke; 2. die Schaffung der talnahen Kulturstufe mittels Rodungen; 3. die Urbarmachung der grossen Talböden durch Entwässerungen, Flusskorrekturen und Rodungen. Weil auch der verbliebene Wald fast flächendeckend genutzt wurde, führten all diese Eingriffe dazu, dass die Naturlandschaft unterhalb der Waldgrenze bis auf wenige Reste zur Kulturlandschaft wurde.

In der Schweiz wurden zunächst inneralpine Gunstlagen durch Bauern romanischer Herkunft besiedelt, später folgten germanische Siedlungen in den etwas höher gelegenen und feuchteren nord-westlichen Kalkalpen. Schliesslich wurden unbesiedelte, vor allem höher gelegene Täler von den Walsern erschlossen. Im Laufe der Jahrhunderte

Abbildung 2-1
Wald – die ursprüngliche Vegetation der Alpen
Ohne die Nutzung durch den Menschen wären die Alpen bis zur Waldgrenze vorwiegend mit Wald bedeckt. Das Bild zeigt ein zugewachsenes Alpental in Slowenien.

Foto: Jürg Stöcklin.

manifestierten sich kulturelle und klimatisch bedingte Unterschiede in der Landnutzung im Landschaftsbild und in der Vielfalt der Lebensräume.

In den Alpen war ein Mosaik von Wald und offenem Land entstanden, das neuen Lebensraum für die Entwicklung von vorher nicht vorhandenen Tier- und Pflanzengesellschaften bot. Kulturlandschaften sind deshalb der lebendige Beweis dafür, dass Natur und Kultur nicht nebeneinander existieren, sondern dass sie in einer komplexen Wechselwirkung stehen. Allerdings musste der Mensch im Gebirge lernen, auf eine ganz bestimmte Weise mit der Natur und ihrer sprunghaften Dynamik umzugehen. Dazu gehören die sorgfältige Auswahl derjenigen Flächen, die in Kulturland umgewandelt werden sollen, und eine den lokalen Verhältnissen gut angepasste Form der Bewirtschaftung.

Dennoch kam es wiederholt zu verheerenden Lawinenabgängen, Hochwasserkatastrophen, Erosionsschäden und Hungersnöten. Besonders katastrophale Überschwemmungen gab es im 19. Jahrhundert, nachdem viele Bergwälder dem grossen Holzbedarf der Industrie zum Opfer gefallen waren oder durch die Viehwirtschaft übernutzt wurden (Messerli 1989). Die Politik antwortete auf die ökologischen Probleme mit den Forstpolizeigesetzen von 1876 und 1902, mit denen die Wälder in der Schweiz unter einen besonderen Schutz gestellt wurden. Insbesondere das Rodungsverbot sichert den Wald in seiner Fläche und seiner Verteilung (Brassel und Brändli 1999).

2.2 Berglandwirtschaft im Umbruch

Ihre grösste Ausdehnung erreichte die Landwirtschaft im Alpenraum zu Beginn des 19. Jahrhunderts. Sie war der dominante Landnutzer und der wichtigste Wirtschaftszweig. Lange Zeit haben sich die Strukturen der Berglandwirtschaft wenig von denjenigen der Tallandwirtschaft unterschieden. Beide waren auf Selbstversorgung ausgerichtet, kleinstrukturiert, umfassten Viehwirtschaft und Ackerbau und beruhten weitgehend auf Handarbeit. Die viel sanftere Topographie im Talgebiet bot unter solchen Voraussetzungen nur wenige Vorteile. Erst die industrielle Revolution im 19. Jahrhundert sollte die wirtschaftlichen und gesellschaftlichen Strukturen sowie den Umwelt- und Raumbezug des Menschen in ganz Europa innerhalb weniger Jahrzehnte fundamental verändern.

Durch die Einführung der ganzjährigen Einstellung des Viehs, der verbesserten Fruchtfolge und des Kunstdüngers erlebte die Landwirtschaft im Flachland eine enorme Produktionssteigerung. Die Landwirtschaft im Alpenraum konnte mit dieser Entwicklung nicht mithalten. Die kurze Vegetationszeit, die schwierige Topographie, der hohe Arbeitseinsatz pro Fläche und die grossen Distanzen zu den wichtigen Absatzmärkten benachteiligten die Berglandwirtschaft (Abb. 2-2). Vor allem dort, wo die Bewirtschaftung extrem arbeitsintensiv, die landwirtschaftlichen Erträge dagegen gering und keine Intensivierung möglich war, drohte die Nutzungsaufgabe.

Viele Regionen in den Alpen boten gegen Ende des 19. Jahrhunderts immer weniger Menschen eine ausreichende Lebensgrundlage: Die wirtschaftliche Tragfähigkeit des Berggebietes schrumpfte. Gleichzeitig erlebte auch das traditionelle Handwerk und Gewerbe, das dezentral überall vorhanden war, einen Niedergang. Es kam zu grossen Abwanderungsbewegungen, zu einem Bevölkerungsrückgang und zur Aufgabe steiler und abgelegener Flächen, so genannter Grenzertragsflächen, deren Bewirtschaftung unter den neuen Bedingungen ökonomisch keinen Sinn mehr machte. Der Ackerbau, der weit in die Bergregionen hinauf

Abbildung 2-2

Erschwerte Produktionsbedingungen im Berggebiet: abnehmende Vegetationszeit mit zunehmender Höhe

Die Schnittnutzung von Naturwiesen beginnt mit zunehmender Höhenlage immer später und endet immer früher (gültig für Alpennordhänge). Die beiden Linien beruhen auf phänologischen Daten der MeteoSchweiz zur Löwenzahnvollblüte (schwarze Linie) sowie zur Blattverfärbung der Buche (graue Linie). Diese eignen sich gut zur Darstellung der Vegetationsdauer. Die Löwenzahnvollblüte entspricht etwa dem frühest möglichen Termin für den Schnittbeginn zur Silagegewinnung bzw. für das Eingrasen. Die Blattverfärbung der Buche tritt als Reaktion auf die ersten Herbstfröste ein und signalisiert das Ende des Graswachstums, aber nicht des Weidegangs. Die Balken geben für verschiedene Höhenlagen mögliche Schnittperioden für intensiv genutzte Wiesen, für wenig bis mittel intensiv genutzte Wiesen und für extensiv genutzte Wiesen an.

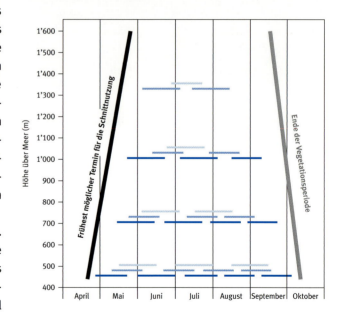

Legende

- Extensiv genutzte Wiesen
- Wenig bis mittel intensiv genutzte Wiesen
- Intensiv genutzte Wiesen

Quelle: Luder und Moriz (2005). Datenquelle: Claudio Defila, MeteoSchweiz.
Grafik: Christoph Moriz, Forschungsanstalt Agroscope Reckenholz-Tänikon ART.

reichte und für die Eigenversorgung und den Handel eine grosse Rolle spielte, wurde um 1870 im Alpenraum fast vollständig aufgegeben. Als Folge dieser Krise entstand 1893 in der Schweiz das erste Landwirtschaftsgesetz.

Mit diesem Wechsel zur marktorientierten Landwirtschaft begann eine Spezialisierung, bei der sich die Berglandwirtschaft in eine andere Richtung entwickelte als grosse Teile des Mittellands. Der Alpenraum wurde zu einem Futterbaugebiet: Während sich die Bauern im Alpenraum auf die Kuhmilchproduktion konzentrierten, wurde im Flachland der Ackerbau zur wirtschaftlich tragenden Produktion.

Das 20. Jahrhundert brachte weitere grosse Veränderungen. Um die Jahrhundertmitte setzten der Wasserkraftbau und das Industriewachstum im Talgebiet ein (Abb. 2-3). Es entstand eine grosse Nachfrage nach Arbeitskräften und Lehrlingen im Baugewerbe und in den Fabriken. Die Abwanderung hielt sich zunächst aber noch in Grenzen: Viele Landwirte konnten nämlich einen anderen Beruf annehmen, ohne den Wohnort zu wechseln (Rieder 2001). Allerdings gab es grosse regionale Unterschiede. Die Betriebsstruktur und der Anteil Landwirtschaftsbetriebe in den Bergregionen lassen sich deshalb bis heute mit der Wirtschaftsstruktur der betreffenden Kantone erklären. Im Kanton Wallis ist beispielsweise der geringe Anteil an Erwerbstätigen in der Landwirtschaft (1990: 5 %) auf die grossen Industrieanlagen im Rhonetal zurückzuführen, wo viele Söhne ehemaliger Vollerwerbsbauern eine Anstellung fanden (Rieder 1996). Der Kanton Appenzell Innerrhoden weist dagegen eine geringe Industrialisierung auf. Der lokale Sog zur Abwanderung war dadurch gering. Entsprechend dominieren kleinflächige, intensiv bewirtschaftete Betriebe, was zu starken ökologischen Belastungen führt.

In den 1960er Jahren setzte eine weitere Abwanderungswelle ein. Der aufkommende Wintertourismus und die dadurch boomenden Bau- und Holzgewerbebetriebe schufen zwar Arbeitsplätze, doch nicht alle Täler und Landschaften eigneten sich gleichermassen für den Tourismus. In den weiterhin bäuerlich geprägten Dörfern kam es deshalb zum Teil zu massiven Abwanderungen.

Abbildung 2-3

Das Industriewachstum im Talgebiet und der Wasserkraftbau führten zu wirtschaftlichen Veränderungen im Alpenraum
Aluminiumindustrie im Wallis und Staumauer Zervreila GR.

Fotos: Andreas Bosshard.

Abbildung 2-4
Immer weniger Landwirtschaftsbetriebe
Kontinuierliche Abnahme der Landwirtschaftsbetriebe in den Berggebieten der Schweiz seit 1965. Erst seit 1985 liegen Betriebsdaten aufgeschlüsselt für alle vier Bergzonen vor.

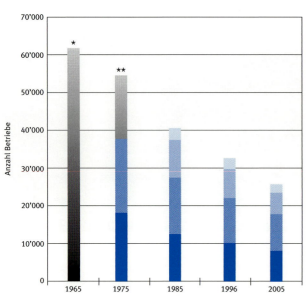

Legende
- Bergzone I
- Bergzone II
- Bergzone III
- Bergzone IV

* 1965 wurde noch nicht zwischen verschiedenen Bergzonen unterschieden.

** 1975 wurde nicht zwischen den heutigen Bergzonen III und IV unterschieden.

Quelle: Bundesamt für Statistik BFS.

In der Mitte des letzten Jahrhunderts waren die meisten Dörfer im Schweizer Alpenraum noch Bauerndörfer. Nur einige wenige Kurorte wie Davos, St. Moritz und Zermatt bildeten eine Ausnahme. Doch bereits in den 1980er Jahren waren in den meisten Dörfern nur noch wenige Landwirtschaftsbetriebe übrig geblieben. Vor allem die Kleinbetriebe bis 10 Hektare gaben auf (Rieder 2000). Dies bedeutet allerdings, dass dem wachsenden Bedürfnis des Tourismus nach einer attraktiven und ökologisch stabilen Landschaft eine immer kleiner werdende Zahl von land- und forstwirtschaftlichen Arbeitskräften gegenübersteht (Abb. 2-4).

Was sind Berggebiete?
Eine offizielle, einheitliche Abgrenzung des Schweizer Alpenraums oder des Berggebietes gibt es nicht. Gemäss der Definition des Investitionshilfegesetzes umfasst das Schweizer Berggebiet eine Fläche von 27'315 km², das sind 66,2 % der Schweiz. Davon werden gemäss Arealstatistik 33,7 % oder 920'000 ha landwirtschaftlich genutzt (davon 53 % als Sömmerungsflächen), 31,9 % sind mit Wald und Gehölzen bedeckt, 3,5 % sind Siedlungen und Verkehrsflächen, und die restlichen 30,8 % gelten als «unproduktiv». Je nach Region variieren diese Werte stark.

Für die landwirtschaftlichen Statistiken wird das Berggebiet aufgrund des Landwirtschaftsgesetzes definiert. Grundlage bildet die landwirtschaftliche Zoneneinteilung, bei der aufgrund Steilheit und Höhenlage zwischen Talzone, Hügelzone und vier Bergzonen unterschieden wird. Die Bergzonen I bis IV, welche hier mit «Berggebiet» gleichgesetzt werden, umfassen 406'899 ha landwirtschaftliche Nutzfläche, gegenüber 621'461 ha in der Tal- und Hügelzone. Die Bergzonen II bis IV werden in den Landwirtschaftsstatistiken als Bergregion bezeichnet. Über der Bergregion, teilweise auch gemischt innerhalb der Bergzonen, schliesst sich das Sömmerungsgebiet an. Dieses wird durch saisonale, alpwirtschaftliche Betriebe zum grössten Teil in Form von Dauerweiden bewirtschaftet. Die landwirtschaftlich genutzte Fläche im

Sömmerungsgebiet zählt nicht zur landwirtschaftlichen Nutzfläche.

Bei beiden Einteilungen wird der Jura zum Berggebiet gezählt. Datenauswertungen und Szenarien, welche sich nur auf den Schweizer Alpenraum beschränken, existieren für die Landwirtschaft deshalb nicht oder nur für Teilräume. Weil eine Neuzusammenstellung und Auswertung von statistischem Rohmaterial im Rahmen dieser Synthese nicht möglich war, wird dort, wo Aussagen zum gesamten Schweizer Alpenraum gemacht werden, der Jura mit einbezogen. Obwohl der Jura in verschiedener Hinsicht, beispielsweise was seine moderatere Topographie und seinen höheren Waldanteil anbelangt, Unterschiede zu vielen Teilen des Alpengebiets aufweist, wird diese Perimeterdifferenz nicht als wesentlich erachtet. Der eigentliche Alpenraum weist selbst sehr grosse Disparitäten auf, die grösser sind als jene zwischen Jura und vielen Alpenregionen.

2.3 Wirtschaften unter schwierigen Bedingungen

Die Mechanisierung der Berglandwirtschaft setzte erst in den 1960er Jahren ein. Die Maschinenindustrie entwickelte spezielle kleine und leichte Mähmaschinen und Ladewagen, die auch für das Berggebiet willkommene Arbeitserleichterungen brachten. Der Anteil der Handarbeit ist dabei stark zurückgegangen, ohne jedoch ganz zu verschwinden (Abb. 2-5). Vor allem in sehr steilem und schlecht erschlossenem Gelände leisten die Bergbauern auch heute noch zu einem guten Teil Handarbeit.

Da die Arbeitsproduktivität stieg, konnten sich die Betriebe vergrössern. Neue Ställe und maschinengerechte Wege wurden gebaut. Güterregulationen und Meliorationen wurden in Angriff genommen. In den Tallagen kamen immer grössere Mengen an Kunstdünger zum Einsatz, im Berggebiet wurden immer mehr Flächen mit Gülle gedüngt. Mechanisch gut zu bearbeitende dorfnahe Flächen wurden immer intensiver bewirtschaftet. Die Schnitthäufigkeit und die Düngergaben nahmen zu (Bätzing 2003).

Dennoch verschärfte die Mechanisierung der Landwirtschaft die wirtschaftlichen Differenzen zwischen der Berg- und der Tallandwirtschaft. Gewicht und Leistung der Maschinen nahmen und nehmen zwar laufend zu; ihre Effizienz kommt aber nur auf grossen, ebenen, hindernisfreien Schlägen zum Tragen. Schlaggrösse, Topographie, Erreichbarkeit und Hindernisse sind deshalb heute die ausschlaggebenden Faktoren, welche den Arbeitsaufwand und die Bewirtschaftungskosten bestimmen (Abb. 2-6). Bei allen vier Faktoren sind die Voraussetzungen der Berglandwirtschaft oft um ein Vielfaches schlechter als im Flachland. Die daraus resultierenden Nachteile nehmen mit der fortschreitenden technischen Entwicklung weiter zu.

Weil diese technisch bedingten Unterschiede zwischen Berg- und Tallandwirtschaft erst in den vergangenen 20 Jahren eine wichtige betriebswirtschaftliche Bedeutung erlangt haben, sind sie noch wenig ins öffentliche und politische Bewusstsein getreten. Während die Heuernte

Abbildung 2-5
Die Mechanisierung der Berglandwirtschaft
Schätzung für den Kanton Graubünden 1956 bis 1999. Die Flächenleistung der einzelnen Mechanisierungskombinationen veränderte sich im Laufe der technischen Entwicklung. In sehr steilem und schlecht erschlossenem Gelände muss auch heute noch Handarbeit geleistet werden.

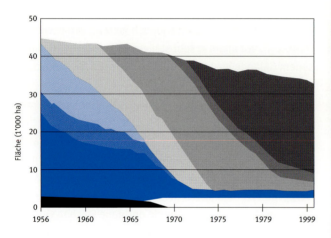

Legende

- Handarbeit
- Reine Pferdemechanisierung
- Pferdemechanisierung mit Motormäher
- Einachstraktor mit Triebachsanhänger
- Einachstraktor mit Triebachsanhänger und Motorheuer
- Transporter
- Transporter mit Aufbauladegerät
- Traktor
- Traktor mit Ladewagen

Quelle: Lauber (2006), SULAPS, leicht veränderte Darstellung nach Bernegger (1985) und Rieder (2003).

Abbildung 2-6
Wirtschaften unter erschwerten Bedingungen im Berggebiet

Fotos: Priska Ketterer.

im Mittelland auf einem gut eingerichteten, durchschnittlich grossen Betrieb von einer einzigen Arbeitskraft innerhalb weniger Tage problemlos bewältigt werden kann, zieht sie sich in weiten Teilen der Alpen von Mai bis August hin. Je nach Gelände liegen die Tagesleistungen nicht selten bei weniger als einer halben Hektare, wobei die Arbeit meist nur unter Einsatz mehrerer Familienmitglieder und – in Spitzenzeiten – auch auswärtiger Helfer und Helferinnen bewältigt werden kann.

Es muss davon ausgegangen werden, dass bei einer durchschnittlichen Mechanisierung der Zeitaufwand für die Bewirtschaftung auf einem durchschnittlichen Bergbetrieb um ein Mehrfaches höher ist als im Tal, die Erträge sind dagegen um ein bis zwei Drittel geringer. Noch nicht berücksichtigt sind dabei die durchschnittlich viel längeren Zufahrtswege zu den Parzellen und die schlechtere Erschliessung, die den Zeitaufwand nochmals wesentlich erhöhen können. Hinzu kommt, dass die hangtaugliche Mechanisierung ausgesprochen teuer ist – nicht nur weil sie technisch aufwändig ist, sondern auch weil weltweit viel kleinere Stückzahlen abgesetzt werden können. Deshalb können es sich die meisten Betriebe gar nicht leisten, den neuesten Stand der Technik einzusetzen. Nach wie vor gehören 20 bis 30 Jahre alte Motormäher und Ladewagen zum gewohnten Bild während des Heuet in den Alpen.

Ein weiterer wichtiger Faktor, der den wirtschaftlichen Abstand der Berglandwirtschaft zur Tallandwirtschaft laufend vergrössert, ist die aufgrund der beschränkten Mechanisierbarkeit beschränkte Wachstumsfähigkeit von Bergbetrieben. Während die Familienarbeitskapazität und die Mechanisierung eines durchschnittlichen Talbetriebes ausreichen würden, um ein Vielfaches der verfügbaren Fläche zu bewirtschaften (Mann 2004, Economiesuisse 2006), stossen Betriebe in den Alpen rasch an innerbetriebliche Grenzen, weil der kurzfristige Bedarf an Arbeitskräften während der arbeitsintensiven und zudem witterungsbedingt limitierten Heuernteperioden für die auf dem Betrieb verfügbaren Arbeitskräfte zu gross wird. Die in der wissenschaftlichen und politischen Diskussion immer wieder vertretene Aussage, dass ein Flächenwachstum der Höfe die Wirtschaftlichkeit der Landwirtschaft erhöht oder erhöhen könnte, gilt also für die Berglandwirtschaft nur in engen, vielfach bereits erreichten Grenzen.

Die verschiedenen Nutzungsintensitäten
Wenn in der Landwirtschaft von Nutzungsintensität gesprochen wird, muss zwischen verschiedenen Formen unterschieden werden. Relevant sind Arbeitsintensität, Mechanisierungsintensität und Intensität an Stoffeinträgen (Dünger, Wasser). Jede landwirtschaftliche Produktion kann sowohl mit grossem als auch mit geringem Aufwand an Arbeit, Produktionsmitteln und Kapital betrieben werden. Die Arbeitsintensität wird nach der pro Flächeneinheit aufgewendeten Arbeitsstundenzahl gemessen; der Einsatz von Kapital ersetzt oder ergänzt die menschliche Arbeitskraft durch Maschinen und andere industrielle Betriebsmittel (Sick 1993).

Eine als «extensiv» bezeichnete landwirtschaftliche Nutzung lässt sich charakterisieren durch den geringen Einsatz an kapitalintensiven Produktionsmitteln wie Maschinen, Düngemittel und Pestizide. Im Hinblick auf den Arbeitseinsatz kann eine so genannt extensive Nutzung dagegen sehr intensiv sein. Das gilt beispielsweise für die arbeitsintensiven Hochstammobstgärten und die Magerwiesen in steilen Lagen, die oft noch immer mit der Sense gemäht werden.

Die Nutzungsintensität kann sich sowohl räumlich als auch zeitlich verändern (Müller 2005). Was hierzulande eine extensive Nutzung ist, kann andernorts als intensiv aufgefasst werden. Und was in vorindustrieller Zeit eine intensive Nutzung war, wird heute möglicherweise als extensiv bezeichnet. Beispielsweise handelt es sich bei Ackerterrassen, die aus heutiger Sicht als extensiv eingestuft werden, ursprünglich um innovative, intensiv genutzte Elemente.

Die wirtschaftliche Situation der Berglandwirtschaft
Gemäss Artikel 5 des Landwirtschaftsgesetzes wird mit den agrarpolitischen Massnahmen angestrebt, dass nachhaltig wirtschaftende und ökonomisch leistungsfähige Betriebe im Durchschnitt mehrerer Jahre Einkommen erzielen können, die mit den Einkommen der übrigen erwerbstätigen Bevölkerung in der Region vergleichbar sind. In der Talregion übertraf 2001/03 das wirtschaftlich erfolgreichste Viertel der Landwirtschaftsbetriebe den nicht-landwirtschaftlichen Vergleichslohn (Median der Bruttolöhne von Angestellten im Sekundär- und Tertiärsektor) deutlich (BLW 2006). Bereits in der Hügelregion erreichte das beste Viertel den Vergleichslohn aber nicht mehr ganz. In den Jahren 1990/92 lag er noch darüber. In der Bergregion lag der Wert 2001/03 rund 8'000 Franken unter dem Vergleichslohn, womit sich der Abstand im Vergleich zu 1990/92 um rund 5'000 Franken vergrössert hat. In den Gunstlagen der Bergregionen gibt es aber auch heute noch vereinzelt Betriebe, die den Vergleichslohn erreichen.

Das Verhältnis des durchschnittlichen Arbeitsverdienstes pro Familienarbeitskraft zum Vergleichslohn verschlechterte sich zwischen 1990/92 und 2001/03 in der Talregion von 68 auf 60 %, in der Hügelregion von 62 auf 48 % und in der Bergregion von 47 auf 40 %. Der Arbeitsverdienst allein – als Entschädigung für die in die Landwirtschaft investierte Arbeit – genügt aber nicht zur Beurteilung der Arbeits- und Einkommenssituation der landwirtschaftlichen Haushalte. Auf der einen Seite werden nicht alle Einnahmen der Haushalte berücksichtigt und verschiedene Vergünstigungen wie die oft deutlich geringeren Wohn-, Energie- und Nahrungsmittelkosten ausser Acht gelassen. Anderseits wird für die Erarbeitung des Arbeitsverdienstes insbesondere bei Tierhaltungsbetrieben (in der Berglandwirtschaft die Regel) ein viel höherer Stundenaufwand eingesetzt als bei vergleichbaren anderen Berufsgruppen, gleichzeitig sind die 7-Tage-Woche und fehlende Möglichkeiten für Ferien auf vielen Betrieben auch heute noch die Regel.

2.4 Der Tourismus als Lebensnerv und Landschaftsverbraucher

Der Ausbau des Eisenbahnnetzes ab Mitte des 19. Jahrhunderts war die Voraussetzung für den Transport einer grösseren Zahl von Reisenden in den Alpenraum. Eine neue Inwertsetzung des Alpenraums bahnte sich an. Zuvor musste aber die Grundlage des Tourismus gelegt werden: Die gezielte Neubewertung des Mensch-Natur-Verhältnisses und die Wahrnehmung der Alpen als «schöne Landschaft» (Bätzing 2003). Eine erste Blütezeit erlebten der Alpentourismus und vor allem die schweizerische Hotellerie um 1900. Mit der Zunahme der Freizeit, dem wachsenden Wohlstand, der raschen Motorisierung und der sinkenden Umweltqualität in vielen Regionen Europas setzte ab 1960 der Massentourismus ein (Müller 1999).

Heute ist der Tourismus der Lebensnerv vieler Alpenregionen: Er ist Arbeitsplatzbeschaffer und Abwanderungsstopper, Einkommensbringer und Infrastrukturfinanzierer (Müller 1999, siehe auch Simmen et al. 2006, NFP 48-Synthese IV). Jedes Jahr reisen 100 Millionen Gäste in die europäischen Alpen. 370 Millionen Übernachtungen entfallen auf die rund 5 Millionen registrierten Gästebetten (Hamele et al. 1998). Für die Berglandwirtschaft sind die Nebenerwerbsmöglichkeiten im Tourismus und die damit verbundenen Einkommen wichtige Stützen. Der Tourismus hilft so der Berglandwirtschaft, die Kleinstruktur und damit die Nutzungsvielfalt, die viel zu einem abwechslungsreichen Landschaftsbild beiträgt, zu erhalten.

Angesichts des Strukturwandels in der Landwirtschaft stellt sich die Frage, ob die Attraktivität der Kulturlandschaft auch in Zukunft gewährleistet ist. Immer wieder wird deshalb gefordert, dass sich der Tourismus an den Kosten der Landschaftserhaltung beteiligen soll.

Der Tourismus birgt allerdings auch Gefahren wie anfällige Wirtschaftsstrukturen, Fremdbestimmung, Untergrabung der kulturellen Eigenart, Spannungen und Ungleichgewichte innerhalb der Dorfgemeinschaft sowie einseitiges und unkoordiniertes Wachstum (Krippendorf und Müller

Abbildung 2-7
Der Tourismus beeinflusst das Landschaftsbild

Foto: Priska Ketterer.

1986). Beispielsweise beträgt der Anteil der touristischen Bodennutzung in den typischen Tourismuskantonen Wallis und Graubünden ein Drittel beziehungsweise ein Viertel der Siedlungsfläche. Für touristische Aktivitäten werden zudem vor allem im Alpenraum eigene Transportanlagen wie Skilifte und Bergbahnen erstellt (Abb. 2-7). Die Zahl der Anlagen hat sich in der Schweiz seit 1965 mehr als verdreifacht (BFS 2002). Erst seit Anfang der 1980er Jahre waren die Zuwachsraten wieder rückläufig. In den 1990er Jahren wurden sogar mehr touristische Transportanlagen abgebrochen als neue erstellt: Zwischen 1991 und 1999 nahm die Zahl der Anlagen um 112 (6 %) ab (BUWAL 2002a). Neue Anlagen werden heute in der Regel als Ersatz bestehender Anlagen gebaut – allerdings mit einer erhöhten Transportkapazität und einer Verlängerung in höhere Lagen.

Die Ansprüche des Tourismus an die Landschaft haben sich laufend gewandelt. Während der Sommertourismus lange Zeit das traditionelle Wandern und Bergsteigen in den Mittelpunkt stellte, war der Wintertourismus von Anfang an «modern» ausgerichtet (Bätzing 2003). An die Stelle der eher passiven Bewunderung der Landschaft tritt zunehmend das aktive Körpererlebnis. Dadurch werden die «schöne Landschaft» zur Kulisse und die Alpen zum Sportgerät degradiert. Ähnlich wie im Wintersport setzt auch der Sommertourismus immer stärker auf «trendige» Sportarten wie Mountain-Biking, Riverrafting, Paragliding, Sportklettern und Golf. Dies bedeutet aber, dass der Sommertourismus ebenfalls besondere Anlagen und technische Infrastrukturen benötigt, um «richtig» betrieben werden zu können. Diese Entwicklung hat Auswirkungen auf das Landschaftsbild.

Der Tourismus treibt auch die Siedlungsausweitung und die Zersiedelung im Bereich der Talböden stark voran. Vor allem der Bau von Zweitwohnungen im Alpenraum ist nicht nachhaltig und landschaftsgerecht (Stiftung Landschaftsschutz Schweiz 2005). Allein im Oberengadin entstanden zwischen 1990 und 2004 rund 3'300 neue Wohnungen – 60 % davon sind Zweitwohnungen. Messerli (1989) sprach in diesem Zusammenhang von einer «Kolonisation des Berggebietes durch die Unterländer aus den wirtschaftlich potenten Regionen».

Der Wert der Landschaft für den Tourismus

Die Landschaft ist die zentrale Grundlage für den Tourismus. So wirkt sich in alpinen Tourismusdestinationen die Schönheit der Landschaft spürbar auf die Mietzinsen von Wohnungen aus (Tangerini und Clivaz 2005, SCHATTENPREISE, siehe auch Simmen et al. 2006, NFP 48-Synthese IV). Bis zu 20 % können die Mietzinsunterschiede in Walliser Ferienorten betragen, die auf die Schönheit der Landschaft zurückzuführen sind. Noch stärkeren Einfluss auf die Mietzinsunterschiede von Ferienwohnungen als die Landschaftsqulität haben allerdings die Attraktionsdichte und insbesondere das Skipistenangebot des jeweiligen Orts.

Das Staatssekretariat für Wirtschaft (Seco) hat den Nutzen der Landschaft für den Schweizer Tourismus mit mindestens 2,5 Milliarden Franken pro Jahr beziffert. Über 80 % der ausländischen und 76 % der inländischen Feriengäste nennen Natur und Landschaft als Reisemotiv. Vor allem in den Alpen zeigt sich die enge Verbindung zwischen Nutzen und Schutz der landschaftlichen Vielfalt. Nur durch die Erhaltung dieses einmaligen Naturkapitals werden die Alpen als Landschaft weiterhin die reichlichen Zinsen tragen, aus denen ein beträchtlicher Teil der kulturellen und volkswirtschaftlichen Werte der Schweiz gespeist wird.

Der Alpenraum – kein Abwanderungsgebiet

Zwischen 1871 und 1951 stieg die Bevölkerung des schweizerischen Alpenraums zwar von rund 970'000 auf 1'380'000 (Bätzing 2003). Doch 40 % der Gemeinden verzeichneten einen Bevölkerungsrückgang. Bis 1981 wuchs die Bevölkerung auf 1'720'000 an. In diesem zweiten Zeitraum ging die Bevölkerung in der Hälfte der Gemeinden zurück.

Neue und detaillierte Angaben liefert die Auswertung der beiden Volkszählungen von 1990 und 2000 (Hornung und Röthlisberger 2005). Die schweizerischen Berggebiete gemäss der Definition des Investitionshilfegesetzes weisen heute im Vergleich zu den anderen Regionen der Schweiz in Bezug auf die Demographie einige charakteristische Merkmale auf: Dazu gehören der höhere Anteil an älteren Personen, die niedrigere Erwerbsbeteiligung, der hohe Anteil an in der Land- und Forstwirtschaft Tätigen sowie der höhere Anteil an Zweitwohnungen. Viele Gemeinden des Berggebiets sind heute mehr oder weniger stark städtisch geprägt. Deshalb wurde bei der Analyse zwischen Zentren und Umlandgemeinden unterschieden. Zentren im Berggebiet umfassen 57 % der Bevölkerung und 26 % der Fläche.

Insgesamt waren die Bergregionen zwischen 1990 und 2000 kein Abwanderungsgebiet. Sie wiesen im Vergleich zur übrigen Schweiz einen überdurchschnittlichen Wanderungsgewinn, einen überdurchschnittlichen Geburtenüberschuss und somit auch einen überdurchschnittlichen Einwohnerzuwachs auf. Dies ist allerdings vor allem auf die Entwicklung in den Zentren der Bergregionen zurückzuführen. In den Umlandgemeinden des Berggebietes wuchs die Einwohnerzahl zwischen 1990 und 2000 wesentlich langsamer; in der 2. Hälfte der 1990er Jahre war gar eine Stagnation festzustellen. Diese Analyse verdeutlicht die Heterogenität des Berggebiets in der Schweiz.

Dass das Berggebiet kein eigentliches Abwanderungsgebiet mehr ist, hat viele Ursachen: Der «ländliche Raum» ist eine Metapher geworden für eine Lebensform, die heute ebensowenig existiert wie eine exklusiv städtische Lebensform (Messerli 2001). In der heutigen arbeitsteiligen Organisation der Schweiz ergänzen sich Stadt und Land in vielerlei Hinsicht: Während die Städte Leistungen im Bildungs-, Kultur- und Gesundheitsbereich erbringen, ist es die ländliche Schweiz, die Erholung und Freizeitgestaltung in offenen und vielfältigen Landschaften ermöglicht. Im Vergleich zu Frankreich relativieren die Kleinräumigkeit der Schweiz und der hohe Erschliessungsgrad praktisch jeder Gemeinde die Nachteile ländlicher Gebiete. Die Nachteile der Ausstattung können durch die gute Erreichbarkeit des nächsten Zentrums kompensiert werden. Es gibt im internationalen Vergleich kaum ein Land, das eine so hohe Standortqualität in so unterschiedlichen Landschaftsräumen bei so guter Erreichbarkeit aufweist wie die Schweiz (Messerli 2001).

2.5 Landwirtschaft im Spannungsfeld zwischen Ökonomie, Gesellschaft und Ökologie

Die Berglandwirtschaft in der Schweiz geniesst seit langem einen hohen und nach Höhenlagen differenzierten Schutz. Der hohe Stellenwert hat mehrere Ursachen (Rieder 1996):
– Die Berggebiete spielten in der Verteidigungspolitik und bei der Neutralität der Schweiz eine bedeutende Rolle.
– Die Berggebiete sind das Wasserschloss der Schweiz und von grosser Bedeutung für die Energieversorgung.
– Viele Bewohner der Talregionen haben ihre Wurzeln in den Dörfern der Berggebiete.
– Die Berggebiete sind ein wichtiger Erholungsraum. Ein grosser Teil der Bevölkerung des Mittellandes verbringt seine Freizeit und seine Ferien in den Berggebieten.
– Die Schweiz ist ein extrem föderalistisches Land. Während der Bund oft nur Rahmengesetze erlässt, liegt deren Vollzug mit der nötigen praktischen Flexibilität bei den Kantonen. Die meisten Kantone liegen ganz oder teilweise im Berggebiet. Dies hat zur Folge, dass die Berggebiete nicht wie in anderen europäischen Ländern peripheren Charakter haben, sondern bei der Förderung eine zentrale Stellung einnehmen.

Die Agrarpolitik versuchte deshalb, die Berglandwirtschaft zu fördern und die naturräumlichen Nachteile auszugleichen. Wichtigste gesetzliche Grundlage für die Agrarpolitik der letzten 40 Jahre ist das Landwirtschaftsgesetz von 1951, das erschwerte Produktions- und Lebensbedingungen und damit die Berglandwirtschaft besonders berücksichtigte. Weitere Gesetze erlaubten es ab 1959, Kostenbeiträge zur Abgeltung erschwerter Produktionsbedingungen im Berggebiet zu entrichten. Damit wurden den Bauern erstmals Zahlungen direkt ins Haus geschickt. Um die agrarpolitischen Massnahmen für die Berggebiete differenzieren zu können, schuf man 1958 drei verschiedene

Bergzonen. 1980 wurden erste Flächenbeiträge für das Berggebiet eingeführt. Weitere Beiträge wurden für Tiere entrichtet, die auf den Alpweiden gesömmert werden (Sömmerungsbeiträge). Hauptziel der Massnahmen war es, möglichst viele Betriebe im Berggebiet zu erhalten und eine flächendeckende Bewirtschaftung der Alpgebiete sicherzustellen.

In der Schweiz wird die Agrarpolitik seit 1992 umgebaut. Diese Neuorientierung hat mehrere Ursachen. So führten die bisher gewährten Exportsubventionen, der perfekte Aussenhandelsschutz und die kostendeckenden Preise zu massiven ökonomischen und ökologischen Problemen: Die Marktüberschüsse – vor allem im Milchsektor – waren kaum noch finanzierbar, und die Produktionsintensität gefährdete die Umwelt. Auch die Einkommensunterschiede innerhalb der Landwirtschaft – vor allem zwischen Tal- und Bergregionen – erreichten unbefriedigende Ausmasse (Rieder 1996).

Mit der Ergänzung des Landwirtschaftsgesetzes durch die neuen Artikel 31a und 31b im Jahr 1992 wurde die Trennung von Produktpreis- und Einkommenspolitik eingeleitet. Der produktbezogene Agrarschutz wurde schrittweise gesenkt und durch produktionsunabhängige Direktzahlungen ausgeglichen. Diese sind an den Betrieb, die Tierzahlen und an die Fläche gebunden. Ziel der Massnahmen ist es, eine flächendeckende, wettbewerbsfähige und gleichzeitig umweltverträgliche Landwirtschaft zu erhalten. Seit 1999 muss jeder Landwirtschaftsbetrieb, der in den Genuss der marktunabhängigen Direktzahlungen kommen will, einen so genannten «Ökologischen Leistungsnachweis» (ÖLN) erbringen. Dazu gehören eine ausgeglichene Nährstoffbilanz, eine geregelte Fruchtfolge sowie ein Anteil von mindestens sieben Prozent ökologischer Ausgleichsflächen an der landwirtschaftlichen Nutzfläche des Betriebs.

Trotz der grossen Unterschiede zwischen Berg- und Talgebiet war der Strukturwandel (bzw. die jährliche Abnahmerate der Betriebszahlen) in den Jahren 1990 bis 2000 ähnlich. Während in der Talregion die Betriebszahlen in den Jahren 2000 und 2003 in gleichem Masse weiter abnehmen, war dieser Trend in der Hügel- und Bergregion deutlich geringer. Es gibt drei Gründe für diesen abnehmenden Strukturwandel im Berggebiet:

– Für viele Bewirtschafter ist der Verbleib in der Landwirtschaft trotz tiefem Einkommen mangels alternativer Arbeitsplätze weiterhin eine notwendige Einkommensquelle (Rieder 2004).
– Betriebe im Berggebiet werden häufiger von der nächsten Generation übernommen als Betriebe im Talgebiet (Rossier und Wyss 2006).
– Familien- und Einmannbetriebe, welche nach wie vor fast 100 % der Bergbetriebe ausmachen, stossen im Alpenraum zumindest ausserhalb der Gunstlagen ab 20 Hektaren an arbeitswirtschaftliche Grenzen. Eine Übernahme weiterer Flächen kommt deshalb nicht in Frage.

Der Strukturwandel drückt sich neben der Betriebsabnahme (Abb. 2-4) auch darin aus, dass immer mehr Haupterwerbsbetriebe zu Nebenerwerbsbetrieben werden. Im Berggebiet sind die Nebenerwerbsbetriebe anteilmässig viel häufiger als im Tal. So braucht jede zweite Bauernfamilie in den Bergzonen III und IV einen Nebenerwerb und jede dritte arbeitet weniger als 50 % für die Landwirtschaft (SAB 2004).

Die Abnahmerate ist bei den Haupterwerbsbetrieben in den letzten Jahren gegenüber den 1990er Jahren allerdings zurückgegangen. In der Bergregion wurden 2003 praktisch gleich viele Haupterwerbsbetriebe gezählt wie im Jahr 2000. Auf der anderen Seite ist die Abnahmerate bei den Nebenerwerbsbetrieben angestiegen, insbesondere in der Bergregion (Tab. 2-1).

Tabelle 2-1

Die Entwicklung der Anzahl Haupt- und Nebenerwerbsbetriebe

In den Berggebieten haben die Nebenerwerbsbetriebe im Gegensatz zu den Haupterwerbsbetrieben in den letzten Jahren stark abgenommen.

	Anzahl Betriebe			Veränderung pro Jahr	
	1990	2000	2003	1990–2000	2000–2003
Haupterwerbsbetriebe					
Talregion	30'139	23'536	22'007	-2,4 %	-2,2 %
Hügelregion	17'452	13'793	13'217	-2,3 %	-1,4 %
Bergregion	16'651	11'910	11'902	-3,3 %	0,0 %
Total	64'242	49'230	47'126	-2,8 %	-1,5 %
Nebenerwerbsbetriebe					
Talregion	11'451	8'076	7'095	-3,4 %	-4,2 %
Hügelregion	7'089	5'164	4'755	-3,1 %	-2,7 %
Bergregion	10'033	8'058	6'890	-2,2 %	-5,1 %
Total	28'575	21'298	18'740	-2,9 %	-4,2 %

Quelle: Bundesamt für Statistik BFS.

Der Verfassungsauftrag an die Schweizer Landwirtschaft

Unter dem Verfassungsauftrag an die Schweizer Landwirtschaft wird der Artikel 104 zur Landwirtschaft in der Schweizer Bundesverfassung verstanden. Er wurde mit grosser Mehrheit im Jahre 1996 vom Volk angenommen und verankert die Multifunktionalität explizit als Aufgabe der Landwirtschaft. Demnach hat die Landwirtschaft einerseits eine Produktionsaufgabe und andererseits einen gemeinwirtschaftlichen Leistungs- und Pflegeauftrag zu erfüllen, der Landschaftspflege, Ressourcenschutz, Erhaltung der Lebensgrundlagen und die Besiedelung des ländlichen Raumes umfasst. Da sich die öffentlichen Leistungen der Landwirtschaft nicht nach marktwirtschaftlichen Kriterien herstellen und verkaufen lassen, wird festgehalten, dass der Staat für diese Leistungen Direktzahlungen und Ökobeiträge ausrichtet. Der Verfassungsauftrag geht davon aus, dass die landwirtschaftliche Produktion in der Schweiz ohne Schutz und Stützung gefährdet ist. Gründe dafür sind die teilweise nachteiligen topografischen und klimatischen Verhältnisse und das im internationalen Vergleich hohe Kostenumfeld.

2.6 Der Landschaftswandel im Alpenraum

Die ökonomischen und gesellschaftlichen Veränderungen im 19. und 20. Jahrhundert hatten einen grossen Einfluss auf die Landnutzung im gesamten Alpenraum. Rückblickend ist der Landschaftswandel zwar offensichtlich und alarmierend (Tab. 2-2, 2-3). Allerdings existieren nur wenige differenzierte historische Analysen zur Transformation und insbesondere zur Transformationsgeschwindigkeit.

2.6.1 Allgemeine Veränderungen in den letzten 120 Jahren

Im Rahmen einer NFP 48-Studie wurde am schweizerischen Alpennordrand der Landschaftswandel der letzten 120 Jahre in ausgewählten Gebieten räumlich, thematisch und zeitlich differenziert untersucht (Schneeberger 2005, Transformation). Als Hauptdatenquelle dienten topographische Karten im Massstab 1:25'000. Die Analyse zeigt, dass die Siedlungsfläche bis Anfang der 1930er Jahre kontinuierlich zugenommen hat (Abb. 2-8, Abb. 2-9c). Nach zwei Jahrzehnten der Stagnation stieg die Bautätigkeit in den 1960er Jahren rasant an. Besonders betroffen waren die städtischen Regionen und die Agglomerationsräume. In den 1980er und 1990er Jahren schwächte sich der Bauboom wieder ab. Eine ganz ähnliche Entwicklung zeigt das Wachstum des Strassennetzes. Die grösste Bautätigkeit fiel hier allerdings in die 1970er Jahre (Abb. 2-9b). Grosse Veränderungen gab es auch bei den Landschaftselementen im Landwirtschaftsland. Einzelbäume, Hecken und Obstgärten wurden vor allem um 1900 sowie in den 1960er Jahren systematisch entfernt (Abb. 2-9a).

Allen Veränderungen ist gemeinsam, dass sich die gegen Ende des letzten Jahrhunderts stark beschleunigten Veränderungen wieder verlangsamten (Schneeberger 2005, Transformation). Diese Entwicklung kann teilweise damit erklärt werden, dass der Bedarf an Strassen befriedigt und in urbanen Gebieten nur noch wenig Bauland übrig war, oder dass die Landschaftselemente im Land-

Abbildung 2-8
Bauen im Alpenraum
Die Ausdehnung des Siedlungsraums hat das Landschaftsbild stark verändert. Im Bild die zersiedelte Landschaft zwischen Brig und Simplonpass.

Foto: Andreas Bosshard.

wirtschaftsland bereits stark dezimiert waren. Wichtige Einflussfaktoren sind unter anderem die Kürzungen der Subventionen für den Strassenbau, raumplanerische Massnahmen sowie die vermehrte Ausrichtung der Landwirtschaft auf ökologische Ziele. Die bereits in den 1990er Jahren wieder leicht zunehmende Geschwindigkeit der Veränderungen im Strassennetz und bei der Siedlungsfläche in den peri-urbanen Gebieten lässt allerdings eine erneute Beschleunigung der Veränderungen als wahrscheinlich erscheinen.

Um die zukünftige Landschaftsentwicklung zu steuern, ist es wichtig, die treibenden Kräfte des Landschaftswandels des letzten Jahrhunderts zu identifizieren. Diese Kräfte können kultureller, ökonomischer, politischer, technologischer und natürlicher Art sein. Die Analyse von Expertengesprächen und von Chroniken hat gezeigt, dass acht Akteure («International», «Bund», «Kanton», «Gemeinde», «Raumplanung», «Organisation», «Individuum», «Landwirtschaft») schwergewichtig über einen oder mehrere Typen von treibenden Kräften Einfluss auf die Landschaft nehmen (Schneeberger 2005, TRANSFORMATION). Von der ersten zur zweiten Hälfte des 20. Jahrhunderts hat sich die Rolle der einzelnen Akteure und der treibenden Kräfte allerdings zum Teil erheblich verändert. Beispielsweise haben die Gemeinden nach dem 2. Weltkrieg die Ausdehnung der Siedlungsfläche aktiv zu fördern begonnen. Zudem erhielten technische Innovationen einen viel stärkeren Einfluss auf den Landschaftswandel als noch vor dem Krieg.

Abbildung 2-9
Landschaft unter Druck
Die wichtigsten Trends der Landnutzungsänderungen und die dazugehörigen Transformationsraten in fünf Studiengebieten im Alpenraum. Die grössten Veränderungen haben in den 1960er und 1970er Jahren stattgefunden.

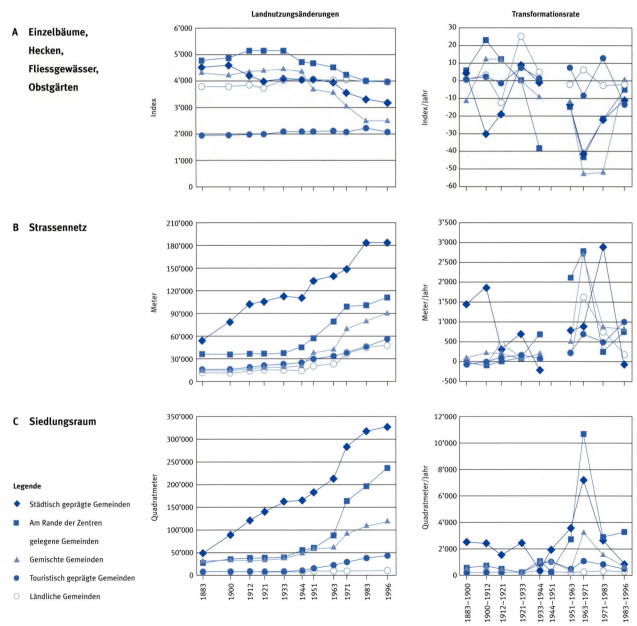

Quelle: Schneeberger (2005), TRANSFORMATION.

Die extrem hohen Veränderungsraten in den 1960er und 1970er Jahren wurden durch eine Kombination von schwer zu kontrollierenden Kräften bewirkt. Dazu gehören der technische Fortschritt, steigender Wohlstand und Veränderungen in der Mentalität der Landwirte. Schneeberger (2005, TRANSFORMATION) geht davon aus, dass auch zukünftige Entscheidungen und der daraus resultierende Landschaftswandel zunehmend in einem Netz aus schwer kontrollierbaren Kräften wie dem steigenden Wettbewerb in der Landwirtschaft, der internationalen Finanzpolitik, den weiter zunehmenden Mobilitätsansprüchen und technischen Neuerungen stattfinden werden.

Dennoch wird die Politik die Geschwindigkeit, mit der sich die Landschaft verändert, auch weiterhin beeinflussen. Auf Bundesebene war die Finanzpolitik im 20. Jahrhundert einer der Schlüsselfaktoren für den Landschaftswandel – in der Landwirtschaft ebenso wie im Strassen- und Siedlungsbau – und wird es mit grosser Wahrscheinlichkeit auch in Zukunft bleiben (siehe dazu Simmen et al. 2006, NFP 48-Synthese IV). Weitere wichtige Schlüsselfaktoren sind die Direktzahlungen, die in dieser Synthese als Steuerungsinstrument zur Erhaltung und Förderung der landschaftlichen Vielfalt und der Biodiversität im Zentrum stehen (siehe Kapitel 5), und die Raumplanung. Die Baulandreserven in der Schweiz haben sich seit den 1970er Jahren auf ein Viertel reduziert. Für das zukünftige Landschaftsbild wird es entscheidend sein, wie Bund, Kantone und Gemeinden mit den verbliebenen Baulandressourcen umgehen werden. Die Wiederentdeckung lokaler Eigenheiten und der raumbezogenen Identität könnten einer erneuten Beschleunigung von Siedlungs- und Strassenwachstum entgegen wirken.

Tabelle 2-2

Veränderungen der alpinen Landschaft durch den Menschen

Die Alpen haben sich von einer walddominierten Landschaft über eine vielfältige, traditionell genutzte Kulturlandschaft zur heutigen, weniger vielfältigen Kulturlandschaft gewandelt, deren Gunstlagen intensiver bewirtschaftet werden, während die schwierig zu bewirtschaftenden Flächen aus der Nutzung entlassen werden.

Naturlandschaft			Traditionelle Kulturlandschaft			Heutige Kulturlandschaft
Lebensraum	Veränderung	Akteur	Lebensraum	Veränderung	Akteur	Lebensraum
Naturrasen/ alpine Matten	Beweidung	Landwirte	Alpweiden (Sömmerungsgebiet)	Nutzungsaufgabe, Beweidung statt Mahd	Internationales, Bund, Landwirte	Naturrasen/ alpine Matten, brachliegende Flächen
	Mahd		Mähder/ Wildheuflächen			
Moore	Entwässerung, Kultivierungsmassnahmen, Torfgewinnung	Klöster, Dorfgemeinschaften, Landwirte	Streuwiesen/ Riedwiesen	Nutzungsaufgabe Düngung, häufigerer Schnitt, Drainage	Bund, Kantone, Landwirte	Verbuschte Streuwiesen
			Nasswiesen			Nasse Fettwiesen
				Nutzungsaufgabe		Verbuschte Streuwiesen
Wald...	Rodung...	Klöster, Dorfgemeinschaften, Landwirte...	Alpweiden	Nutzungsaufgabe	Internationales, Bund, Kantone, Gemeinden, Landwirte, Raumplanung...	Verbuschung/ Wiederbewaldung
			Magerwiesen, Trockenwiesen	Düngung, häufigerer Schnitt		Fettwiesen, degenerierte Trockenwiese
				Nutzungsaufgabe, Aufforstung		Verbuschung/ Wiederbewaldung
				Beweidung		Extensive Weiden
			Artenreiche, mässig gedüngte Graslandgesellschaften	Gülle und/oder Kunstdünger statt Mist, häufigerer Schnitt		Fettwiesen
				Nutzungsaufgabe, Aufforstung		Verbuschung/ Wiederbewaldung
				Beweidung		Extensive Weiden
			Fettwiesen	Kunstdünger, Jauche statt Gülle, häufigerer Schnitt		Fettwiesen
			Weiden	Schwerere und anspruchsvollere Tiere, mehr Tiere pro Hektare		Intensivweiden
				Nutzungsaufgabe, Aufforstung		Verbuschung/ Wiederbewaldung

Naturlandschaft			Traditionelle Kulturlandschaft			Heutige Kulturlandschaft
Lebensraum	Veränderung	Akteur	Lebensraum	Veränderung	Akteur	Lebensraum
...Wald	...Rodung	...Klöster, Dorfgemeinschaften, Landwirte	Ackerland/ Ackerterrassen	Nutzungsaufgabe	...Internationales, Bund, Kantone, Gemeinden, Landwirte, Raumplanung	Verbuschung/ Wiederbewaldung
				Umwandlung in Intensivwiese		Fettwiesen, Grasäcker
			Feldgehölze Hecken Lesesteinwälle Feldobstgärten Bewässerungsgräben	Meliorationen, Rodung, Beseitigung		Homogenisierte Landschaft
			Maiensäss (Siedlungen)	Nutzungsaufgabe		Entsiedelung, Verbuschung/ Wiederbewaldung
				Nutzung als Ferienhaus		Zersiedelung
			Siedlungen, Industrieanlagen	Ausdehnung, moderne Bauweisen		Versiegelung der Landschaft, Homogenisierung durch gleiche Bauweise
				Infrastruktur für den Tourismus	Gemeinden, Kanton	Hotel- und Ferienhaussiedlungen, Seilbahnen, Parkplätze, Skipisten
	Beweidung		Waldweiden, lichter Wald	Verbot, Nutzungsaufgabe	Bund, Kantone, Landwirte	Wald mit steigendem Holzvorrat
	Intensiver Holzeinschlag	Forstwirtschaft, Landwirte	Ausgebeutete Wälder	Rückgang der Eingriffe	Forstwirtschaft, Bund	Wald mit steigendem Holzvorrat
	Pflegemassnahmen	Forstwirtschaft	Schutzwälder	Vernachlässigung, Windwurf	Forstwirtschaft, Bund, Kantone	Anfällige Bestände
Flüsse, Auenwälder, Sümpfe, Schotterebenen	Rodung, Trockenlegung, Gewässerkorrekturen	Kantone, Bund, Ingenieure, Landwirte	Acker-/Grasland	Intensivierung	Landwirte	Intensivkulturen
			Siedlungen	Ausdehnung, moderne Überbauungen	Raumplanung, Gemeinden	Dicht bebaute Talböden
			Begradigte Flüsse, Drainagen	Weitere Korrekturen	Bund, Kanton	Monotone Flussläufe
Oberlauf der Flüsse				Wasserkraftnutzung	Bund, Kantone	Stauseen, geringe Restwassermengen im Unterlauf

Quelle: Eigene qualitative Schätzungen.

Tabelle 2-3

Quantitative Landschaftsveränderungen in den Alpen

Nur Wald, Siedlungen und Strassen haben zugenommen, artenreiche Lebensräume sind zurückgegangen.

Lebensraum/ Landschafts- element	Naturlandschaft	Traditionelle Kulturlandschaft	Moderne Kulturlandschaft 1980er Jahre	Moderne Kulturlandschaft 1990er Jahre	Tendenz	Raumbezug/ Quelle
Moore	– Abnahme um 90 % (allein 1'000 ha 1939–45) Pilatusgebiet: Abnahme der Flachmoore um 95 % (1916–2003) – Moore sind heute geschützte Lebensräume. Qualitativer und quantitativer Verlust wurde stark verringert. – Bundesinventar der Hochmoore: 549 Objekte (1'524 ha), 70 % davon in den Berggebieten. – Bundesinventar der Flachmoore: 1'163 Objekte (19'186 ha), 70 % davon am nördlichen Alpenrand. – Bundesinventar der Moorlandschaften: 88 Objekte (87'339 ha)				↘	CH, Pilatusgebiet Quellen: BUWAL 2002b, Gaudenz 2004
Wald	Flächenanteil: > 75 %	Flächenanteil: 15–20 %	Flächenanteil: 30 %. Zunahme seit 1950: 18 %. Zunahme zwischen 1979/85 und 1992/97: 48'000 ha (+4 %). Diese Zunahme fand fast ausschliesslich im Alpenraum statt. Verbliebene Urwälder: Bödmeren-Fichtenwald (600 ha, SZ), Tannenwald von Derborence (22,3 ha, VS), Fichtenwald von Scatlé (9,13 ha, GR).		↗	CH Quelle: Brassel und Brändli 1999
Waldweide	nicht vorhanden	Region Davos: 35 % des Waldes werden beweidet.		Region Davos: 17 % des Waldes werden beweidet. Ganzer Alpenraum: 12 %. Die Bedeutung der Waldweide ist regional sehr unterschiedlich.	↘	Region Davos, Alpen Quelle: Mayer et al. 2004
Mähder	nicht vorhanden	Zwischen 1945 und 1984 wurde allein in der Region Davos die Bewirtschaftung von 70 % der Mähder eingestellt.			↘	Region Davos Quelle: Günter 1985
Alpweiden/ Sömmerungs- gebiet	nicht vorhanden	keine Daten	Zwischen 1979/85 und 1992/97 sind 22'826 ha alpwirtschaftliche Nutzfläche verschwunden. Zwei Drittel der Wiederbewaldung fand im Sömmerungsgebiet statt, 20–30 % in den Bergzonen III und IV.		↘	Alpen CH Quelle: BFS, Baur et al. 2006

2 DIE ENTWICKLUNG DER ALPINEN LANDSCHAFT

Lebensraum/ Landschaftselement	Naturlandschaft	Traditionelle Kulturlandschaft	Moderne Kulturlandschaft 1980er Jahre	Moderne Kulturlandschaft 1990er Jahre	Tendenz	Raumbezug/ Quelle
Landwirtschaftliche Nutzfläche	nicht vorhanden	keine Daten	Abnahme (1979/85 bis 1992/97) um 27'380 ha (2,91 %).		↘	Bergregionen Quelle: BFS
Naturwiesen (artenreiche Mager- und Fettwiesen)	keine Daten	623'937 ha (1955)	585'901 ha (1965)	440'410 ha (1990)	↘	CH Quelle: BFS
Trockenwiesen und -weiden	nicht vorhanden	Rückgang seit 1950: 90 %. Im Trockenwiesen und -weiden-Inventar erfasst: 20'275 ha (90 % davon liegen in den Bergregionen)			↘	CH Quelle: BAFU
Landschaftselemente (Einzelbäume, Hecken, Fliessgewässer, Obstgärten)	nicht vorhanden	Keine prozentualen Angaben für den Alpenraum verfügbar. Halbquantitative Daten in diesem Kapitel.			↘	Alpennordrand Quelle: Schneeberger 2005
Siedlungen	nicht vorhanden	keine Daten	83'164 ha	96'407 ha (+15,92 %)	↗	Bergregionen Quelle: BFS
Strassen	nicht vorhanden	keine Daten	30'782 ha	34'940 ha (+13,51 %)	↗	Bergregionen Quelle: BFS
Gletscher	keine Daten	Flächenverlust der alpinen Eisbedeckung zwischen 1850 und 1970: 35 % (1970: 5'150 Alpengletscher mit 2'909 km²). 50 % Flächenverlust bis 2000. Zwischen 1985 und 2000 verloren die Schweizer Gletscher 18 % der Fläche. Dadurch entstanden neue Lebensräume: 66 Gletschervorfelder und alpine Schwemmebenen sind von nationaler Bedeutung und im Aueninventar geschützt.		Bei einem Temperaturanstieg von 3° C verlieren Alpengletscher 80 % ihrer heutigen Eisfläche.	↘	Alpen Quellen: Zemp et al. 2006,

Die Entwicklung der Fliessgewässer

Kein anderer Lebensraum hat unter dem Einfluss des Menschen mehr gelitten als Fliessgewässer. Alle grossen Flüsse in der Schweiz wurden systematisch zu Wasserstrassen, Vorflutern und Abwasserkanälen degradiert. Rhein, Aare, Reuss, Rhone, Saane und Inn sind heute mehr oder weniger begradigt und eingedämmt. Gäbe es eine Rote Liste bedrohter Landschaften, stünden die Wildflusslandschaften ganz weit oben.

Die letzten grösseren Wildflüsse im Alpenraum sind der Lech in Österreich und der Tagliamento in Italien. Im Schweizer Alpenraum gibt es dagegen in den Haupttälern und in den meisten Seitentälern keine unberührten Wildflüsse mehr. Verbauungen und Wasserkraftnutzung verhindern die Überschwemmungsdynamik. Damit sind nicht nur die weit verästelten Umlagerungsstrecken verschwunden, sondern über weite Strecken auch die Vegetation der Überschwemmungsflächen, die Auen (Gallandat et al. 1993). Diese Flächen wurden unter anderem zu Landwirtschaftsland und Siedlungsraum.

Havlicek et al. (2006, FLOOD'ALPS) haben die Landschaftsveränderungen, die sich auf den Talböden abgespielt haben, am Beispiel der Saane in der Westschweiz für die letzten 150 Jahre anhand von älteren Karten und Berichten rekonstruiert (Abb. 2-10). Bis 1850 beherrschte der Fluss das Tal oberhalb von Fribourg. Auenwälder, Sümpfe, Schotterflächen und verschiedene Sukzessionsstadien von der Pioniervegetation bis zur Gebüschformation bedeckten den Talboden. Die katastrophalen Überschwemmungen im Herbst 1868 markieren den Anfang vom Ende der Wildflüsse. Der Bund begann damit, die systematische Regulierung der Fliessgewässer im ganzen Alpenraum zu subventionieren. Auch die Saane wurde zwischen den beiden Weltkriegen eingedämmt. Viele Seitenarme und Schotterebenen fielen trocken oder wurden von der Flussdynamik abgetrennt. Auf den Schotterebenen begann die sekundäre Sukzession. Mit dem Ausbaggern des Hauptkanals erhöhte sich zudem die Fliessgeschwindigkeit. Dadurch wurde das Gleichgewicht zwischen Erosion und Sedimentnachlieferung gestört. Die Folge waren Grundwasserabsenkungen von bis zu fünf Metern. Eine einschneidende Landschaftsveränderung war die Schaffung des Gruyère-Stausees im Jahr 1946 (Abb. 2-10). Ausgedehnte Schotterebenen versanken in den Fluten. Der Bau mehrerer Flusskraftwerke zur Stromproduktion ab 1960 und der Abbau von Kies raubte der Saane die verbliebene natürliche Dynamik. Allerdings entstand an der Südspitze des Sees eine der grössten mit Weiden bewachsenen Flächen der Schweiz.

Während die Massnahmen ganz im Zeichen der Sicherheit der Bevölkerung und der Landwirtschaft standen, findet seit den 1970er Jahren ein Umdenken im Umgang mit den Fliessgewässern statt (Nedelcu und Hainard 2005, FLOOD'ALPS). Dies hat mehrere Ursachen: Das Ziel des Hochwasserschutzes wurde nicht vollständig erreicht, die Klimaveränderung könnte zu neuen Überschwemmungsrisiken führen und der Verlust an Dynamik und an besonderen Lebensräumen wird zunehmend als Verlust empfunden. Die 1994 erlassene und 1999 ergänzte «Verordnung über den Wasserbau» kombiniert deshalb das Anliegen des Hochwasserschutzes mit dem Bestreben, die ökologischen Funktionen der Gewässer zu sichern.

Angesichts der teilweise intensiv genutzten Flussebenen und Seeufer wird jede Renaturierung von Flüssen und Seeufern ein Kompromiss zwischen Landwirtschaft, Siedlungsbau, Erholungsnutzung und Naturschutz sein. Bereits die Renaturierung kleinster Bäche macht eine Fülle von Nutzungskonflikten sichtbar. Naturschutzmassnahmen an Gewässern im siedlungsnahen Raum entwickeln sich daher immer mehr zu einer Querschnittsaufgabe zwischen den Fachgebieten Gewässerschutz, Landschaftsökologie, Raumplanung, Hochwasserschutz, Siedlungsentwässerung, Fischerei, Landwirtschaft, Energiegewinnung und Trinkwassernutzung.

Abbildung 2-10
Eingedämmt, begradigt, aufgestaut

Landschafts- und Vegetationsveränderungen an der Saane zwischen 1888 und 1974. Im Jahr 1946 versanken ausgedehnte Schotterebenen in den Fluten des Gruyère-Stausees.

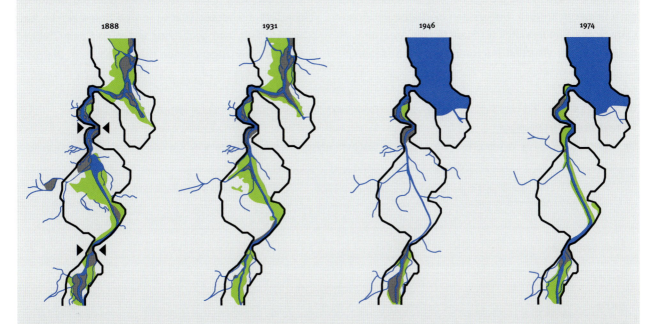

Legende
- ▶◀ Natürliche Verengung durch Felsen
-) (Ehemalige Überschwemmungsfläche
- ⸮ Flusslauf
- ■ Schotterebene
- ■ Auenwald und Gebüsch

Quelle: Guex et al. (2003), Flood'Alps.

2.6.2 Landnutzungsveränderungen zwischen 1979/85 und 1992/97

Obwohl sich der Landschaftswandel in den 1980er und 1990er Jahren im Vergleich zu den 1960er und 1970er Jahren verlangsamt hat, sind die Landnutzungsveränderungen noch immer beachtlich. Dies zeigen die Daten der Arealstatistik des Bundesamtes für Statistik. Die Arealstatistik basiert auf der visuellen Interpretation der Bodenbedeckung und Bodennutzung anhand von Luftbildern (Auflösung: eine Hektare). Auf den Luftbildern wurde von 1979 bis 1985 und ein zweites Mal von 1992 bis 1997 die ganze Landesfläche mit einer einheitlichen, vergleichbaren Methode untersucht. Die Analysen zeigen, dass die Siedlungsfläche und die Verkehrsfläche in den Bergregionen zwischen 1979/85 und 1992/1997 gegenüber dem Tiefland deutlich stärker zugenommen haben (Tab. 2-4). Die Sied-

Tabelle 2-4

Veränderung der Verkehrs- und Siedlungsfläche sowie der landwirtschaftlichen Nutzfläche zwischen 1979/85 und 1992/97 in den Bergregionen und im Flachland

Die Siedlungsfläche und die Verkehrsfläche haben in den Bergregionen stärker zugenommen (Gesamtfläche der Schweiz: 4'128'400 Hektaren).

	Anteil an der jeweiligen Gesamtfläche 1992/97	Veränderungen 1979/85 bis 1992/97		
	%	ha	m²/sec	%
Siedlungsfläche				
Bergregionen	3,6	+13'243	0,4	+15,9
Flachland	14,3	+19'421	0,5	+11,9
Schweiz total	7,0	+32'664	0,9	+13,3
Verkehrsfläche*				
Bergregionen	1,3	+4'158	0,1	+13,5
Flachland	4,3	+3'670	0,1	+7,2
Schweiz total	2,2	+7'828	0,2	+9,6
Landwirtschaftliche Nutzfläche				
Bergregionen	33,6	-27'380	-0,7	-2,9
Flachland	47,8	-20'472	-0,5	-3,2
Schweiz total	38,1	-47'852	-1,2	-3,0

* Verkehrsflächen gelten als Bestandteil der Siedlungsfläche

Quelle: Bundesamt für Statistik BFS.

lungsentwicklung in den Berggebieten verläuft demnach weiterhin unkontrolliert.

Auch im Kulturland gab es zwischen 1979/85 und 1992/1997 beachtliche quantitative und qualitative Veränderungen. So hat in der ganzen Schweiz die landwirtschaftliche Nutzfläche um rund 3% abgenommen, wobei der Rückgang im Flachland grösser war als in den Berggebieten (Tab. 2-4). Aus 56% der verschwundenen Landwirtschaftsflächen sind Siedlungsflächen entstanden (BFS 2005). Es bestehen allerdings sehr grosse geographische Unterschiede. Während gemäss Arealstatistik unterhalb von 1080 Meter ü.M. über 80% des verlorenen Landwirtschaftslandes überbaut wurden, breiteten sich in den Berggebieten auf über 80% des verlorenen Landwirtschaftslandes Gebüsch, Gehölze und Wald aus (Abb. 2-11).

Ein Drittel des Kulturlandverlustes in der Schweiz betrifft die alpwirtschaftliche Nutzfläche (BFS 2005). Auf den aufgegebenen Alpen kamen vorwiegend Wald und Gebüsch auf. Es entstanden aber auch über 3% neue Siedlungsflächen. Hierbei handelt es sich vorwiegend um neue Strassen (BFS 2005). Die Bilanz der alpwirtschaftlichen Nutzflächenänderung zeigt die dominierenden Entwicklungsrichtungen innerhalb der alpwirtschaftlichen Nutzfläche (Abb. 2-12). Eine Sukzession von regelmässig bewirtschafteten Flächen hin zu deren Aufgabe lässt sich aus der Abbildung nicht direkt ableiten (BFS 2005). Im Vergleich zum absoluten Vorkommen wird die traditionelle Heugewinnung auf Maiensässen, Heualpen und Bergwiesen nur in geringem Umfang zu Gunsten der Weidenutzung aufgegeben. Durch die extensivere Nutzung der Alpweiden kommen Gebüsch und Bäume auf.

Detaillierte Auswertungen der Arealstatistikdaten haben gezeigt, dass sich auch die Qualität des Kulturlandes innerhalb von 12 Jahren deutlich verändert hat (Rutherford et al. 2006, WASALP). Eine Intensivierung der Flächennutzung im Alpenraum konnte vor allem in den Regionen Entlebuch und Appenzell beobachtet werden sowie im Jura. Ebenfalls intensiviert wurde die Nutzung der Talböden entlang von Rhone, Rhein, Ticino und Brenno. Extensivierun-

Abbildung 2-11
Werdegang der verschwundenen Landwirtschaftsflächen
In der unteren Hälfte der Schweiz (unterhalb 1080 m ü.M) entstanden auf den Landwirtschaftsflächen vor allem neue Siedlungsflächen. In den Berggebieten (inkl. alpwirtschaftliche Nutzfläche) geht das Landwirtschaftsland dagegen vor allem an Gebüsch (unproduktive Fläche), Gehölz und Wald verloren (Veränderung 1979/85 bis 1992/97).

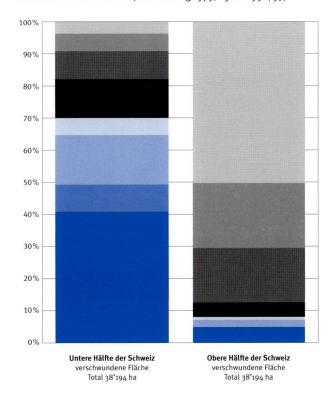

Legende
- Gebäudeareal
- Industrieareal
- Besondere Siedlungsflächen
- Erholungs- und Grünanlagen
- Verkehrsflächen
- Gehölze
- Wald
- Unproduktive Flächen

Quelle: BFS (2005).

Abbildung 2-12

Bilanz der alpwirtschaftlichen Nutzflächenänderung

Jede Kategorie kann sowohl Flächen zugunsten einer anderen Kategorie verlieren als auch Flächen gewinnen (Veränderung 1979/85 bis 1992/97). Die Pfeile geben die Bilanz, d.h. die Differenz zwischen beiden Bewegungen, wieder.

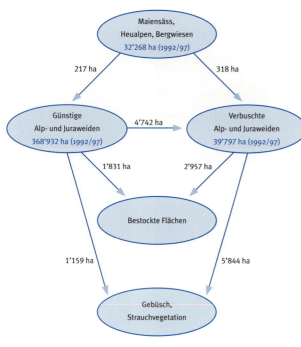

Quelle: BFS (2005).

gen fanden dagegen fast ausschliesslich in höheren Lagen statt. Im dicht besiedelten und bereits heute intensiv bewirtschafteten Mittelland sind erwartungsgemäss kaum Extensivierungen erkennbar. Im Jura gibt es einzelne Flächen mit neuem und offenem oder geschlossenem Wald. In den nördlichen Voralpen – und hier vor allem im westlichen und östlichen Teil – existiert bereits ein dichtes Gewebe aus verbuschten oder verwaldeten Flächen. In den westlichen Zentralalpen fällt vor allem die hohe Dichte an neuen, offenen Wäldern auf. Im Tessin und in Südbünden ist dagegen der Übergang von extensiv genutzten Flächen zu geschlossenem Wald besonders häufig.

2.6.3 Drei Kulturtraditionen – das Gedächtnis der Landschaft

In den Alpen wohnen Menschen dreier verschiedener kultureller Traditionen (Abb. 2-13). Die unterschiedlichen sozioökonomischen Verhältnisse in den einzelnen Kulturräumen haben zu unterschiedlichen Landschaftsbildern geführt (Bätzing 2003). In der romanischen Bergbauernwirtschaft sind die Betriebszweige Ackerbau und Viehwirtschaft gleich stark ausgeprägt. Die besondere Stellung des Ackerbaus liess sich früher im Landschaftsbild erkennen: Alle geeigneten Flächen wurden als Äcker genutzt. Die Terrassen, die dafür angelegt wurden, sind heute noch erkennbar. Typisch für die romanische Berglandwirtschaft war das dreistufige Nutzungssystem mit Wintersiedlung, Sommersiedlung und Almsiedlung. Im Val d'Anniviers im Wallis erstreckt sich beispielsweise der Wirtschaftsraum eines Betriebs von 500 bis 2 800 Meter ü.M. Da beim Erbgang alle Kinder gleichberechtigt sind (sog. Realteilung), ist das Eigentum allerdings meist zersplittert.

Die germanische Bergbauernwirtschaft am Alpennordrand ist durch den Vorrang der Viehwirtschaft gekennzeichnet. Der feuchte Nordrand eignet sich nur bedingt für den Getreideanbau, dafür umso mehr für die Viehwirtschaft. Die Reduktion des Ackerbaus erschloss den Germanen zudem neue Siedlungsgebiete oberhalb der Getreidegrenze. Die herausragende Stellung des Viehs lässt sich optisch in der Landschaft erkennen: Es gibt keine Ackerterrassen, dafür dominieren Fettwiesen. Äcker bilden lediglich kleine Einsprengsel im satten Grün der Wiesen. Die Waldwirtschaft spielt zum Teil eine grosse Rolle als Produktionsergänzung für die Bergbauern.

Aufgrund der unterschiedlichen Wirtschaftsformen – aber auch durch naturräumliche Unterschiede – ist der Wald im germanischen Raum wesentlich stärker im Landschaftsbild vertreten als im romanisch geprägten Raum. Verglichen mit dem germanischen Raum wurde der Wald in den romanischen Gebieten in viel grösserem Ausmass gerodet – ausser in Gebieten, wo er als Schutzwald unverzichtbar war (Bätzing 2003).

Eine dritte Kulturform findet sich in den von Walsern besiedelten Gebieten. Die Walser-Kolonisation nahm ihren Ausgang im Oberwallis, das im frühen Mittelalter von Alemannen germanisiert worden war. Vor allem durch die starke Bevölkerungsvermehrung begannen die dortigen Bauern im Mittelalter in benachbarte romanische Alpengebiete auszuwandern. Hier besiedelten sie die hoch gelegenen, kaum erschlossenen und noch nicht von Romanen besetzten Talschlüsse – allerdings nur zum Preis der vollständigen Aufgabe des Ackerbaus.

Wissenschaftliche Untersuchungen zum Strukturwandel in der Berglandwirtschaft haben diese kulturellen Eigenheiten im Alpenraum bisher nur bedingt in ihre Analysen einbezogen. Ohne genauere Kenntnisse der kulturell bedingten Unterschiede zwischen den verschiedenen Regionen besteht aber die Gefahr, dass pauschal Aussagen und Massnahmen für den ganzen Alpenraum getroffen werden. Im Rahmen einer Studie wurden deshalb die sozioökonomischen Strukturen in den drei Kulturräumen untersucht (Pfister 2004, NUTZUNGSVIELFALT). Die Resultate zeigen, dass die Unterschiede zwischen Dörfern der verschiedenen kulturellen Traditionen auch durch den Strukturwandel und die durch die nationale Agrarpolitik begünstigte Tendenz zur Homogenisierung der Landschaft nicht völlig verschwunden sind: So unterscheiden sich die romanische, germanische und Walserkultur deutlich in Bezug auf die landwirtschaftlichen, demographischen, sozioökonomischen und politischen Strukturen – sowohl auf Gemeinde- als auch auf Betriebsebene (Pfister 2004, NUTZUNGSVIELFALT).

Die Unterschiede in den Kulturtraditionen spiegeln sich bis heute auch im Landschaftsbild wider: In den Talstufen der romanisch geprägten Gemeinden gibt es mehr verschiedene Landnutzungstypen als in den germanischen Gemeinden und in den Walsergemeinden (Abb. 2-14). In den romanischen Dörfern findet man ausserdem in den Talgebieten mehr Brachflächen. Dies ist auf die Erbteilung und den im Vergleich zu den höher gelegenen Walserdörfern geringeren Nutzungsdruck zurückzuführen.

Abbildung 2-13

Drei Gemeinden, drei Kulturen

a) Unterschächen/UR: Ein Dorf mit für alemannische/germanische Siedlungen typischen Streuhöfen

b) Braggio/GR: Ein romanisches Haufendorf

c) Das Walserdorf Vals/GR

Fotos: Katrin Rudmann-Maurer (1,2), Andreas Bosshard (3).

Abbildung 2-14
Durchschnittliche Anzahl Landnutzungstypen pro Kulturtradition und Höhenlage (± Standardfehler)
In den Talstufen der romanisch geprägten Gemeinden gibt es deutlich mehr verschiedene Nutzungstypen als in den germanischen Gemeinden und in den Walsergemeinden.

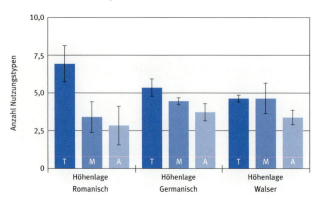

Legende
T Talboden
M Mittlere Höhenlage
A Alp

Quelle: Maurer et al. 2006, NUTZUNGSVIELFALT.

Abbildung 2-15
Veränderung der mittleren Anzahl Landwirtschaftsbetriebe pro Gemeinde von 1980 bis 2003 in drei verschiedenen Kulturregionen im Schweizer Alpenraum
Besonders markant war der Rückgang in germanischen Gemeinden.

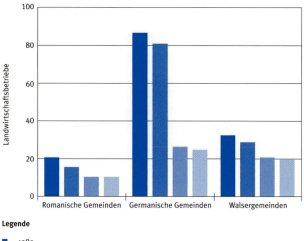

Legende
■ 1980
■ 1990
■ 2000
■ 2003

Quelle: Pfister (2004)/BFS (2003), NUTZUNGSVIELFALT.

Der Strukturwandel der letzten 150 Jahre hat sich auf die einzelnen Kulturräume unterschiedlich ausgewirkt. Besonders heftig hat es um 1900 den romanischen Raum getroffen. Der Niedergang des Ackerbaus, die sehr kleinen Betriebsgrössen und die starke Parzellierung der Nutzfläche infolge der Erbteilung machten ein modernes Wirtschaften unmöglich (Bätzing 2003).

Aus demographischer und ökonomischer Sicht sind die germanischen Gemeinden auch heute noch besser gestellt als die romanischen Gemeinden und die Walsergemeinden. Sie sind bevölkerungsreicher und weniger überaltert, ihre Wirtschaft stützt sich weniger stark auf den primären Sektor ab und die Arbeitslosenquote ist am niedrigsten

(Pfister 2004, NUTZUNGSVIELFALT). Allerdings weist die Landwirtschaft in germanisch geprägten Gemeinden heute ungünstige Strukturen auf: Die Betriebe sind relativ klein und der Anteil an Nebenerwerbsbetrieben ist gross. In den letzten 20 Jahren war deshalb der Rückgang an landwirtschaftlichen Betrieben in germanischen Gemeinden besonders markant (Abb. 2-15). Aufgrund dieser Resultate muss angenommen werden, dass die einzelnen Kulturräume auch in Zukunft unterschiedlich auf Änderungen der nationalen Agrarpolitik, die auf regionale Besonderheiten keine Rücksicht nimmt, reagieren werden.

2.6.4 Die Zunahme der Waldfläche

Während die Waldfläche weltweit zum Teil stark zurückgeht, hat sie in der Schweiz in den vergangenen 150 Jahren um 30 bis 50 % zugenommen (Brändli 2000), gemäss Mather und Fairbairn (2000) sogar um 100 %. Wie in anderen Alpenregionen auch, führte die zurückgehende Nutzungsintensität zum Vordringen des Waldes (Abb. 2-16). Die grössten geschlossenen Waldlandschaften der Alpen befinden sich heute in Österreich und Slowenien. Diese Alpenregionen vermitteln heute am ehesten den Eindruck, wie die Alpen im Naturzustand ausgesehen haben könnten.

Zur Entwicklung der Waldfläche in den 1980er und 1990er Jahren in der Schweiz liegen unterschiedliche Zahlen vor: Gemäss Landesforstinventar hat sie zwischen 1983/85 und 1993/95 um rund 48'000 Hektare oder 4 % zugenommen (Brassel und Brändli 1999), das heisst jedes Jahr um die Fläche des Thunersees. Die Arealstatistik weist dagegen aufgrund eines unterschiedlichen methodischen Vorgehens zwischen 1979/85 und 1992/95 eine Zunahme von lediglich 17'000 Hektaren auf (BFS 2001). Beide Analysen zeigen aber, dass die Waldausdehnung praktisch ausschliesslich im Berggebiet und hier vor allem im Alpenraum (Abb. 2-17) in den obersten Höhenstufen (Abb. 2-18) stattgefunden hat.

Nur im Mittelland blieb die Waldfläche fast unverändert. In den nördlichen Voralpen betrug die Zunahme zwischen 1983/85 und 1993/95 2,6 %, in den nördlichen und zentralen Alpen 7,6 % und auf der Alpensüdseite 5,6 % (BUWAL 1999a). Das gleiche Muster, aber tiefere Werte, zeigt auch die Arealstatistik (BFS 1999). Laut Arealstatistik sind lediglich 13,2 % aller neuen Waldflächen durch Aufforstungen entstanden. Diese Zahl schliesst auch Ersatzaufforstungen für baubedingte Rodungen mit ein.

Die Datenlage erlaubt es leider nicht, die Auswirkungen der neuen Agrarpolitik flächendeckend quantitativ zu analysieren, denn sowohl die Arealstatistik als auch das Landesforstinventar ermöglichen nur den Vergleich zwischen Mitte 1980er und Mitte 1990er Jahre. Diese Analyse wird erst auf der Basis zukünftiger Erhebungen möglich sein.

Es muss aber davon ausgegangen werden, dass sich der Wald – wenn auch abgeschwächt – nach 1995 weitere Flächen zurückerobert hat.

Quantitative Analysen der Waldflächenzunahme im Schweizer Berggebiet haben bestätigt, dass die natürliche Wiederbewaldung fast ausschliesslich auf Grenzertragslagen im Berggebiet beschränkt ist (Baur et al. 2006, WASALP). Als Grenzertragslagen werden Standorte bezeichnet, wo die Erträge tendenziell nicht ausreichen, um den Bewirtschaftungsaufwand zu decken. Die Einstufung als Grenzertragsfläche ist also ein variabler Wert, der von den gesellschaftlichen und wirtschaftlichen Rahmenbedingungen abhängt und der sich im Laufe der Zeit verändert. Die naturräumlichen Erklärungsfaktoren wie Hangneigung, Klima und Bodenbeschaffenheit sind deshalb nicht die eigentlichen, tiefer liegenden Ursachen für die Wiederbewaldung, sondern stehen lediglich stellvertretend für sozio-ökonomische Veränderungen.

Im Rahmen des NFP 48 wurde die Waldflächenzunahme analysiert. Sie ist in Regionen, in denen steile Hänge dominieren, erwartungsgemäss grösser (Abb. 2-19). Auch andere naturräumliche Variablen beeinflussen den Ertrag und den Bewirtschaftungsaufwand einer Fläche und damit die Wahrscheinlichkeit, dass eine Fläche aufgegeben wird und verwaldet: Die Wahrscheinlichkeit steigt mit zunehmendem Steingehalt im Boden und nimmt mit zunehmender Anzahl an Wärmegradtagen ab.

Diese Zusammenhänge erscheinen auf den ersten Blick trivial, im Einzelfall müssen sie aber keineswegs zutreffen. Die zwei Regionen Malcantone und Valli di Lugano im Kanton Tessin beispielsweise sind im Mittel nicht besonders steil und liegen in den tieferen Lagen des Berggebietes, zeigen aber dennoch einen hohen Anteil wiederbewaldeter landwirtschaftlicher Flächen. Über den ganzen Alpenraum betrachtet ergibt sich zudem auf der Ebene der einzelnen Parzellen (100 Meter-Raster) ein differenziertes Bild: Mit zunehmender Hangneigung nimmt die Wahrscheinlichkeit für die Zunahme der Waldfläche zunächst bis etwa 30° zu, dann aber wieder ab (Baur et al. 2006, WASALP).

Abbildung 2-16
Natürliche Wiederbewaldung nach Nutzungsaufgabe
Im Val Calanca/GR (Monti di Arvigo) hat sich der Wald nach und nach Maiensässe, Alpen, Wiesen und Weiden zurückerobert, welche der Natur vor Jahrhunderten in mühsamer Arbeit abgerungen worden waren. Luftaufnahmen vom 10. Oktober 1968 und vom 15. September 1995.

Quelle: BFS (2002); reproduziert mit Bewilligung von swisstopo (BA071012).

2 DIE ENTWICKLUNG DER ALPINEN LANDSCHAFT

Abbildung 2-17

Veränderung der Waldfläche 1983/85 bis 1993/95 absolut und in Prozent

Die Waldfläche hat in allen Regionen zugenommen, vor allem aber in den Alpen.

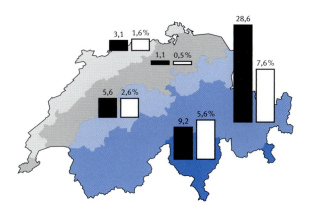

Legende

■ Zunahme der Waldfläche in 1'000 ha (Schweiz: 47'600 ha)

□ Zunahme der Waldfläche in Prozenten der Waldfläche (Schweiz: 4,0 %)

- Jura
- Mittelland
- Voralpen
- Alpen
- Alpensüdseite

Quelle: LFI/WSL (1998), BUWAL (1999a).

Abbildung 2-18

Zunahme der Waldfläche nach Höhenstufen

In den obersten Höhenstufen war die Waldzunahme prozentual am grössten (Veränderung 1979/85 bis 1992/97).

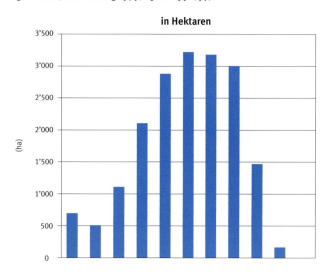

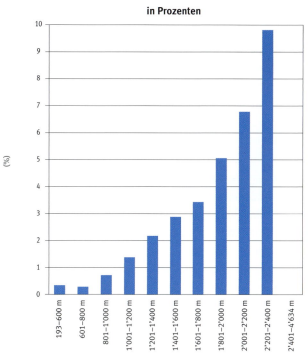

Quelle: BFS (2005).

Abbildung 2-19
Der Wald kommt vor allem im steilen Gelände
Der Zusammenhang zwischen Hangneigung und Waldflächenzunahme ist bis auf zwei Ausnahmen augenfällig (Veränderung 1985 bis 1997).

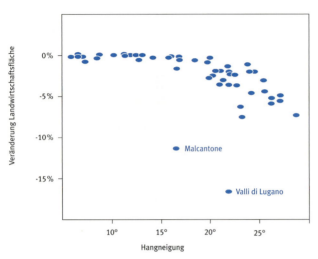

Quelle: Baur et al. (2006), WASALP.

Zwei Faktoren dürften für diesen Kurvenverlauf verantwortlich sein: Zum einen nimmt der Arbeitsaufwand mit zunehmender Hangneigung zunächst zu, geht dann aber als Folge des Wechsels des Produktionssystems von der arbeitsintensiven Mähwiese zur arbeitsextensiven Weide wieder zurück. Zum anderen dürfte die Sukzession auf vielen steilen Hängen infolge ungünstiger Standortverhältnisse deutlich langsamer ablaufen oder bereits vor dem Erreichen des Waldstadiums zum Stillstand kommen.

Besonders stark hängt die Zunahme der Waldfläche von der Landnutzung angrenzender Parzellen und vom Vorhandensein von Wald in der Umgebung ab. Dafür gibt es mehrere, sich zum Teil ergänzende Erklärungen. So kann ein angrenzender Wald als Samenquelle dienen und die Wiederbewaldung extensivierter oder aufgegebener Flächen einleiten oder beschleunigen (Baur et al. 2006, WASALP). Denkbar ist auch ein Nachahmungseffekt: Je häufiger Flächen aufgegeben werden, desto grösser wird tendenziell die soziale Akzeptanz einer Aufgabe nicht rentabler Flächen. Bei benachbarten Rasterzellen könnte aber auch einfach die Wahrscheinlichkeit gross sein, dass die benachbarten Flächen demselben Bewirtschafter gehören, der das Land einheitlich nutzt (Baur et al. 2006, WASALP).

Für teilweise überraschende Resultate sorgte die Analyse sozio-ökonomischer Faktoren. In keiner der Analysen, die auf unterschiedlichen räumlichen Skalen vorgenommen wurden, konnte die Hypothese, dass die Waldfläche dort zunimmt, wo die Bevölkerung abnimmt, bestätigt werden (Baur et al. 2006, WASALP). Teilweise zeigten die Analysen sogar einen gegensätzlichen Zusammenhang. Dies könnte darauf zurückzuführen sein, dass in Berggebietsregionen mit einem Bevölkerungszuwachs das Angebot an Erwerbsmöglichkeiten ausserhalb der Landwirtschaft gross ist und Grenzertragslagen deshalb eher aus der Produktion genommen werden. Das bedeutet aber nicht, dass die Kulturlandschaft dort unverändert bleibt, wo die Dörfer noch stark landwirtschaftlich geprägt sind oder die Wirtschaft schrumpft. Auch in solchen Regionen nimmt die Waldfläche zu. Vermutlich ist dort die Nachfrage nach Grenzertragslagen deshalb gering, weil es für die verbliebenen Bauern genügend landwirtschaftliche Gunstlagen gibt.

Anders sieht die Situation aus, wenn die Landwirtschaftsbetriebe vor allem im Haupterwerb geführt werden: Je höher 1985 der Anteil an Haupterwerbsbetrieben in den Gemeinden war, desto geringer fiel die Waldflächenzunahme zwischen 1979/85 und 1992/97 aus. Baur et al. (2006, WASALP) vermuten, dass die Haupterwerbsbetriebe im Gegensatz zu Nebenerwerbsbetrieben in Maschinen und effiziente Bewirtschaftungsmethoden investiert haben. Dies erlaubt es ihnen, mehr Zeit mit der Bewirtschaftung von Randlagen zu verbringen. Die Wissenschaftler weisen allerdings darauf hin, dass in Gebieten mit einem hohen Anteil an Nebenerwerbsbetrieben oft ungünstige Produktionsbedingungen herrschen, die dazu führen, dass einzelne Flächen häufiger aus der Bewirtschaftung genommen werden.

Auch die Analyse des Einflusses der Abnahme der Anzahl Landwirtschaftsbetriebe auf die Waldfläche sorgte für eine Überraschung: Zwar war die Waldflächenzunahme in jenen Gemeinden grösser, in denen zwischen 1939 und 1985 etwas mehr Betriebe aufgaben. Doch in den von Baur et al. (2006, WASALP) erstellten Modellen konnte damit nur ein sehr kleiner Teil der Waldflächenzunahme erklärt werden. Einen etwas grösseren Einfluss auf die Waldflächenzunahme hatte dagegen der Abstand des Kulturlands zur nächst gelegenen Strasse: Wiederbewaldete Flächen sind weiter weg von Strassen als Wiesen und Weiden. Dieser Zusammenhang gilt aber nur bis zu einer bestimmten Distanz von der Strasse. Flächen, die mehr als zwei Kilometer von der nächsten Strasse entfernt liegen, sind nur wenig von der Wiederbewaldung bedroht, weil sie beispielsweise weiterhin als extensive Schafweide benutzt werden, für die eine Zugänglichkeit mit Fahrzeugen nicht unbedingt notwendig ist.

Diese Resultate dürfen aber nicht darüber hinwegtäuschen, dass zum Teil erhebliche Erklärungslücken bestehen. Vor allem bei kleinräumiger Betrachtung (1 ha-Raster) über den gesamten Alpenraum können die Modelle nur einen relativ kleinen Teil der beobachteten Unterschiede erklären. Der Prozess der Wiederbewaldung wird offenbar stark von regionalen und lokalen Besonderheiten beeinflusst. Interviews mit Landbesitzern in vier Fallstudiengemeinden (Tujetsch, Soazza, Blitzingen, Eggiwil) bestätigten diese Vermutung (Baur et al. 2006, WASALP). Beispielsweise gibt es im Emmental, wo der Wald zu einem grossen Teil Eigentum der Bauern ist, immer wieder Flächen, die zu Wald werden, weil die Bewirtschafter dies so wollen (Schreiber 2005, WASALP). Sie streben damit aber nicht eine Aufgabe der Nutzung an, sondern lediglich eine Nutzungsänderung, weil auf der betroffenen Parzelle der Waldbau gerade mehr Geld abwirft.

Es konnte also keine «Urformel» für die quantitative Erklärung der Waldflächenzunahme im gesamten Schweizer Berggebiet gefunden werden. Dies dürfte die Steuerung der Waldausdehnung – sofern dies erwünscht ist – über zentral geplante politische Massnahmen stark erschweren. Die Ergebnisse lassen den Schluss zu, dass für eine wirksame Steuerung der Waldzunahme regionale und lokale Faktoren einbezogen werden müssen.

Baur et al. (2005, WASALP) weisen darauf hin, dass die natürliche Wiederbewaldung als Ausdruck einer tief greifenden Veränderung der wirtschaftlichen und gesellschaftlichen Verhältnisse interpretiert werden muss. Der Wald wächst an den Grenzertragslagen mit dem Wohlstand. Nahrungsmittel sind heute nicht mehr knapp, Energie und Hilfsmittel sind vergleichsweise billig und die Arbeit ist teuer geworden. Die Bewirtschaftung von Grenzertragslagen ist nicht mehr lebensnotwendig.

Abbildung 2-20

Geht der Bauer, kommt der Wald

Quelle: Aus Baur et al. (2006), WASALP; © Sylvia Vananderoye.

Wie nimmt die Bevölkerung die Waldausdehnung wahr?
Die Waldausdehnung ist ein schleichendes Phänomen, dem Jahrzehnte lang wenig Beachtung geschenkt wurde. Erst die Ergebnisse des zweiten Landesforstinventars (Brassel und Brändli 1999, BUWAL 1999a) und der Arealstatistik (BFS 1999) haben dazu geführt, dass die Waldflächenzunahme in Politik und Gesellschaft vermehrt wahrgenommen und thematisiert wurde. Ein möglicher Handlungsbedarf hängt allerdings davon ab, ob und von wem die Wiederbewaldung als Problem angesehen wird. In der Landwirtschaft ist die Wiederbewaldung vor allem im Zusammenhang mit der Vermessung der gesamtschweizerischen Nutzfläche ein Thema. Das Bundesamt für Landwirtschaft will damit verhindern, dass Direktzahlungen missbräuchlich für bereits eingewaldete Flächen bezahlt werden. Für Raumplaner ist die Waldausdehnung dann ärgerlich, wenn brach liegendes Land plötzlich als Wald eingestuft wird und damit als Tabuzone gilt. Naturschützer weisen dagegen entweder auf die Chancen (z.B. Entstehung von «Wildnisgebieten») oder auf die Risiken der Waldausdehnung (Zuwachsen artenreicher Wiesen und Weiden) hin.

In der Bevölkerung hat das Thema Waldausdehnung dagegen einen geringen Stellenwert. In einer repräsentativen Umfrage glaubten 57 % der Schweizer und Schweizerinnen, dass die Waldfläche in den letzten 20 Jahren abgenommen hat (BUWAL 1999b). Ein Viertel der Bevölkerung antwortete auf die Frage, wie viel Prozent der Landesfläche bewaldet sind, mit «ich weiss nicht». Ein Fünftel glaubte, der Waldanteil liege unter 20 %. 15 % der Befragten schätzten den Anteil Wald auf über 40 %. Nur 1 % der Befragten glaubte, es hätte zu viel Wald in der Schweiz. Drei Viertel waren mit der heutigen Waldfläche zufrieden, und rund ein Viertel fand, dass es zu wenig Wald in der Schweiz gibt.

Eine ähnliche Umfrage bei der Bergbevölkerung ergab ein etwas anderes Bild: Hier finden nur 5 % der Bevölkerung, dass es etwas mehr Wald sein könnte (Schmithüsen et al. 2000). Weitere 5 % würden es dagegen vorziehen, wenn es weniger Wald gäbe. Die restlichen 90 % sind mit der heutigen Waldfläche zufrieden. Auch bei den Gemeindevertretern dominiert die Ansicht, dass der Ist-Zustand am besten ist. Allerdings hat ein Fünftel den Eindruck, dass es zu viel Wald in der jeweiligen Region gibt.

2.6.5 Bedeutung und Entwicklung der Schutzwälder

Viele Wälder in den Alpen schützen grossflächig wichtige Verkehrsanlagen und Siedlungen vor Steinschlag (Abb. 2-21), Lawinen und anderen Naturgefahren. Sie wirken sich damit positiv auf die Sicherheit ganzer Regionen aus und werten den Lebensraum Alpen für den Menschen erheblich auf. Im Gegensatz zu künstlichen Verbauungen gegen Lawinen und Steinschlag sind Schutzwälder eine Bereicherung des Landschaftsbildes. Gemessen an entsprechenden technischen Verbauungen und deren Unterhalt beträgt der Wert dieser Wälder laut BAFU jährlich 2 Milliarden Franken (BUWAL 1999a). Das BAFU geht davon aus, dass die Gebirgswälder den Lebens- und Wirtschaftsraum von mehr als einer Million Einwohnern in der Schweiz schützen.

Die Schutzwirkung von Waldbeständen gegen Steinschlag konnte im Rahmen eines NFP 48-Projekts mit Hilfe von Simulationsmodellen bestimmt werden (Stoffel et al. 2006, Wehrli 2006, SCHUTZWÄLDER). In drei Schutzwäldern der Schweiz zeigte sich, dass sich die Anzahl der Steine, die bei den untersuchten Hängen unten ankommen, ohne die bestehenden Wälder fast verdreifachen würde. Vor allem gegen Steine mit einem Durchmesser von weniger als 80 cm können Bergwälder einen guten Schutz bieten.

Die effektive Schutzwirkung eines Waldes wird durch die Struktur des Bestandes bestimmt. Beispielsweise steigt die Schutzwirkung mit zunehmender Stammzahl. Dichtere Bestände erhöhen zwar die Schutzwirkung, verhindern aber die Verjüngung des Waldes. Die heutige Verjüngung wiederum ist für die Schutzwirkung in einigen Jahrzehnten bestimmend. Dieses Dilemma zwischen aktueller und

Abbildung 2-21
Baum sei Dank!
Wälder schützen Strassen, Bahnlinien und Siedlungen vor Steinschlag.

Foto: André Wehrli.

zukünftiger Schutzwirkung zeigte sich auch in Modellrechnungen zur langfristigen Entwicklung von Schutzwäldern (Wehrli 2006, SCHUTZWÄLDER): Wälder mit einer hohen Ausgangs-Stammzahl bieten während Jahrzehnten den besten Schutz vor Steinschlag. Die Schutzwirkung nimmt später allerdings ab, denn die natürliche Baummortalität reduziert laufend die Stammzahl des Ausgangsbestandes. Die Struktur des Ausgangsbestandes ist daher eine Schlüsselgrösse für die langfristige Schutzwirkung eines Waldes: Der ideale Schutzwald ist nicht ein dichter Wald mit dicken Bäumen, sondern ein Mosaik aus Gruppen von dicken und dünnen Bäumen. Auch Lücken sind wichtig, denn hier kann die Verjüngung aufkommen, welche die Schutzwirkung von morgen sichert.

Untersuchungen haben allerdings gezeigt, dass es in den heutigen Gebirgswäldern, die von Fichten dominiert werden, an Verjüngung mangelt (Brang und Duc 2002). Von den Schweizer Schutzwäldern weisen gemäss Landesforstinventar 41 % einen Deckungsgrad der Verjüngung von weniger als 9 % auf, was in der Regel als ungenügend zu betrachten ist (Brang und Duc 2002). Etwa ein Drittel verfügt über einen Deckungsgrad der Verjüngung von über 25 % (Brassel und Brändli 1999). Dies entspricht etwa dem Ideal für nachhaltig aufgebaute, hochmontane Tannen-Fichten-Plenterwälder mit Schutzfunktion (Frehner et al. 2005).

Als wichtiges Kriterium für die langfristige Schutzwirkung gilt neben der Verjüngung auch die Baumartenmischung. Da in Naturwäldern das Risiko für grossflächige Schäden in der Regel kleiner ist und die Voraussetzungen für eine natürliche Verjüngung gut sind, sollte der Schutzwald in seiner Baumartenzusammensetzung nach Möglichkeit den heutigen Vorstellungen von Naturwald entsprechen (Frehner et al. 2005). Allerdings ist der im Landesforstinventar untersuchte Schutzwald weit von einer idealen Baumartenmischung gemäss den Richtlinien zur Schutzwaldpflege (siehe Wasser und Frehner 1996) entfernt. Vor allem der Anteil Fichten ist in vielen Wäldern zu hoch.

Durch moderate waldbauliche Massnahmen kann die Schutzwirkung eines Waldbestandes beeinflusst und in die gewünschte Richtung gelenkt werden (Frehner et al. 2005). Hauptmotiv für Eingriffe in den Wald ist die Förderung von Waldstrukturen mit guter Schutzwirkung und die Beseitigung von frischem Schadholz, was den Borkenkäferbefall eindämmt. Bei der Verbesserung der Waldstruktur steht die Verjüngung im Vordergrund. Die Verjüngung entwickelt sich in Gebirgswäldern allerdings nur sehr langsam: Bis eine junge Fichte zwei Meter hoch und damit vor Schneebewegungen, Wildverbiss und Pilzkrankheiten einigermassen sicher ist, können 20 bis 50 Jahre vergehen (Brang et al. 2004, SCHUTZWÄLDER). Im rauen Klima der subalpinen Fichtenwälder sind es sogar 50 bis 70 Jahre (Brang und Duc 2002). Bis die Bäumchen dann schliesslich eine effektive Schutzwirkung gegen Naturgefahren entwickeln können, kann es unter Umständen viele Jahrzehnte dauern. Nicht zuletzt deshalb wird es immer schwierig sein, die Effizienz bestimmter waldbaulicher Eingriffe zu messen und vorherzusagen, und noch schwieriger, sie mit deren Nutzen für die Gesellschaft in Beziehung zu setzen (Graf 2005).

Immer wieder wird der Ruf laut, die Schutzwälder völlig sich selbst zu überlassen. Es ist aber bis heute unklar, unter welchen Voraussetzungen man in Schutzwäldern die natürliche Dynamik spielen lassen kann, ohne unvertretbare Risiken einzugehen. Selbst wenn Urwälder einen perfekten Schutz vor Naturgefahren bieten würden, heisst das noch lange nicht, dass man auch die vom Menschen geprägten Wälder, die eine völlig andere Ausgangssituation in Bezug auf die Waldstruktur und Baumartenzusammensetzung mitbringen, sich selbst überlassen darf (Brang et al. 2004). Zudem gibt es Bergwälder, die von Natur aus störungsanfällig sind (Ott et al. 1997).

Nach den Stürmen Vivian (1990) und Lothar (1999) sorgte die Frage, ob man die Windwürfe in Schutzwäldern räumen oder liegen lassen soll, für intensive Diskussionen. Zurzeit untersuchen Wissenschaftler, wie sich die verwüsteten Wälder entwickeln. Bisher hat sich gezeigt, dass es nicht immer nötig ist, eine Windwurffläche zu räumen und die Flächen aufzuforsten. Im Gegenteil: Das Gewirr aus Stämmen bildet eine effektive Sperre gegen Steinschlag und kann die Gefahr vor Lawinenabgängen verringern. Bei längerfristiger Betrachtung, wie es für das System Schutzwald erforderlich ist, zeigt sich jedoch, dass durch die Holzzersetzung die Schutzwirkung des Sturmholzes mit der Zeit nachlässt. Spätestens nach 50 Jahren muss aber eine neue Baumgeneration bereitstehen. Es muss daher abgeklärt werden, ob die Verjüngung durch Waldbaumassnahmen initiiert oder beschleunigt werden soll.

2.7 Alpenlandschaften unter Druck

Zusammenfassend lässt sich feststellen, dass landschaftliche Schönheit und der Schutz vor Naturgefahren im Alpenraum keine Selbstverständlichkeit mehr sind. Die vielfältigen Kulturlandschaften sind das Produkt der Arbeit früherer Generationen und erst im Laufe der Jahrhunderte entstanden. Sie zeugen davon, mit wie viel Hartnäckigkeit und Einfallsreichtum sich die ländlichen Bevölkerungsgruppen an ihre Umwelt anpasst haben. Doch der markante Wandel der technischen, wirtschaftlichen und sozialen Bedingungen seit Mitte des letzten Jahrhunderts hat zu einem anhaltenden Druck auf die Landschaft der Alpen mit ihrer einzigartigen Durchdringung von Natur und Kultur geführt. Dadurch verlieren die Alpenregionen ihr charakteristisches Landschaftsbild. Vor allem der Strukturwandel in der Landwirtschaft der letzten Jahrzehnte, die dadurch bedingte Ausdehnung der Waldfläche, der Tourismus, die Ausdehnung der Siedlungsfläche, der Bau von Strassen und Eisenbahnanlagen sowie die Eindämmung der Flüsse haben das Landschaftsbild deutlich verändert. Ohne lenkende Massnahmen wird sich diese Entwicklung auch in Zukunft fortsetzen.

3 Veränderungen der Biodiversität im Alpenraum und ihre Ursachen

3 Veränderungen der Biodiversität im Alpenraum und ihre Ursachen

3.1 Natürliche und durch den Menschen geprägte Biodiversität

Die Alpen beherbergen eine grosse Vielfalt an Lebensräumen, Tier-, Pflanzen- und Pilzarten, Mikroorganismen sowie Nutztierrassen und Kulturpflanzen. Das Gebirge ist damit Refugium und Quelle der Biodiversität für ganz Europa (Chemini und Nicolini 1998). Obwohl die Alpen oft als «natürlicher» Raum angesehen werden, ist ein Teil der biologischen Vielfalt auf die traditionelle land- und forstwirtschaftliche Nutzung durch den Menschen zurückzuführen (Ellenberg 1996). Ein Drittel der Fläche des Schweizer Berggebiets wird heute als Mähwiese genutzt oder beweidet (SAB 2006).

3.1.1 Die natürliche Vegetation der Alpen

Als die Gletscher nach der letzten Eiszeit vor etwa 12'000 Jahren abzuschmelzen begannen, wanderten zahlreiche Arten aus dem Mittelmeerraum, aus Osteuropa und aus Zentralasien nach Mitteleuropa. Langsam breiteten sich auch in den Alpen Wälder aus, die praktisch nur durch die abnehmende Temperatur mit steigender Höhe über Meer begrenzt wurden (Bätzing 2003). Eine gewisse Dynamik dürften die grossen Pflanzenfresser wie Auerochse und Wisent in die Wälder gebracht haben. Deren tatsächlicher Einfluss auf die Waldstruktur ist allerdings bis heute selbst in Wissenschaftskreisen heftig umstritten. Forschungsresultate aus dem NFP 48 deuten aber darauf hin, dass das Wild keine lichtdurchfluteten, offenen Wälder produziert hat (siehe Kasten in Kap. 3.3). Völlig waldfrei blieben nur Moore, alpine Gebiete oberhalb von ungefähr 2'000 bis 2'400 Meter ü.M. sowie Flächen, auf denen eine dauerhafte Bodenbildung nicht möglich war (Landolt 1984). Oberhalb der Waldgrenze herrschten Zwergstrauchheiden, Krummseggenrasen und Blaugrashalden vor.

In tieferen Lagen und in den Alpentälern bildeten sich im Laufe der Zeit ausgedehnte Buchenwälder, in denen die Rotbuche (*Fagus sylvatica*) vorherrschte. Zwischen 900 und 1'300 Meter ü.M. wuchsen Mischwälder der Tannen-Buchenwaldstufe mit Buche (*Fagus sylvatica*), Tanne (*Abies alba*), Fichte (*Picea abies*) und stellenweise Bergahorn (*Acer pseudoplatanus*). Auf der Alpennordseite war die Buche an günstigen Stellen bis 1'500 Meter ü.M. die dominierende Baumart. Im Tessin bildeten Buchenwälder zum Teil sogar die Waldgrenze. Im Normalfall herrschen aber in der oberen montanen und der subalpinen Stufe Nadelwälder wie Tannen-Fichtenwälder und – an wärmeren Lagen – Lärchen-Arvenwälder vor. Die Lärchen-Arvenwälder bilden die höchstgelegenen Wälder der Schweiz. An sehr sonnenexponierten Stellen bildeten sich artenreiche Traubeneichenwälder oder – vor allem auf der Alpensüdseite – Flaumeichenwälder (Ellenberg und Klötzli 1972, Steiger 1998).

3.1.2 Artenreiche Alpen

In kaum einer anderen Region Europas gibt es einen so grossen Reichtum an Pflanzenarten wie in den Alpen. Die grosse Vielfalt in der Topografie und der Geologie sowie die klimatischen Unterschiede auf kleinstem Raum haben zu einer grossen Vielfalt an Lebensräumen geführt und damit die Grundlage der grossen Artenvielfalt geschaffen. Durch die Lage im Herzen Europas tragen Einflüsse der mediterranen, ost- und nordeuropäischen Floren zusätzlich zur grossen Artenvielfalt der Alpen bei (Burga 2004).

Im gesamten Alpenbogen wurden bislang etwa 5'000 Gefässpflanzenarten nachgewiesen – das sind drei Siebtel der europäischen Flora. Bis heute kennt man zudem in den Alpen 350 Pflanzenarten, die endemisch sind, das heisst nur hier vorkommen (Fischesser 1998). In den Schweizer Alpen wachsen insgesamt 2'546 Gefässpflanzenarten, dies entspricht rund 95 % der in der Schweiz bekannten Wildpflanzenarten (www.webflora.ch, verwendet in Wohlgemuth 2002). Zwei dieser Pflanzenarten sind in den Schweizer Alpen endemisch. Gemäss einer neuen Studie

Tabelle 3-1

Der Reichtum an Pflanzenarten in verschiedenen Teilen der Schweiz
Minimum, Maximum und mittlere Anzahl Gefässpflanzenarten auf einer Fläche von 1 km² in den biogeographischen Regionen der Schweiz.

	Mittlere Artenzahl	Minimum	Maximum
Jura	253	172	356
Mittelland	223	110	332
Alpennordflanke	256	61	372
Zentralalpen	201	3	350
Alpensüdflanke	221	40	357

Quelle: www.biodiversitymonitoring.ch.

Abbildung 3-1

Regionale Gefährdung der Farn- und Blütenpflanzen
Der Anteil gefährdeter Arten auf der Roten Liste ist in allen biogeographischen Regionen der Alpen kleiner als im Mittelland.

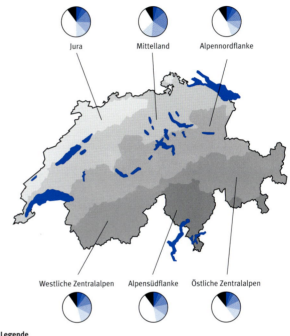

Legende
- in der Region ausgestorben
- vom Aussterben bedroht
- stark gefährdet
- verletzlich
- potenziell gefährdet
- nicht gefährdet
- ungenügende Datengrundlage

Quelle: Biodiversitätsmonitoring Schweiz (2006).

trägt die Schweiz für den Schutz von 397 Pflanzenarten eine mittlere bis hohe Verantwortung, da sich entweder ein grosser Teil ihres Verbreitungsgebiets in der Schweiz befindet, sie insgesamt ein sehr kleines Verbreitungsgebiet haben oder ihr Vorkommen in der Schweiz ein isolierter Vorposten mit einem für die Arterhaltung wichtigen Anteil an genetischer Diversität ist (Eggenberg und Landolt 2006). Fast die Hälfte (48 %) dieser Arten sind in der Schweiz gefährdet.

Die Pflanzenarten der Alpen sind nicht regelmässig über die Schweizer Alpen verteilt. Auf einem Quadratkilometer kommt an der Alpennordflanke im Durchschnitt ein Viertel mehr Arten vor als in den Zentralalpen oder an der Alpensüdflanke (Tab. 3-1). Der Artenreichtum im Mittelland liegt dazwischen. In den Zentralalpen gibt es viele hochalpine Gebiete mit nur spärlicher Vegetation, deshalb ist die mittlere Artenzahl pro Quadratkilometer niedriger als im Mittelland.

Im Gegensatz zum dicht besiedelten und stark genutzten Mittelland ist der Druck auf die Lebensräume der Pflanzen in den Alpen weniger stark. Der Anteil gefährdeter Arten

Abbildung 3-2
Die Gallmücke *Geomyia alpina*
Gattung und Art wurden erst vor kurzem in den Schweizer Alpen entdeckt.

Foto: Tina Weppler.

auf der Roten Liste ist deshalb in sämtlichen Regionen der Alpen kleiner als im Mittelland (Abb. 3-1). Insgesamt gilt rund ein Drittel aller Gefässpflanzenarten der Alpen als gefährdet.

Auch in Bezug auf die Fauna zählen die Alpen zu den artenreichsten Regionen Europas. Allein aus den Westalpen, zu denen auch die Schweizer Alpen gehören, sind beispielsweise mehr Laufkäferarten bekannt als auf der ganzen Skandinavischen Halbinsel vorkommen (Veit 2002). Die Tierartenzahl der gesamten Alpen wird auf über 30'000 geschätzt. Genaue Angaben können aber nur für die gut untersuchten Wirbeltiere (319 Arten) und für ausgewählte Gruppen von Insekten wie Heuschrecken oder Tagfalter gemacht werden. Immer wieder werden neue Arten, ja sogar neue Gattungen entdeckt, insbesondere bei den Insekten, wie der Fund einer neuen Gallmückengattung bzw. -art erst kürzlich gezeigt hat (Skuhravá et al. 2006, Abb 3-2).

Zur Artenvielfalt gehören aber nicht nur Pflanzen und Tiere, sondern auch Pilze. Im Grasland der Gebirge spielen «Arbuskuläre Mykorrhizapilze» (AM-Pilze) eine wichtige Rolle. Sie gehen Symbiosen mit Pflanzen ein und unterstützen diese bei der Mineralstoffaufnahme, um im Gegenzug mit Photosyntheseprodukten versorgt zu werden. Sie tragen entscheidend zur Verminderung von Erosion auf Alpwiesen sowie zur Erhaltung der Pflanzenvielfalt und zur Produktionssteigerung bei (van der Heijden et al. 1998a, van der Heijden et al. 1998b).

Bisher wusste man nur sehr wenig über die Diversität von AM-Pilzen in Gebirgen. Es wurde angenommen, dass die Diversität mit steigender Höhe abnimmt. Im Rahmen des NFP 48-Projekts MYKORRHIZA wurde die Diversität von AM-Pilzen im Grasland der Schweizer Alpen vom Wallis bis ins Unterengadin in Höhenlagen zwischen 1'000 und 3'000 Meter ü.M untersucht. Insgesamt wurden mittels Sporenbestimmung 75 verschiedene Arten von AM-Pilzen gefunden – darunter auch einige Arten und sogar Gattungen, welche zuvor noch nie beschrieben worden waren (Oehl und Sieverding 2004, Oehl et al. 2006, Sieverding und

Oehl 2006, MYKORRHIZA). Die gefundenen Arten entsprechen etwa einem Drittel der bisher weltweit beschriebenen AM-Pilze (ca. 200 Arten). Die Pilzdiversität nahm zwar mit zunehmender Höhe ab, aber weniger stark als erwartet. Einige Arten traten sogar erst ab einer bestimmten Höhe neu auf.

3.1.3 Biodiversität im Wald

Der Schweizer Wald ist ökologisch äusserst vielfältig (Ellenberg und Klötzli 1972). Er besteht aus über 100 Waldgesellschaften mit jeweils eigenen Artenkombinationen. Innerhalb der Waldgesellschaften gibt es zahlreiche Waldmuster und Waldstrukturen, die nicht nur von den jeweiligen natürlichen Standortbedingungen bestimmt werden, sondern auch von der früheren und heutigen Bewirtschaftung. Die Nutzung des Waldes in den Alpen durch den Menschen führte zu einer höheren Strukturvielfalt und damit zu Veränderungen der Biodiversität. Das gilt nicht nur auf dem Niveau der Arten. Eine Studie im Bayerischen Wald konnte anhand des Schnellkäfers *Athous subfuscus* zeigen, dass im Wald verschiedene Nutzungsformen zu genetischen Unterschieden innerhalb einer Art führen können (Fischer et al. 2003). Im 20. Jahrhundert wurden allerdings in vielen Gebieten der Alpen Fichtenwälder aufgeforstet, die eine geringe biologische Vielfalt haben. Obwohl diese Praxis seit einigen Jahren nicht mehr grossflächig ausgeübt wird (BUWAL und WSL 2005), sind die Folgen heute noch sichtbar.

Ungefähr 40 % der Pflanzen- und Tierarten der Schweiz sind ganz oder teilweise auf den Wald oder den Waldrand als Lebensraum angewiesen (BUWAL und WSL 2005). Im Schweizer Wald leben rund 1'300 Pflanzenarten, darunter 12 einheimische Nadel- und 43 einheimische Laubbaum- und Straucharten. Drei Baumarten machen allerdings bereits 68 % der Bäume aus: Fichte (39 %), Buche (18 %) und Weisstanne (11 %) (BUWAL und WSL 2005). Der Anteil der Arten innerhalb einer Organismengruppe, welche ganz oder teilweise im Wald leben, variiert von Gruppe zu Gruppe stark. Bei Flechten und Bockkäfern nutzt der überwie-

Abbildung 3-3

Waldarten innerhalb verschiedener Organismengruppen

Anteil und Anzahl der Arten in der Schweiz, die ganz oder teilweise im Wald oder am Waldrand leben und auf ihn angewiesen sind, aufgetrennt nach verschiedenen Pflanzen- und Tiergruppen. Der Anteil der Waldarten ist bei den verschiedenen Organismengruppen sehr unterschiedlich.

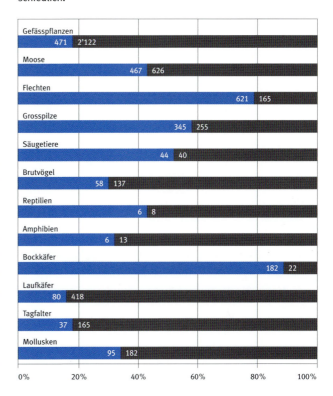

Legende

■ Waldarten

■ Nicht-Waldarten

Quelle: BUWAL und WSL (2005)/Nationale Datenzentren für Flora und Fauna.

Tabelle 3-2

Im Grasland gibt es mehr Pflanzenarten

Vergleich der durchschnittlichen Anzahl Gefässpflanzen im Wald und in Wiesen und Weiden der Schweiz auf 10 m² grossen Flächen, aufgetrennt nach Höhenstufen. Im Grasland kommen mehr Gefässpflanzenarten vor als im Wald und die Artenzahl nimmt von der kollinen zur subalpinen Stufe zu.

Höhenstufe	Wald	Wiesen/Weiden
Kollin	18	28
Montan	19	33
Subalpin	25	46

Quelle: www.biodiversitymonitoring.ch.

Tabelle 3-3

Im Wald gibt es mehr Schneckenarten

Vergleich der durchschnittlichen Anzahl Molluskenarten im Wald und in Wiesen und Weiden der Schweiz auf 10 m² grossen Flächen, aufgetrennt nach Höhenstufen. Im Wald kommen mehr Molluskenarten vor als in Wiesen und Weiden und die Artenzahl nimmt mit steigender Höhe ab.

Höhenstufe	Wald	Wiesen/Weiden
Kollin	10	8
Montan	10	6
Subalpin	6	5

Quelle: www.biodiversitymonitoring.ch.

de Teil der Arten den Wald als Lebensraum, während es bei den Gefässpflanzen oder den Laufkäfern nur ein kleiner Teil ist (Abb. 3-3). Auch kleinräumig betrachtet kommen in der Schweiz im Wald im Durchschnitt weniger Pflanzenarten vor als in Wiesen und Weiden (Tab. 3-2). Bei der Gruppe der Schnecken (Mollusken) leben dagegen mehr Arten im Wald als im Grasland (Tab. 3-3). Bei dieser Artengruppe nimmt die Artenzahl im Wald und im Offenland mit steigender Höhe ab (Tab. 3-3).

3.1.4 Eine vielfältige Kulturlandschaft erhöht die Biodiversität

Als der Mensch vor etwa 5'000 Jahren damit begann, die Alpen landwirtschaftlich zu erschliessen, nutzte er zunächst die alpinen Grasländer oberhalb der Waldgrenze als Weide (siehe Kap. 2.1). Trotz der Jahrhunderte langen Nutzung ist die Vegetationszusammensetzung dieser Alpweiden heute dem «ursprünglichen» Zustand vermutlich sehr ähnlich (Grabherr 1998). Durch die Waldrodungen und durch die damit verbundene Ausdehnung der landwirtschaftlichen Nutzfläche entstanden weitere offene Graslandflächen. Aus vielen Teilen Europas wanderten Pflanzen- und Tierarten in die neu entstandenen Lebensräume ein und vergrösserten die Artenvielfalt der Alpen (Ellenberg 1996).

Offenes Grasland und Wald bilden heute eine vielfältig genutzte Kulturlandschaft. Im Rahmen des NFP 48 wurde in 12 Gemeinden in den Schweizer Alpen der Einfluss der Nutzungsvielfalt auf die Artenvielfalt bei den Pflanzen untersucht. Die Resultate waren eindeutig: Je grösser die Anzahl verschiedener Nutzungstypen von Grasland in einer Landschaft ist, desto grösser ist ihre Vielfalt an Pflanzenarten (Abb. 3-4), denn verschiedene Nutzungstypen beherbergen unterschiedliche Arten (Maurer et al. 2006, Nutzungsvielfalt). Da auch viele Tierarten auf einen bestimmten Lebensraum angewiesen sind, wie es bei Tagfaltern und Heuschrecken in Tujetsch/GR und in Grindelwald/BE beobachtet wurde (Lüscher et al. 2006, Grasland), erhöht sich auch bei Tieren die Diversität, wenn eine grosse Nutzungsvielfalt herrscht.

Tabelle 3-4
Besonders stark bedroht: Pflanzen magerer Wiesen
Anzahl und Anteil von Arten verschiedener Gefährdungsstufen der Roten Liste, aufgetrennt nach ökologischen Gruppen. Unter den Pflanzenarten, die typische Wald- oder Fettwiesenpflanzen sind, sind die Anzahl und der Anteil gefährdeter Arten kleiner als bei den typischen Pflanzen magerer Wiesen.

Ökologische Gruppe	Rote Liste	Potenziell gefährdet	Nicht gefährdet	Ungenügende Datengrundlage*
Waldpflanzen	97 (17 %)	76 (13 %)	361 (64 %)	32 (6 %)
Pflanzen magerer Wiesen	149 (39 %)	67 (18 %)	147 (39 %)	18 (5 %)
Fettwiesenpflanzen	4 (5 %)	3 (3 %)	74 (86 %)	5 (6 %)

* v.a. Neophyten

Quelle: Moser et al. (2002).

Die Verteilung der Pflanzenarten der Roten Liste auf verschiedene ökologische Gruppen zeigt, dass alle in der vorliegenden Synthese behandelten Lebensräume gefährdete Arten beherbergen (Moser et al. 2002). Besonders gross ist der Anteil gefährdeter Arten bei den Pflanzen nährstoffarmer Wiesen, die heute als Lebensraum besonders bedroht sind (Tab. 3-4). Da die meisten Tierarten verschiedene Vegetationstypen und Kulturlandschaftselemente nutzen, ist eine entsprechende Zuordnung nicht so einfach durchzuführen wie bei den Pflanzen. Die Rote Liste der gefährdeten Brutvogelarten der Schweiz zeigt aber, dass in Feuchtgebieten und im Kulturland der Anteil der Rote-Liste-Arten besonders gross ist (Keller et al. 2001). Der Mensch hat also einerseits neue Lebensräume geschaffen und dadurch die Biodiversität in der Landschaft erhöht, andererseits sind aber gerade Arten, die in der Kulturlandschaft leben, heute durch die Zerstörung ihrer Lebensräume und durch veränderte Nutzungsformen bedroht.

Abbildung 3-4
Die Artenvielfalt steigt mit der Anzahl Nutzungstypen
Vergleich der Anzahl untersuchter Landnutzungstypen und der Anzahl Gefässpflanzenarten in Grasland in 12 Gemeinden der Schweizer Alpen. Wenn in einer Gemeinde eine grössere Anzahl verschiedener Nutzungstypen vorhanden war, kamen in den untersuchten Flächen der Gemeinde insgesamt mehr Pflanzenarten vor.

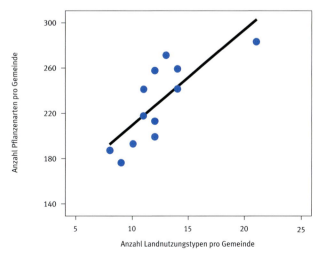

Quelle: Maurer et al. (2006), NUTZUNGSVIELFALT.

3.1.5 Der Einfluss der Graslandnutzung auf Flora und Fauna

Die landwirtschaftliche Nutzfläche im Alpenraum wird heute geprägt durch Wiesen und Weiden. Die Artenvielfalt der einzelnen Parzelle hängt stark von ihrer individuellen landwirtschaftlichen Nutzung ab. Insgesamt nimmt die Pflanzendiversität pro Fläche von der kollinen zur subalpinen Stufe zu (Tab. 3-2), vermutlich gekoppelt mit einer abnehmenden Nutzungsintensität, um dann zur alpinen Stufe wieder abzunehmen (Theurillat et al. 2003, Maurer et al. 2006, NUTZUNGSVIELFALT).

In landwirtschaftlich genutzten Flächen nimmt die Pflanzendiversität mit zunehmender Nutzungsintensität ab. Dies konnten Dietschi et al. (2005, SULAPS) bei Wiesen in Mittelbünden zeigen (Abb. 3-5). In trockenen, extensiv genutzten Wiesen kamen über 50 % mehr Pflanzenarten vor als in intensiv genutzten Wiesen. Intensive Nutzung heisst bei Wiesen mehr Schnitte pro Jahr, bei Weiden längere Standzeiten der Tiere und mehr Tiere pro Fläche. In beiden Fällen ist eine intensive Nutzung mit Düngung gekoppelt.

Düngung erhöht die Produktivität von Grasland. Sie hat aber einen stark negativen Einfluss auf die Anzahl Pflanzenarten, wie eine Studie auf Weiden in fünf Regionen in den Alpen gezeigt hat (Artenzahlen gemittelt über vier räumliche Skalen von 1 bis 1000 m²) (Spiegelberger et al. 2006b, VERA). Düngung beeinflusst auch die Artenzusammensetzung. Mit zunehmender Flächengrösse nimmt die Anzahl Arten in gedüngten Weiden weniger stark zu als in ungedüngten, extensiv genutzten Weiden, was auf eine geringere Heterogenität zwischen den gedüngten Flächen zurückzuführen ist (Spiegelberger et al. 2006b, VERA). In einer anderen Studie konnte beobachtet werden, dass die Summe der Arten aller Untersuchungsflächen bei ungedüngten Parzellen deutlich grösser war als bei gedüngten (Maurer 2005, NUTZUNGSVIELFALT).

Beweidung und Mahd wirken sich unterschiedlich auf die Artenvielfalt aus. Ob die Artenvielfalt höher oder niedriger ist, hängt allerdings von der Intensität der Nutzung und der Düngung ab: Extensiv genutzte Weiden haben

Abbildung 3-5

Je weniger intensiv Wiesen genutzt werden, desto mehr Pflanzenarten beherbergen sie

Mittlere Anzahl Gefässpflanzenarten in Wiesen unterschiedlicher Nutzungsintensität in Mittelbünden in den Schweizer Alpen.

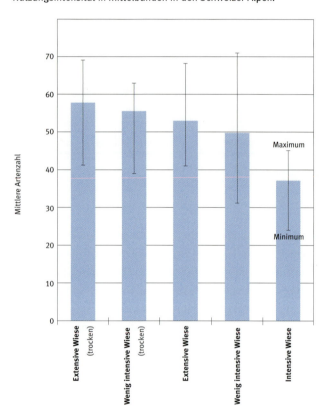

Quelle: Dietschi et al. (2005), SULAPS.

tendenziell etwas weniger Pflanzenarten als extensiv genutzte Wiesen; intensiv genutzte Weiden beherbergen dagegen deutlich mehr Arten als intensiv genutzte Wiesen (Maurer et al. 2006, NUTZUNGSVIELFALT). In der dichten Vegetation gedüngter Flächen schafft Beweidung Nischen für weniger konkurrenzstarke Arten und erhöht dadurch die Artenvielfalt. Da nicht alle Pflanzenarten gleich auf Schnitt oder Beweidung reagieren und dadurch – abgesehen von wenigen, allgemein häufigen Arten – unterschiedliche Arten den Bestand dominieren, unterscheiden sich die Artenzusammensetzungen von Wiesen und Weiden (Maurer 2005, NUTZUNGSVIELFALT).

Die Art und die Intensität der Beweidung beeinflussen die Pflanzenvielfalt. Das Ausmass von Tritt- und Frassschäden durch Schafbeweidung auf zwei Alpen im Wallis hing beispielsweise davon ab, ob die Alp als Umtriebsweide mit verschiedenen Koppeln oder als Standweide, auf der die Schafe den ganzen Sommer die gesamte Alp nutzen konnten, bewirtschaftet wurde (Bandurski 2003, GLOBAL CHANGE). Obwohl die Schafdichte auf der Umtriebsweide doppelt so hoch war wie auf der Standweide, waren die Tritt- und Frassschäden auf der Standweide grösser. Die Tiere frassen durch die grössere Futterauswahl selektiver als auf der Umtriebsweide und erhöhten dadurch den Nutzungsdruck auf einzelne Pflanzenarten.

Da extensiv genutzte Weiden nur geringfügig tiefere Pflanzenartenzahlen aufweisen als extensiv genutzte Mähwiesen, ist eine extensive Beweidung, die aus arbeitswirtschaftlicher Sicht oft deutlich attraktiver ist als eine Mähnutzung, aus naturschutzbiologischer Sicht einer Bewirtschaftungsaufgabe vorzuziehen (Maurer et al. 2006, NUTZUNGSVIELFALT). Allerdings ist dabei die Art der extensiven Beweidung ausschlaggebend. Während Standweiden mit langen Bestossungszeiten oder unbehirtete Schafweiden fast immer stark negative Auswirkungen auf die Artenvielfalt haben, weisen Herden, die nach einem ökologisch optimierten Beweidungsplan behirtet werden, oder Koppelweiden mit kurzen, auf die Vegetation abgestimmten Bestossungszeiten ein hohes Potenzial für eine hohe Artenvielfalt auf. Wichtig ist auch die Wahl angepasster Tierarten und Tierrassen.

Die Nutzungsart von Berg-Grasland beeinflusst nicht nur die Pflanzenvielfalt, sondern auch verschiedene Tiergruppen. So wurden in Grindelwald/BE und in Tujetsch/GR mehr Heuschrecken- und Tagfalterarten in extensiv genutzten Wiesen (1x pro Jahr geschnitten, ungedüngt) und Weiden beobachtet als in intensiv genutzten Wiesen (mindestens 2x pro Jahr geschnitten, gedüngt) (Abb. 3-6, Lüscher et al. 2006, Hohl 2006, GRASLAND). In Grindelwald sind die Artenzahlen in extensiv genutzten Wiesen höher als in Weiden, während in Tujetsch das Bild umgekehrt ist. Hier haben regionale Unterschiede einen starken Einfluss.

In den untersuchten Wiesen und Weiden der beiden Gebiete kommen 30 % der gesamten Heuschreckenfauna und 46 % der Tagfalterfauna der Schweiz vor. Davon stehen 38 Schmetterlingsarten und 11 Heuschreckenarten auf den Roten Listen der Schweiz. Viele dieser Arten bevorzugen bestimmte Nutzungstypen als Lebensraum. Dies zeigt, dass eine vielfältige Graslandnutzung auch für die Erhaltung bestimmter Insekten und deren Vielfalt eine wichtige Rolle spielt. Extensiv genutzte Wiesen und Weiden sind dabei die artenreichsten Nutzungstypen, in denen auch die Mehrzahl der beobachteten Rote-Liste-Arten vorkommt.

Eine Auswertung verschiedener Fallstudien im Jura, im Mittelland sowie in den Nord- und Zentralalpen ermöglichte einen detaillierten Vergleich der Fauna und Flora von extensiv genutzten Wiesen mit Weiden, wobei darauf geachtet wurde, dass vergleichbare Standortverhältnisse herrschten (Schmid et al. 2001). Erfasst wurden Pflanzen, Spinnen, Schmetterlingshafte, Wildbienen und Wespen sowie Tagfalter. Die Wissenschaftler fanden bei der Fauna in den extensiv genutzten Weiden höhere Artenzahlen als in den Mähwiesen. Bei den Pflanzen waren die Artenzahlen auch etwas höher, aber der Unterschied war statistisch nicht signifikant.

Die Artenzusammensetzung der Flora und Fauna von Wiesen und Weiden unterschied sich stark (Schmid et al. 2001). Auf gleichen Standorten sind in Wiesen und Weiden

Abbildung 3-6

In intensiv genutzten Wiesen kommen weniger Heuschrecken- und Tagfalterarten vor als in extensiv genutzten Wiesen und Weiden

Mittlere Anzahl (± Standardfehler) von Heuschrecken- (Orthoptera) und Tagfalterarten (Lepidoptera) in intensiv genutzten Wiesen, extensiv genutzten Wiesen und Weiden in Grindelwald (blau) und im Tujetsch (grau) in den Schweizer Alpen.

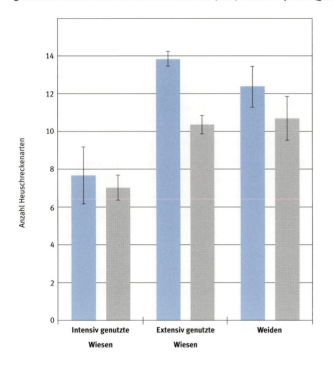
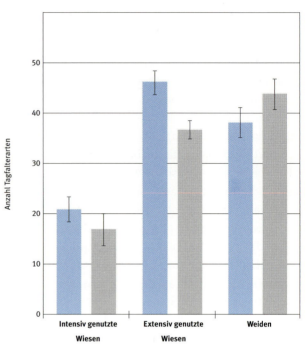

Quelle: Lüscher et al. (2006), Hohl (2006), GRASLAND.

nur 40% der vorkommenden Arten gleich. Weiden waren vor allem für Wärme und Trockenheit liebende und am Boden lebende Tierarten sowie solche, die auf eine ständig stehende Vegetation angewiesen sind, von Bedeutung. Von Bewirtschaftungsvariablen wie der Art der Weidetiere konnte in dieser Studie nicht auf den naturschützerischen Wert (Artenzahlen, Rote-Liste-Arten) von Weiden geschlossen werden. Schmid et al. (2001) kommen zum Schluss, dass für die Fauna Weiden häufig einen wesentlich höheren Wert haben als für die Flora. Der Naturschutzwert der Weiden darf deshalb nicht an der Vegetation allein gemessen werden. Da die extensiv genutzten Mähwiesen aber für Pflanzenarten wichtiger sind als die Weiden, sollten die Weiden nicht einfach als Ersatz für Wiesen akzeptiert, sondern als Alternative zu intensiv genutzten Wiesen angestrebt werden (Schmid et al. 2001).

Fromental- und Goldhaferwiesen

Die Fromentalwiesen (Abb. 3-7a) und die hochmontanen bis subalpinen Goldhaferwiesen (Abb. 3-7b) waren bis Mitte des letzten Jahrhunderts die «Fettwiesen» der Landwirtschaft. Heute hingegen zählen sie zu den wenig intensiv genutzten Wiesentypen. Sie werden in der Regel lediglich alle ein bis zwei Jahre mit Mist gedüngt und reagieren empfindlich gegenüber dem schnell verfügbaren Stickstoff aus Gülle. Fromental- und Goldhaferwiesen werden zwei bis drei Mal im Jahr geschnitten (zum Vergleich: Fettwiesen bis zu fünf Mal) und ihr Ertrag liegt rund 30 bis 50 % unter demjenigen einer intensiv genutzten Fettwiese.

Fromental- und Goldhaferwiesen sind meist ausgesprochen blumenreich und je nach Standort beherbergen sie viele der bekannten Wiesenblumenarten wie Wiesen-Salbei (*Salvia pratensis*), Margerite (*Leucanthemum sp.*), Flockenblumen (*Centaurea sp.*), Klappertopf (*Rhinanthus sp.*) und Wiesen-Bocksbart (*Tragopogon pratensis*) sowie in höheren Lagen die leuchtend rote Berg-Esparsette (*Onobrychis montana*) und mehrere Orchideenarten. Dadurch sind Fromental- und Goldhaferwiesen in der Bevölkerung der Inbegriff der Blumenwiesen. Dort, wo sie heute noch vorkommen, prägen sie das Landschaftserlebnis der ansässigen Bevölkerung und der Erholungssuchenden massgeblich mit.

Fromental- und Goldhaferwiesen fielen in den vergangenen Jahrzehnten regelrecht «zwischen Stuhl und Bank»: Für die Landwirtschaft standen seit der weitgehend unbeschränkten Düngerverfügbarkeit die eigentlichen Fettwiesen im Zentrum des Interesses, weil die mit viel weniger Nährstoffen auskommenden Fromental- und Goldhaferwiesen weniger ertragreich sind und der erste Aufwuchs Futter von minderer Qualität bildet, das für Hochleistungskühe nur noch beschränkt eingesetzt wird. Vom Naturschutz blieben die Fromental- und Goldhaferwiesen lange Zeit so gut wie unbeachtet, weil sie ursprünglich weit verbreitet waren und als intensiv genutzte Flächen galten. Zudem fehlen den Fromental- und

Abbildung 3-7

Die «Wenig intensiven Wiesen» sind in den Schweizer Alpen in den letzten Jahrzehnten stark zurückgegangen

a) Fromentalwiese

b) Goldhaferwiese

Fotos: Andreas Bosshard.

Goldhaferwiesen meist sehr seltene Arten. Entsprechend wissen wir heute relativ wenig über diesen Wiesentyp und seine Geschichte. Im Mittelland ist er – fast unbeachtet – bedeutend stärker als jeder andere Lebensraum zurückgegangen und heute praktisch verschwunden (Bosshard 1999).

Im Berggebiet sind dagegen Fromental- und Goldhaferwiesen noch regelmässig anzutreffen und dürften noch rund 15 % der landwirtschaftlichen Nutzfläche ausmachen. Hier liegt heute ihr Rückzugsgebiet, und entsprechend hat der Alpenraum für ihr Überleben eine besondere Verantwortung. Allerdings sind auch in den Alpen in den vergangenen Jahrzehnten schätzungsweise 70 % der Fromental- und Goldhaferwiesen aufgedüngt worden und verschwunden oder zumindest im Hinblick auf die typische Artenzusammensetzung degradiert. Dieser Prozess ist nach wie vor im Gang. Deshalb sollte auf diesen landwirtschaftlich und ökologisch wichtigen Wiesentyp ein besonderes Augenmerk gerichtet werden. Umso mehr, als die bestehenden Anreize zur Erhaltung der Fromental- und Goldhaferwiesen («Wenig intensive Wiesen») nicht wirksam sind.

3.1.6 Biologische Wechselwirkungen im Grasland der Alpen

Biologische Wechselwirkungen zwischen verschiedenen Organismen sind wichtige treibende Kräfte der Evolution und haben massgeblich zur heute vorhandenen Biodiversität beigetragen. Sie sind aber auch für die Landwirtschaft von Bedeutung: Insekten bestäuben Blüten, ernähren sich aber auch von Pflanzen. Auch der Krankheitsbefall durch pathogene Pilze ist eine Form biologischer Wechselwirkungen.

Um einen Eindruck der Wechselwirkungen von Herbivoren und Pathogenen mit Pflanzen zu bekommen, erfassten Forscher die Vielfalt und das Ausmass von Herbivoren- und Pathogenschäden auf Blätter von Graslandpflanzen (Weyand 2005, NUTZUNGSVIELFALT). Herbivorie und Pathogeninfektionen wurden bei über 80 % der untersuchten Blätter festgestellt, aber nur 4 % der Blattfläche waren insgesamt zerstört oder befallen. Sowohl die Vielfalt als auch das Ausmass von Herbivorieschäden nahm mit steigender Höhenlage ab (Abb. 3-8a).

Die Landnutzung hatte einen unterschiedlichen Einfluss auf diese beiden Arten biologischer Wechselwirkungen. Während bei Blättern von gedüngten Flächen mehr unterschiedliche Herbivorieschadenstypen auftraten (Abb. 3-8b), war die Diversität von Pathogenschäden bei Blättern von grasartigen Pflanzen (Gräser, Sauergräser und Binsen) aus ungedüngten Flächen grösser. Die Diversität der Schadenstypen pro Blatt war zudem bei Blättern von traditionell gemähten Parzellen grösser als bei solchen, die traditionell beweidet wurden (Abb. 3-8c).

Da die verschiedenen Typen von Herbivoren und Pathogenen unterschiedlich auf die Landnutzung reagieren, ist die Diversität der Wechselwirkungen in der Landschaft am grössten, wenn eine grosse Nutzungsvielfalt vorhanden ist. Da der Schaden pro Pflanze sehr gering ist, steht die Erhaltung der biologischen Wechselwirkungen mit Herbivoren oder pathogenen Pilzen auch nicht im Widerspruch zur landwirtschaftlichen Nutzung.

Abbildung 3-8

Die Anzahl Herbivorietypen pro Blatt (± Standardfehler) nimmt vom Tal über die mittlere Höhenstufe bis zur Alpstufe ab (A), ist kleiner in ungedüngten als in gedüngten Flächen (B) und ist grösser in traditionell gemähten als in traditionell beweideten Flächen (C)

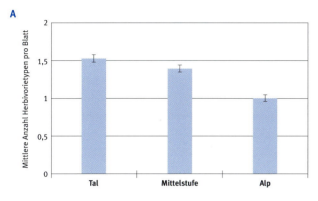

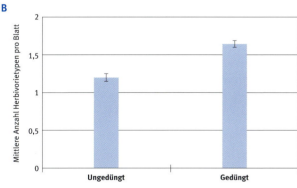

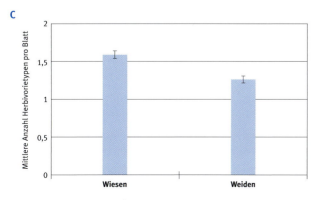

Quelle: Vereinfacht nach Weyand (2005), NUTZUNGSVIELFALT.

3.1.7 Der Einfluss der landwirtschaftlichen Nutzung auf die genetische Differenzierung von Wildpflanzen

Die landwirtschaftliche Nutzung kann nicht nur die Vielfalt und die Zusammensetzung der Pflanzenarten von Grasland bestimmen, sondern es können sich sogar innerhalb von Pflanzenarten verschiedene Ökotypen mit unterschiedlicher genetischer Diversität ausbilden. Weil genetisch unterschiedliche Individuen regelmässige Beweidung oder Mahd unterschiedlich gut überleben, beeinflusst der Mensch durch die landwirtschaftliche Nutzung direkt das Überleben von Pflanzen und damit auch die genetische Zusammensetzung in den unterschiedlich genutzten Flächen.

Der Mensch greift durch die Festlegung des Nutzungszeitpunkts und der Nutzungsintensität auch in die Reproduktion der Pflanzen ein. So können sich bei frühzeitiger oder sehr intensiver Nutzung nur wenige Individuen fortpflanzen. Dadurch nimmt die genetische Diversität ab. Weidetiere können zudem Samen von einem Ort zum andern tragen und so zu einer genetischen Durchmischung von verschiedenen Populationen beitragen.

Inwieweit die landwirtschaftliche Nutzung die genetische Diversität von Wildpflanzen über die Jahre tatsächlich beeinflusst hat, wurde im Rahmen des NFP 48-Projekts NUTZUNGSVIELFALT am Beispiel des Alpenrispengrases (*Poa alpina*) untersucht. Gräser haben einen hohen Stellenwert in der Landwirtschaft. In Lagen ab 800 Meter ü.M. ist das Alpenrispengras beispielsweise ein wichtiger Futterbestandteil, da es einen hohen Fett- und Proteinanteil hat (Conert 1998). Die Untersuchungen haben gezeigt, dass die landwirtschaftliche Nutzung beim Alpenrispengras tatsächlich Spuren hinterlassen hat. Pflanzen aus Weiden waren genetisch diverser als solche aus Wiesen. Zudem haben sich die beiden Gruppen nachweisbar auseinander entwickelt (Maurer 2005, NUTZUNGSVIELFALT). Dieser Unterschied zwischen Wiesen und Weiden zeigte sich auch im Wachstum der Pflanzen unter kontrollierten Bedingungen, indem die Pflanzen aus Weiden einen deutlich höheren Anteil der gebildeten Biomasse in die Fort-

Abbildung 3-9

Die Art der Landnutzung hat einen grossen Einfluss auf die genetische Differenzierung von Wildpflanzen

In der gleichen Umwelt im Experimentiergarten aufgezogene Pflanzen des Alpenrispengrases aus Wiesen, Weiden und ungenutzten natürlichen Standorten der Schweizer Alpen unterschieden sich im Anteil reproduktiver Biomasse an der Gesamtbiomasse (± Standardfehler). Der Anteil reproduktiver Biomasse ist bei Pflanzen aus Wiesen kleiner als bei solchen von natürlichen Standorten, bei Weiden ist er grösser.

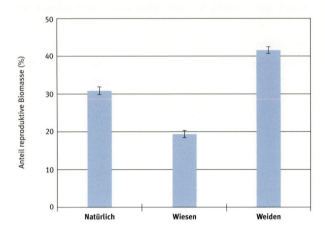

Quelle: Vereinfacht nach Weyand (2005), NUTZUNGSVIELFALT.

pflanzung steckten als diejenigen aus Wiesen (Weyand 2005, NUTZUNGSVIELFALT). Der starke Einfluss der Nutzung zeigte sich auch darin, dass der Anteil Biomasse, der in die Reproduktion floss, bei Pflanzen von Standorten, die noch nie nachweisbar genutzt worden waren, zwischen den Werten von Wiesen und Weiden lag (Abb. 3-9).

Dass nicht nur die Art, sondern auch die Intensität der Nutzung einen Einfluss auf die genetische Diversität von Gräsern haben kann, konnte beim Wiesen-Schwingel (*Festuca pratensis*) gezeigt werden. Häufiges Abschneiden der Blätter sowie Düngung reduzierten in einem Experiment die genetische Diversität (Kölliker et al. 1998). Unbewusst nimmt der Mensch durch seine Tätigkeit Einfluss auf die genetische Vielfalt dieser Pflanzenarten, was mit blossem Auge nicht wahrgenommen werden kann.

3.1.8 Vielfalt der Kulturpflanzensorten und Nutztierrassen

Abgesehen vom Einfluss, den die landwirtschaftliche Nutzung auf Wildpflanzen im Feld hat und der nicht gezielt erfolgt, beeinflusste der Mensch schon lange – und tut es auch heute noch – die genetische Diversität von Nutztieren und Kulturpflanzen. Durch die Jahrhunderte lange Zucht hat der Mensch die Tiere und Pflanzen sowohl an seine Bedürfnisse als auch an die örtlichen Gegebenheiten angepasst. Durch die Abgeschiedenheit vieler Täler entstand dadurch eine grosse Vielfalt von Sorten und Rassen (Pro Specie Rara 1995).

Unter den heutigen klimatischen Bedingungen wird in den meisten Gebieten der Schweizer Alpen kein grossflächiger Ackerbau mehr betrieben und auch Obstbäume können je nach Region nur unterhalb von 1'100 bis 1'300 Meter ü.M. wachsen. Obwohl Nachweise für den Getreideanbau aus verschiedenen Gebieten auf Höhen bis 2'000 Meter ü.M. gefunden wurden, wurde dieser schon vor langer Zeit grossflächig aufgegeben. Dadurch verschwanden viele lokale Sorten (Moos-Nüssli 2004). Heute wird in höheren Lagen fast nur noch in den Kantonen Graubünden und Wallis etwas Ackerbau betrieben.

Bei der Erhaltung der Kultursorten lag das Schwergewicht im Berggebiet bisher vor allem beim Getreide. Langsam richtet sich das Augenmerk auch auf Sorten von Wiesen- und Weidenpflanzen wie den Wiesen-Schwingel (*Festuca pratensis*). Die Erfassung der Sorten ist aber bei vielen Pflanzengruppen (z.B. Oliven, Kastanien, Nüsse) immer noch in Gang (Monitoring Institute for Rare Breedings and Seed in Europe 2003). Viele Kultursorten werden zu ihrer Erhaltung in zwei alpinen Sortengärten angepflanzt. Der Bund unterstützt die Erhaltungsanstrengungen seit 1998 mit dem Programm zur Erhaltung der genetischen Vielfalt von Kulturpflanzen (Moos-Nüssli 2004).

Eine wichtige Rolle in der Berglandwirtschaft spielten schon immer die Nutztiere, bei denen vielerorts lokale Rassen gezüchtet wurden oder sich ohne spezielles Zutun der Landwirte entwickelten, da im 19. Jahrhundert die Her-

Tabelle 3-5
Entwicklung der Herdebuchbestände seltener Nutztierrassen in der Schweiz
Die Bestände haben sich seit dem Beginn von Fördermassnahmen positiv entwickelt.

Nutztierrassen	Anzahl erfasster Tiere		
	1988	1992/93	2004
Hinterwälder Rind	288	585	1'674
Rätisches Grauvieh	334*	570	1'477
Spiegelschaf	52	194	1'165
Bündner Oberländer Schaf	129	229	941
Engadiner Schaf	95	417	1'789
Pfauenziege	–	150	719
Stiefelgeiss	117	174	481
Mangalitza (Wollschwein)	105	200	364
Appenzeller Barthuhn	–	115	220
Schweizer Huhn	–	ca. 80	140
Appenzeller Spitzhaubenhuhn	–	150	199

* Gesamtbestand, inkl. der eingekreuzten Tiere

Quelle: Pro Specie Rara (1995), (2005).

den noch nicht sehr mobil und die Nutztierpopulationen deshalb genetisch mehr oder weniger isoliert waren.

Die Vielfalt an Nutztierrassen nahm erst im 20. Jahrhundert ab. Neue Hochleistungsrassen begannen genügsame und robuste Tiere zu verdrängen. 1938 wurde in der Schweiz mit einer «Rassenbereinigung» das Spektrum von Nutztierrassen stark eingeengt, indem mehrere lokale Nutztierrassen zusammengelegt wurden (Pro Specie Rara 1995). Dies führte zu einer Vermischung des Erbguts und einer reduzierten Attraktivität der Züchtungsanstrengungen, da lokale Züchtungen plötzlich nicht mehr als Rassen anerkannt waren. In der Folge verschwanden viele Nutztierrassen. Erst seit der Gründung der Vereinigung «Pro Specie Rara» 1982 ist die Erhaltung seltener Rassen wieder ein Thema. Es zeigen sich bereits erste positive Ergebnisse dieser Arbeit (Tab. 3-5, Abb. 3-10).

Neben dem Gedanken der Biodiversitätserhaltung gibt es noch andere wichtige Gründe, weshalb die Vielfalt bei den Nutztierrassen und Kultursorten erhalten werden sollte. Einerseits waren oder sind die verschiedenen lokalen Rassen oft besser an das lokale Klima oder die Topografie angepasst als moderne. So können mit dem relativ leichten

Abbildung 3-10
Das Rätische Grauvieh – bestens geeignet für eine extensive Beweidung steiler Flächen
Die Rasse war in der Schweiz ausgestorben. Heute nimmt der Bestand dank der Bemühungen von Pro Specie Rara wieder zu.

Foto: Pro Specie Rara.

3.1.9 Fazit

Die Nutzung der alpinen Landschaft hat zu einem Mosaik aus Wald und Offenland geführt. Durch das Zusammentreffen von Wald und Offenland sowie von verschiedenen Nutzungsformen hat sich die Biodiversität in der Landschaft erhöht. Der Mensch hat die Biodiversität auf allen Ebenen, von der Landschaft bis zu den Genen, beeinflusst – manchmal bewusst durch Züchtungen, manchmal unbewusst. Bei sehr intensiver Nutzung geht die Biodiversität aber stark zurück.

Rätischen Grauvieh Flächen extensiv beweidet werden, die für die grossen schweren Rassen viel zu steil sind und deswegen gar nicht mehr genutzt werden. Moderne Hochleistungsrassen benötigen zudem mehr und qualitativ hochwertigeres Futter als die genügsameren Bergrassen. Die alten Sorten und Rassen können auch dazu beitragen, die kulturelle Identität von Bergregionen zu stärken. Immer häufiger werden in Vergessenheit geratene Spezialitäten wieder entdeckt und als Nischenprodukte vermarktet.

In den letzten Jahren kam in der Schweiz vermehrt die Haltung von teilweise exotischen Tieren auf Landwirtschaftbetrieben auf. Vom Bundesamt für Landwirtschaft werden Bisons, Dam- und Rothirsche sowie Lamas und Alpakas als Raufutter verzehrende Nutztiere anerkannt. Verglichen mit dem Schweizerischen Gesamtviehbestand von über 3,5 Millionen Tieren war ihre Zahl im Jahr 2003 mit knapp 8'500 allerdings verschwindend klein (Saxer und Steinhöfel 2004).

3.2 Auswirkungen des Strukturwandels in der Landwirtschaft auf die Biodiversität von Wiesen und Weiden

Die traditionelle Kulturlandschaft mit ihrem Mosaik aus Wald und Grasland sowie den darin eingestreuten Landschaftselementen ist das Ergebnis der Jahrhunderte langen Bewirtschaftung. Während die traditionelle Nutzung die Vielfalt an Landschaftselementen erhöhte, gefährdet die Entwicklung seit Mitte des letzten Jahrhunderts die Biodiversität. Im Kulturland ist der Rückgang an biologischer Vielfalt die Folge einer polarisierten Nutzungsänderung: Intensivierung in den Tal- und Gunstlagen einerseits und Nutzungsaufgabe oder zunehmende Beweidung statt Mahd in Grenzertragslagen andererseits.

In Kapitel 2 wurde gezeigt, wie Landschaftselemente nach und nach verschwinden. Einzelbäume, Hecken, Fliessgewässer und Obstgärten sind aber wichtige Lebensräume für zahlreiche Tier- und Pflanzenarten (Baur et al. 1997). Das Verschwinden dieser Landschaftselemente kann mit Hilfe alter Karten und Fotos aufgezeigt werden. Schwieriger zu dokumentieren sind dagegen quantitative und qualitative Verluste bei extensiv genutzten Wiesen und Weiden.

3.2.1 Die Intensivierung von Grasland

Die Veränderungen in der Landwirtschaft führten in den letzten Jahrzehnten zu einer immer intensiveren Nutzung von ertragreichen und gut erreichbaren Mähwiesen in den Tal- und Gunstlagen der Berggebiete. Die Schnittfrequenz wurde vielerorts erhöht, mehr Dünger ausgebracht oder mit Gülle anstatt Mist gedüngt. Seit dem Aufkommen der Siliertechnik kann früher im Jahr und häufiger geschnitten werden, da das Gras nicht wie zur Heuproduktion zuerst trocknen muss und deshalb auch kürzere Schönwetterperioden für die Mahd genutzt werden können. Immer mehr Flächen werden zudem bewässert.

Im Rahmen des NFP 48 wurden die Auswirkungen der Nutzungsintensivierung untersucht. Studienresultate aus vier Fallstudiengebieten in den Schweizer Alpen (Sent/GR, Tujetsch/GR, Grindelwald/BE, Châteaux d'Oex/VD) zeigen, dass sich die Zusammensetzung der Vegetation von Fettwiesen in den letzten 25 Jahren verändert hat (Lüscher et al. 2006, GRASLAND). Die durchschnittliche Artenzahl war mit 33 bis 40 Arten pro Aufnahmefläche (25 bzw. 100 m^2) höher als vor 25 Jahren, und auch die Anzahl Pflanzenarten pro Gemeinde hat nicht abgenommen. Nur auf die Artenzahlen gestützt würde man also meinen, es sei in Bezug auf die Biodiversität alles beim Alten geblieben oder sogar besser geworden. Allerdings wurden zwischen 41 und 51 % aller Pflanzenarten, die vor 25 Jahren in den Aufnahmeflächen vorkamen, durch andere Arten ersetzt. Gefördert wurden insbesondere Arten, die unter nährstoffreichen Bedingungen an Konkurrenzkraft gewinnen oder die nutzungstolerant sind. Diese Veränderungen spiegeln die intensivierte Bewirtschaftung im beobachteten Zeitraum in den Fettwiesen wider. In den am intensivsten genutzten Parzellen in Châteaux d'Oex nahm das Vorkommen von Ruderalpflanzen zu – ein Hinweis auf ein Überschreiten der standortbedingten Grenzen der Bewirtschaftungsintensität und eine daraus folgende Degeneration der Pflanzenbestände.

Ein Vergleich der Flora des Pilatusgebiets von 1916 und 2003 zeigte ebenfalls, dass sich die Vegetation im letzten Jahrhundert stark verändert hat (Gaudenz 2004, TRANSFORMATION). Die Standortverhältnisse sind saurer geworden, bei einem gleichzeitigen Anstieg des Nährstoffzeigerwerts und des Anteils von typischen Fettwiesenarten. Die Hälfte der Fläche ehemaliger Magerwiesen im Untersuchungsgebiet wurde durch eine Nutzungsintensivierung zu Fettwiesen umgewandelt.

Wie langfristig eine Intensivierung die Vegetation beeinflussen kann, zeigt die Untersuchung von Grasland auf der Schynige Platte bei Grindelwald/BE. Vor über 70 Jahren hat der Berner Botaniker Werner Lüdi dort Experimente zur Verbesserung der Produktivität von Grasland gestartet. Obwohl einzelne Versuchsflächen nur zwei bis vier Jahre gekalkt und gedüngt wurden, beeinflusst diese Nutzungsänderung bis heute die Zusammensetzung der Vegetation und der Boden-Mikroorganismen. Während nährstoffbedürftige Pflanzen begünstigt wurden, sind typische Pflanzenarten wie die Arnika (*Arnica montana*) praktisch verschwunden (Spiegelberger et al. 2006a, VERA).

Bei Tieren spiegelt der Populationsrückgang von Indikatorarten die starken Veränderungen im Grasland wider. Untersuchungen der Schweizerischen Vogelwarte Sempach haben gezeigt, dass die Braunkehlchenpopulation im Unterengadin seit 1989 um über 35 % zurückgegangen ist – obwohl der in Wiesen lebende Bodenbrüter (Abb. 3-11) in der Lage ist, Brutausfälle von bis zu 50 % auszugleichen. Landwirte beginnen aber auf intensiv genutzten Wiesen immer früher mit der Mahd. Als Bodenbrüter hat das Braunkehlchen deshalb kaum mehr Zeit, seine Brut aufzuziehen, bevor das Gras geschnitten wird.

Das Ausmähen der Nester ist aber nicht die einzige Ursache für den Bestandsrückgang des Braunkehlchens. Die Intensivierung des Futterbaus führt auch zu einer Verarmung der Wiesen an Insekten und Spinnen und damit zu einem reduzierten Nahrungsangebot im Vergleich zu traditionell bewirtschafteten Wiesen (Britschgi et al. 2006). Jungvögel in intensiv genutzten Wiesen erhielten von ihren Eltern 30 % weniger Nahrung als Jungvögel in extensiv genutzten Wiesen. Die Eltern mussten in intensiv genutzten Wiesen jeweils weitere Strecken zurücklegen, um Nahrung zu finden, als ihre Artgenossen in extensiv genutzten Wiesen. Damit einher ging auch ein geringerer Fortpflanzungserfolg in intensiv genutzten Wiesen.

Bei den Weiden fand ebenfalls eine Intensivierung statt. Einerseits benötigen moderne und leistungsfähige Kuhrassen mehr Futter mit einem hohen Nährstoffgehalt. Andererseits haben die Schafbestände teilweise stark zugenommen. Mehrheitlich weiden die Schafherden unbeaufsichtigt auf der Alp, sodass keine Kontrolle darüber besteht, ob das gesamte Gebiet gleichmässig beweidet wird (Chatelain und Troxler 2005). Besonders schmackhafte Vegetation wird dadurch übermässig beweidet. Die Tiere

Abbildung 3-10

Das bedrohte Braunkehlchen ist auf artenreiches Grasland angewiesen

Foto: Schweizer Vogelschutz SVS/BirdLife Schweiz, Zürich.

können auch bis fast auf die höchsten Gipfel gelangen und in der empfindlichen Vegetation der alpinen und nivalen Stufe Schäden anrichten (vgl. nebenstehenden Kasten).

Insgesamt hat die Intensivierung von Grasland zu einem Artenverlust bei Pflanzen und Tieren geführt – sowohl auf Parzellen- als auch auf Landschaftsebene. Mit der Umwandlung von extensiv genutzten Flächen zu intensiv genutzten Flächen sind Lebensräume und mit den Lebensräumen die entsprechenden Arten in der Landschaft verschwunden.

Entwicklung der Tierbestände und der Nutzungsintensität

Die Bestände von Raufutter verzehrenden Nutztieren in der Schweiz haben von 1985 bis 2005 bei Rindern und Kühen um 300'000 auf 1,55 Millionen Tiere abgenommen, während diejenigen von Pferden, Schafen und Ziegen zunahmen. Die Anzahl Schafe hat markant von 270'000 auf 450'000 Tiere zugenommen, die Bestände von Ziegen und Pferden liegen nach wie vor deutlich unter 100'000 Tieren (Tab. 3-6, BFS 2006). Rinder und Kühe sind somit immer noch die weitaus wichtigsten Raufutter verzehrenden Nutztiere. Der grösste Teil der Kühe dient der Milchproduktion als wichtigstem Produktionszweig der Berglandwirtschaft. Zwischen 1990 und 2002/04 hat die Mutterkuhhaltung um 360 % zugenommen; sie machte aber trotzdem nur einen Anteil von 10 % des Kuhbestands aus (BLW 2005).

In der Bergregion sind fast alle Landwirte Tierhalter. Von Rindern, Kühen, Schafen und Ziegen werden über 50 % des gesamtschweizerischen Bestands in der Bergregion (inkl. Hügelzone) gehalten, wobei der Anteil bei Schafen und Ziegen besonders hoch ist (Tab. 3-6, BFS 2006). Rund 250'000 Rinder und rund 130'000 Kühe sowie rund 200'000 Schafe nutzen während der Vegetationszeit das Sömmerungsgebiet (SAB 2006).

Der Rückgang des Rindviehbestands bedeutet aber nicht, dass die Nutzungsintensität im Berggebiet zurückgegangen ist. Es sind einerseits der Rückgang der bewirtschafteten Fläche und andererseits die Leistungssteigerung der Tiere mit einzubeziehen. Vor allem bei Rindern und Kühen sind infolge Züchtung und einer Ablösung wenig ertragreicher Rassen durch Hochleistungsrassen in den vergangenen Jahrzehnten markante Grössen- und Leistungszunahmen (Milch- und Fleischproduktion) erreicht worden. So nahm die Milchleistung in den vergangenen Jahrzehnten jährlich um rund 1 % zu (Mack und Flury 2006). In ähnlichem Umfang nahmen auch die Frassleistung und die Düngerproduktion, in geringerem Umfang Grösse und Gewicht pro Tier zu. Werden die beiden Faktoren Leistungszuwachs und Ab-

Tabelle 3-6
Weniger, dafür immer anspruchsvollere Rinder auf immer weniger Landwirtschaftsfläche
Veränderung des Nutztierbestands in der Schweiz von 1985 bis 2005 sowie Verteilung des Bestands auf das Tal- und Berggebiet. Die Rindviehbestände haben in der Schweiz in den letzten 20 Jahren ab-, diejenigen von Pferden, Schafen und Ziegen haben zugenommen.

Nutztiere	Schweiz		Talzone	Berggebiet inkl. Hügelzone
	1985	2005	2005	2005
Rinder	1'026'311	855'514	345'250	510'264
Kühe	822'120	699'182	299'922	399'260
Pferde	32'566	55'125	31'493	23'632
Schafe	271'780	446'350	127'715	318'635
Ziegen	53'386	73'970	10'292	63'041

Quelle: BFS.

nahme der Nutzfläche berücksichtigt, ergibt sich in der Bergzone netto in den letzten zehn Jahren ein Zuwachs an «Tierleistung» pro landwirtschaftliche Nutzfläche und damit ein Zuwachs der Nutzungsintensität im Grasland von 15 bis 25 %. Auf die düngbare Fläche beschränkt, die im Alpenraum rund 70 % der landwirtschaftlichen Nutzfläche ausmachen dürfte, resultiert daraus eine Leistungssteigerung bzw. Intensivierungszunahme von mindestens 2 bis 4 % jährlich. In der Bergzone IV, in welcher die Tierzahlen zusätzlich gestiegen sind, muss sogar von einer noch deutlich stärkeren Intensivierung ausgegangen werden. Dieser Befund deckt sich mit Beobachtungen aus Betriebsberatungen und futterbaulichen Kartierungen.

3.2.2 Umnutzung von extensiv genutzten Wiesen

Vom produktionstechnischen Standpunkt aus gesehen sind die extensiv genutzten Wiesen für Landwirte am wenigsten attraktiv. Sie liefern relativ wenig und zudem vom Nährstoffgehalt her einen minderwertigen Ertrag, sind aber aufwändig zu bewirtschaften. Deshalb werden heutzutage oft ehemalige extensiv genutzte Wiesen beweidet, denn dadurch reduziert sich der Arbeitsaufwand für die Landwirte erheblich. Wie in Kapitel 3.2 beschrieben wurde, sind aber die extensiv genutzten Wiesen reich an Pflanzenarten, die nur hier wachsen. Es muss also erwartet werden, dass die beobachteten Nutzungsänderungen sich auf die Diversität der Pflanzenarten in diesen Flächen auswirken und lebensraumgebundene Arten verschwinden.

Rein von der Anzahl Pflanzenarten her unterscheiden sich extensiv genutzte Wiesen und solche, die heutzutage beweidet werden, praktisch nicht (Fischer und Wipf 2002, Maurer et al. 2006, NUTZUNGSVIELFALT), die Artenzusammensetzung aber unterscheidet sich erheblich. In einem Vergleich in den Schweizer Alpen kamen über 60 % der Arten, die in extensiv genutzten Wiesen häufig sind, in heute beweideten Flächen viel seltener vor (Maurer 2005, NUTZUNGSVIELFALT, Abb. 3-12). Vor allem allgemein häufige Arten wie das Knäuelgras (*Dactylis glomerata*), die Schaf-

Abbildung 3-12

Typische Wiesenarten kommen in Weiden und Brachen weniger häufig vor

Relative Häufigkeit (± Standardfehler) von in extensiven Wiesen häufigen Pflanzenarten (Vorkommen in 20–80 % der untersuchten Wiesen) in gemähten Parzellen, in früher gemähten und heute beweideten Parzellen oder in heute brach liegenden, traditionell gemähten Parzellen. Die Pflanzenarten sind in heute beweideten Flächen und in Brachen deutlich seltener anzutreffen.

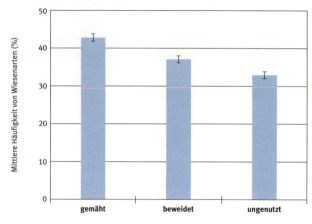

Quelle: Maurer (2005), NUTZUNGSVIELFALT.

garbe (*Achillea millefolium*) oder der Kriechende Günsel (*Ajuga reptans*) sowie Nährstoffzeiger wie der Löwenzahn (*Taraxacum officinale agg.*) oder der Berg-Sauerampfer (*Rumex alpestris*) kamen häufiger vor, wenn die extensiv genutzten Wiesen beweidet wurden. Auf die zwei untersuchten Orchideenarten hatte die Beweidung verheerende Auswirkungen. Während das Grosse Zweiblatt (*Listera ovata*) verschwand, konnte die Langspornige Handwurz (*Gymnadenia conopsea*) um 74 % weniger häufig in beweideten Flächen angetroffen werden als in immer noch gemähten Parzellen.

Insgesamt fand also eine Verarmung des Graslands statt. Die nach einer Umnutzung von extensiv genutzten Wiesen vorhandenen Pflanzenarten sind aus Sicht des Biodiversitätsschutzes weniger bedeutend, das heisst allgemein häufiger, weniger an einen bestimmten Lebensraum gebunden, als diejenigen in den extensiv genutzten Wiesen. In einer anderen Studie konnte beobachtet werden, dass durch den Wechsel von Mahd- zu Weidenutzung der Anteil von Magerwiesenpflanzen im Bestand um 14 % abnahm, während der Nährstoffzeigerwert anstieg (Lüscher et al. 2006, GRASLAND). All diese Resultate zeigen deutlich, dass die artenreichen Pflanzengesellschaften der Mähwiesen nur durch ein Weiterführen der Mahd erhalten werden können.

3.2.3 Nutzungsaufgabe, Verbuschung und Wiederbewaldung von Grasland

Eine vor allem an Grenzertragslagen feststellbare Veränderung durch den Strukturwandel in der Landwirtschaft der letzten Jahrzehnte ist die Nutzungsaufgabe von vorher meist extensiv genutztem Grasland (Abb. 3-13). Je nach Lage und Steilheit, aber auch abhängig von der umgebenden Vegetation entwickelt sich die Vegetation in Brachflächen unterschiedlich (Zoller et al. 1984). Unterhalb der Waldgrenze können Waldbäume begleitet von Gebüschen in das Grasland einwachsen – als so genannte Klimaxvegetation entsteht dann meist Wald. Die Beschattung nimmt zu und lichtbedürftige Pflanzen werden verdrängt. Werden Weiden aufgegeben und die Verbrachung verläuft über längere Zeit, bleibt die Artenzahl in den ersten Jahren im Vergleich zu traditionell bewirtschafteten Flächen ähnlich, es sinkt jedoch der Biodiversitätswert der Vegetation, das heisst seltene und gefährdete Arten verschwinden und werden durch Generalisten ersetzt, bevor die Bewaldung einsetzt (Spiegelberger et al. 2006b, VERA). Eine Untersuchung der Vorkommen von typischen Arten ungedüngter Wiesen zeigte, dass in Brachflächen über 70 % dieser Arten deutlich seltener vorkamen als in ungedüngten, regelmässig gemähten Wiesen (Maurer 2005, NUTZUNGSVIELFALT).

In der Krautschicht nehmen nach einer Nutzungsaufgabe vor allem grasartige Pflanzen, die sich klonal ausbreiten können, sowie Arten aus lichten Wäldern und Zwergsträu-

Abbildung 3-13
Aufgegebenes Landwirtschaftsland
Viele Graslandflächen, die nur schlecht erreichbar sind und einen geringen Ertrag abwerfen, wurden in den letzten Jahrzehnten aufgegeben.

Foto: Andreas Bosshard.

cher wie die Preiselbeere (*Vaccinium vitis-idaea*) überhand (Maurer 2005, NUTZUNGSVIELFALT). Es verändert sich aber nicht nur die Artenzusammensetzung, auch die Anzahl von Pflanzenarten ist in Brachflächen deutlich niedriger als in den genutzten Flächen (Maurer et al. 2006, NUTZUNGSVIELFALT).

Im Sömmerungsgebiet und in den Bergzonen III und IV liegen rund 80 % der floristisch wertvollen Flächen, wie die Kartierungen von Trockenwiesen und -weiden (siehe auch Kasten Kap. 3.2.5) gezeigt haben (Abb. 3-14). Diese Flächen sind durch die Nutzungsaufgabe und die Wiederbewaldung besonders stark gefährdet. Die abnehmende Artenvielfalt der Pflanzen im Grasland und die zunehmende Verbuschung wirken sich auch negativ auf die Fauna aus. Zwar nimmt die Diversität der Tagfalter in jungen Brachen im Berggebiet zunächst zu, in den verbuschten Flächen sinkt sie aber wieder deutlich (Zoller et al. 1984).

Im Gran Paradiso Nationalpark in den Italienischen Alpen wurde beobachtet, dass eine nicht mehr genutzte Weide

Abbildung 3-14

Artenreiche Wiesen und Weiden in der Schweiz

Verteilung der kartierten Trockenwiesen und -weiden (TWW) von nationaler Bedeutung auf die landwirtschaftlichen Produktionszonen und das Sömmerungsgebiet. Die meisten TWW befinden sich in den oberen Bergzonen sowie im Sömmerungsgebiet.

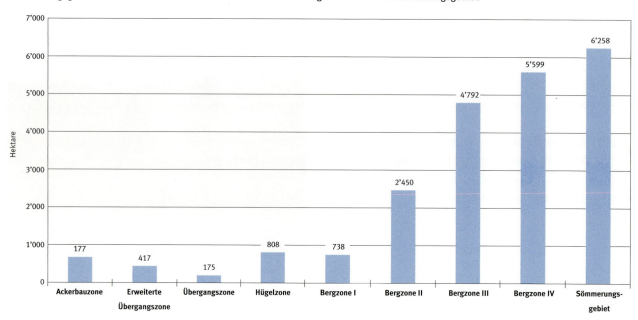

Quelle: Thomas Dalang, WSL.

bereits nach sechs Jahren mit Büschen zuwachsen kann (Laiolo et al. 2004). Dies wirkt sich auch auf Vogelarten aus, die in der offenen Kulturlandschaft leben. Durch die Verbuschung können zunehmend Arten einwandern, die den Wald als Lebensraum bevorzugen. In dieser Übergangszeit steigt die Artenvielfalt der Brachen zwar an, wird das Gebüsch aber zu dicht und beginnen Bäume im Bestand zu wachsen, verschwinden Arten wie das Braunkehlchen und die Wacholderdrossel. An ihre Stelle treten Waldvögel wie der Zilpzalp, der Zaunkönig und die Gartengrasmücke. Doch die Wissenschaftler bewerten diese Entwicklung keineswegs positiv. Denn während von den Waldarten in Italien nur 4 % bedroht sind, stehen rund 30 % der Arten der offenen Kulturlandschaft auf der Roten Liste der vom Aussterben bedrohten Arten. Die Veränderung des Lebensraumes nützt demnach nur den häufigen Arten. Für die seltenen Graslandarten scheint die Aufgabe von extensiv genutztem Landwirtschaftsland in den Alpen dagegen die gleichen negativen Folgen zu haben wie eine Intensivierung der Bewirtschaftung in den Talbereichen.

Durch die Waldausdehnung wachsen zudem viele Waldlichtungen und Waldstücke zu. Damit verschwindet auch ein grosser Teil der ökologisch wertvollen und äusserst artenreichen Waldränder. Dies belegen Luftaufnahmen, die zwischen 1985 und 1997 gemacht wurden (BUWAL und WSL 2005, Abb. 2-16).

Die Biodiversität der Schweiz wird überwacht
Mit der Unterzeichnung der Biodiversitätskonvention hat sich die Schweiz nicht nur dazu verpflichtet, die Biodiversität zu erhalten, sondern sie auch zu überwachen. Um den Zustand der Diversität zu beurteilen, werden einfach anwendbare Messgrössen benötigt. Aus diesem Grund haben Forschende der Schweizerischen Vogelwarte Sempach den «Swiss Bird Index SBI» erarbeitet, der die Bestandsentwicklung der Vogelwelt seit 1990 in der Schweiz aufzeigt (Keller et al. 2006). Auf den ersten Blick zeigt der Index stabile Verhältnisse. Während bei einigen Arten Rückgänge zu verzeichnen waren, nahmen andere eher zu. Doch Berechnungen von Teilindices für verschiedene Vogelgruppen haben unterschiedliche Tendenzen aufgedeckt. So weist der Index für die Gruppe der Arten, die auf der Roten Liste stehen, einen deutlich negativen Bestandstrend auf. Aufgetrennt nach Lebensräumen waren Rückgänge vor allem in Feuchtgebieten und im Kulturland zu verzeichnen, während die Bestände von Waldbewohnern zunahmen.

Ein umfassendes Überwachungsprogramm wurde im Jahre 2001 mit dem «Biodiversitätsmonitoring Schweiz» (BDM) ins Leben gerufen. Anhand von 33 verschiedenen Indikatoren werden ausgewählte Aspekte der Vielfalt erfasst. Die Zahlen zeigen, ob die Biodiversität wächst oder abnimmt. Längerfristig werden Zeitreihen und Vergleichsdaten zur Verfügung stehen, die langfristige Trends in der Entwicklung der Biodiversität aufzeigen (Biodiversitätsmonitoring Schweiz 2006).

3.2.4 Die Nutzung von Wiesen und Weiden als Skipisten

Etwa 1 % der Schweizer Alpen wird als Skipiste genutzt. Im Sommer kann ein Teil dieser Fläche im Prinzip zwar weiterhin als Wiesen und Weiden bewirtschaftet werden, doch maschinelle Eingriffe zur Planierung der Oberfläche, die den Boden zerstört haben, beeinträchtigen die Vegetation (Wipf et al. 2005). Auch mehrere Jahre nach einer maschinellen Planierung – auch wenn die neue Vegetation künstlich angesät wurde – waren Untersuchungsflächen auf Skipisten artenärmer, weniger stark von Vegetation bedeckt und landwirtschaftlich weniger produktiv. Viele Skipisten werden zudem künstlich beschneit, um eine möglichst lange Wintersaison zu garantieren und die getätigten Investitionen zu amortisieren. Künstliche Beschneiung verändert vor allem die Artenzusammensetzung der Vegetation. Die Auswirkungen verstärken sich, je länger die Beschneiung andauert (Wipf et al. 2005).

Oft wurden für die Talabfahrten Schneisen in den Wald geschlagen. Eine Studie in den italienischen Alpen zeigte, dass sich die Schneisen der Skipisten auch im Sommer auf Vögel im Wald auswirkten (Laiolo und Rolando 2005). Während an Waldrändern, die an Viehweiden grenzten, mehr Vogelarten beobachtet wurden als im Waldesinnern, waren es im Vergleich dazu an Waldrändern, die an Skipisten angrenzten, signifikant weniger. Dies vermutlich, weil die an die Weiden angrenzenden Waldränder natürlicher aufgebaut waren und deshalb ein grösseres Nahrungsangebot aufwiesen.

3.2.5 Der Rückgang der Nutzungsvielfalt bedroht die Biodiversität

Anhand verschiedener Studien wurde bisher gezeigt, dass es sowohl Pflanzen- als auch Tierarten gibt, die an einen bestimmten Lebensraum oder einen bestimmten landwirtschaftlichen Nutzungstyp gebunden sind. Wenn also ein bestimmter Nutzungstyp durch eine veränderte Nutzung nicht mehr existiert, wird die Gesamtartenzahl in der Landschaft unweigerlich abnehmen. Ein Rückgang der Nutzungsvielfalt hat auch Konseqenzen für die anderen Ebenen der Biodiversität. Es wurde bereits gezeigt, dass eine unterschiedliche landwirtschaftliche Nutzung zu genetischer Differenzierung von Wildpflanzen führen kann und deshalb Pflanzen aus Wiesen und Weiden je einen eigenen Beitrag zur Gesamtdiversität der Art leisten (Maurer 2005, NUTZUNGSVIELFALT). Wenn also ein Nutzungstyp wegfällt, verschwindet auch ein Teil der genetischen Diversität der darin vorkommenden Pflanzenarten.

Auch wenn vielleicht einzelne Nutzungsarten insgesamt als besser oder schlechter für die Biodiversität bezeichnet werden könnten, so sind es doch die Vielfalt von Nutzungstypen in einer Landschaft und das Mosaik von Wald und Offenland, welche insgesamt eine grösstmögliche Biodiversität auf allen Ebenen garantieren.

Die Biotope von nationaler Bedeutung

Aufgrund des Natur- und Heimatschutzgesetzes und durch die Unterzeichnung der Berner Konvention (Übereinkommen über die Erhaltung der europäischen wildlebenden Pflanzen und Tiere und ihrer natürlichen Lebensräume) und der Biodiversitätskonvention ist die Schweiz verpflichtet, nicht nur die einheimische Tier- und Pflanzenwelt, sondern auch gefährdete Lebensräume zu schützen. Deswegen wurden für bestimmte wertvolle Biotoptypen (Moore, Moorlandschaften, Amphibienlaichgebiete, Auen, Trockenwiesen und -weiden) Inventare erstellt, um die Lage, Grösse, Anzahl und Qualität dieser Biotope zu erfassen und daraus Schutzmassnahmen abzuleiten.

Im Jahre 1987 verpflichtete das Volk den Bund mit der Annahme der Rothenthurm-Initiative zum Schutz der Schweizer Moore. Moore sind im Vergleich zu Magerwiesen zwar oft nicht sehr artenreich, sie bieten aber Lebensraum für hochspezialisierte und gefährdete Arten, die nur hier vorkommen. In den Bundesinventaren der Hoch- und der Flachmoore von nationaler Bedeutung sind alle wichtigen Moore erfasst (Tab. 2-3, BUWAL 2002). Die Alpennordseite beherbergt viele der übrig gebliebenen Flach- und Hochmoore. Ein weiteres Bundesinventar listet die Moorlandschaften von nationaler Bedeutung auf. Für die Umsetzung des Moorschutzes sind die Kantone zuständig. Sie sind verpflichtet, für jedes Objekt einen Schutz- und Pflegeplan zu entwerfen.

Ein weiteres Inventarprojekt, das für den Erhalt der Biodiversität in den Alpen wichtig ist, ist die Erfassung der Trockenwiesen und -weiden (TWW) von nationaler Bedeutung. Mit bis zu 100 Pflanzenarten pro Are gehören die TWW zu den artenreichsten Pflanzengesellschaften der Schweiz. Rund 13 % der Pflanzenarten der Roten Liste sind auf magere Wiesen angewiesen, weshalb dieser Lebensraum wichtig für die Erhaltung gefährdeter Arten ist. Insgesamt stehen 40 % der Pflanzenarten, die in TWW vorkommen, auf der Roten Liste. Neben der Flora ist aber auch die Insektenvielfalt bemerkenswert. Vor allem viele Tagfalterarten leben in mageren Wiesen. Seit 1945 sind in der Schweiz bereits 90 % der TWW zerstört worden, entweder durch eine Nutzungsintensivierung, eine Nutzungsaufgabe oder durch den Bau von Siedlungen (Eggenberg et al. 2001). In einem über zehn Jahre dauernden gesamtschweizerischen Grossprojekt wurden alle Trockenwiesen und -weiden systematisch erfasst und Objekte von nationaler Bedeutung bezeichnet, um ein Schutzprogramm zu entwickeln und die Voraussetzung für Erfolgskontrollen zu schaffen.

Der Bundesrat hat auch die Auen von nationaler Bedeutung bezeichnet. Auen beherbergen dank ihrer Lebensraumvielfalt eine sehr grosse Anzahl Arten. In den letzten 200 Jahren sind allerdings 90 % der Auen verschwunden. In 80 % der verbliebenen Auen ist keine natürliche Dynamik mehr wirksam. Das Bundesinventar der Auengebiete von nationaler Bedeutung umfasste ursprünglich (1992) 169 Objekte. Am 1. August 2001 sind 65 alpine Auen dazugekommen (52 Gletschervorfelder und 13 alpine Schwemmebenen). Im Jahr 2003 wurden 55 weitere Objekte ins Inventar aufgenommen. Etwa 70 % der Auen befinden sich im Alpenraum. Im Mittelland sind Auen fast vollständig verdrängt worden – obwohl sie eine grosse Bedeutung für den Schutz des Grund- und Oberflächenwassers haben. Ausserdem bilden sie einen Puffer gegen extreme Überschwemmungen.

3.3 Wald im Wandel

Auch wenn die Wälder der Schweiz meist als naturnah bezeichnet werden können, waren sie doch einer Jahrhunderte langen Nutzung durch den Menschen ausgesetzt. Grossflächige «Urwälder» gibt es nur noch an drei Standorten in den Alpen (siehe Tab. 2.3). Daneben existieren im Jura und in den Alpen zahlreiche kleinflächige, urwaldähnliche Bestände. Für Graubünden wird geschätzt, dass etwa 10 % der Wälder an unzugänglichen Stellen wachsen und nicht bewirtschaftet werden können.

Um die Artenvielfalt im Schweizer Wald steht es, verglichen mit dem Kulturland der Offenlandschaft, relativ gut. Bei den Vögeln sind beispielsweise nur wenige typische Waldarten seltener geworden oder gefährdet (Keller et al. 2006). Etwas über die Hälfte (53 %) der Waldfläche in den Alpen (ohne Voralpen) ist naturnah aufgebaut und verfügt über eine hohe Gehölzarten- und Strukturvielfalt (Brassel und Brändli 1999). Zum Vergleich: Im Mittelland weisen nur 33 % der Waldfläche einen hohen Wert als Lebensraum für Tiere und Pflanzen auf. Auch die Baumartenvielfalt hat von 1985 bis 1995 auf der Alpensüdseite durch die starke Zunahme der Bewaldung um 4 % zugenommen; im Mittelland betrug die Zunahme nur 1 % (Brassel und Brändli 1999).

Der Niedergang des Auerhuhns zeigt allerdings, dass im Gebirgswald nicht alles zum Besten steht: Zwischen 1970 und 1985 hat sich die Zahl balzender Hähne von 1'100 auf 600 verringert. Im Jahr 2001 versammelten sich gerade noch 450 bis 500 Hähne auf den traditionellen Balzplätzen im Jura und in den Alpen. Gleichzeitig zerfiel das Verbreitungsgebiet in viele kleinere und teilweise isolierte Restflächen. Die Gefährdungsursachen sind bekannt: Dem grössten Vogel aus der Familie der Raufusshühner fehlen in erster Linie grossflächige, reich strukturierte, lückige und damit lichte Wälder. Zudem reagiert er äusserst empfindlich auf menschliche Störungen und leidet daher unter der zunehmenden Erschliessung der Bergwälder mit Forststrassen, die auch vielen Erholungssuchenden den Zutritt zu einstmals abgelegenen Wäldern ermöglicht.

3.3.1 Erst übernutzt, dann unternutzt

Zu Beginn der Industrialisierung waren die Wälder des Alpenraums stark übernutzt. Holz war – wie heute das Erdöl – der Treibstoff des Wirtschaftswachstums. Noch bis weit ins 18. Jahrhundert wurde zudem fast die gesamte Waldfläche landwirtschaftlich genutzt, beispielsweise zur Streu- und Harzgewinnung, als Waldweide, zum Leseholzsammeln und zur Reisigentnahme (Stuber und Bürgi 2001). Die heute bekannte strikte Trennung zwischen Feld und Wald gab es nicht. Erst Ende des 19. Jahrhunderts wurde der Ausbeutung ein Ende gesetzt (Kap. 2). Es entstand ein geregelter Wirtschaftssektor Waldwirtschaft. Oberstes Gebot im Wald war die Erhaltung der Waldfläche und der Schutzfunktionen sowie eine Holzproduktion, die dem Wald nicht mehr Holz entnimmt als nachwächst. Die Forstwirtschaft gilt deshalb als Wiege für das Konzept der Nachhaltigkeit. Nicht vergessen werden darf, dass nach den grossflächigen Rodungen im späten Mittelalter die Waldfläche erst nach Einführung des Waldgesetzes zugenommen hat. Ein grosser Teil des heutigen Waldbestandes ist also relativ jung.

Das Aussehen des Waldes und seine Funktion als Lebensraum für Tiere und Pflanzen haben sich in den letzten 100 Jahren tief greifend verändert. Die Auswertungen des Landesforstinventars (Brassel und Brändli 1999) haben gezeigt, dass der Vorrat an stehenden lebenden Bäumen im Schweizer Wald zwischen 1985 und 1995 um 7,6 % oder 27,2 Millionen Kubikmeter zugenommen hat. Zusätzliche 14,8 Millionen Kubikmeter sind auf die Waldflächenzunahme zurückzuführen. Am ausgeprägtesten ist die Zunahme des Holzvorrates auf der Alpensüdseite, wo der Zuwachs über 16 % betrug. In rund 13 % der Schweizer Waldfläche wurde zudem in den letzten 50 Jahren kein Holz mehr genutzt. Besonders im Alpenraum wurde in vielen Waldgebieten schon länger nicht mehr waldbaulich eingegriffen (Abb. 3-15). Aus Sicht der Forstwirtschaft ist der Schweizer Wald damit nicht mehr nachhaltig aufgebaut.

Die Ursachen für die Veränderungen im Wald sind vielschichtig: hohe Produktions- und Transportkosten in der Forstwirtschaft, Konkurrenz aus dem Ausland, extreme

Abbildung 3-15
Anteil der Waldfläche ohne forstliche Eingriffe während der letzten 50 Jahre
Vor allem im Alpenraum wurde in vielen Waldgebieten schon länger nicht mehr waldbaulich eingegriffen.

Legende
- bis 1%
- 2 bis 10%
- 11 bis 20%
- 21 bis 30%
- über 30%

Quelle: BUWAL und WSL (2005).

Abbildung 3-16
Wirtschaftliche Lage der Forstwirtschaft
Einnahmen und Ausgaben der öffentlichen Forstbetriebe.

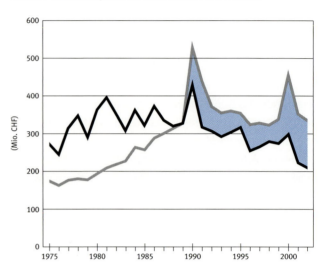

Legende
- Einnahmen
- Ausgaben
- Defizit

Quelle: BUWAL und WSL (2005).

Parzellierung des Waldbesitzes, die vielerorts einer effizienten Bewirtschaftung im Wege steht, und Holzpreise, die im Vergleich zum Ausland tief sind. Die wirtschaftliche Lage der öffentlichen Forstbetriebe hat sich seit Ende der 1980er Jahre dramatisch verschlechtert (Abb. 3-16). Rund zwei Drittel der Forstbetriebe schrieben bis ins Jahr 2002 rote Zahlen – obwohl laufend subventioniert und rationalisiert wurde: Abläufe wurden verbessert und Betriebe zusammengelegt. Allein zwischen 2000 und 2005 sind dem Strukturwandel und der Produktivitätssteigerung rund zehn Prozent der Arbeitsplätze in der Waldwirtschaft zum Opfer gefallen (BUWAL und WSL 2005).

Die Zunahme der Holzvorräte vor allem im Gebirgswald wirkt sich unterschiedlich auf die Qualität des Waldes als Lebensraum für Tiere und Pflanzen aus. Typische Waldarten sowie Arten, die in ihrem Lebenszyklus ganz oder teilweise von Totholz und älteren Bäumen abhängen, profitieren von der abnehmenden Holznutzung. Der Anteil an Totholz hat seit Mitte der 1950er Jahre stark zugenommen (Abb. 3-17) und beträgt heute in den Nordalpen 15 bis 20 Kubikmeter pro Hektare – das sind drei- bis viermal so viel wie im Mittelland (BUWAL 1999a). Allerdings ist der Anteil an Totholz noch weit von jenen Anteilen entfernt, die in Urwäldern angetroffen werden. So konnte eine Studie über den Dreizehenspecht zeigen, dass erst ein Totholzanteil von 5% die Lebensgrundlage des Vogels sichert (BUWAL und WSL 2005). Dieser Wert wird in den meisten Bergwäldern nicht erreicht.

Abbildung 3-17

Flächenanteile des Totholzes

Entwicklung des Basalflächenanteils von stehendem und liegendem Totholz zwischen 1985 und 2003 gemessen am Brusthöhendurchmesser BHD. Obwohl der Flächenanteil des Totholzes im Schweizer Wald zugenommen hat, gibt es immer noch zu wenig Totholz im Schweizer Wald.

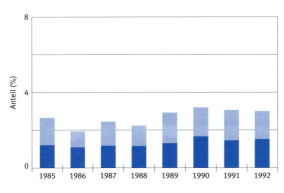
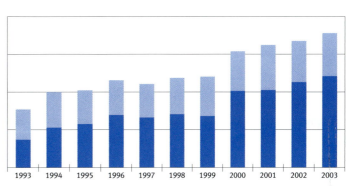

Legende

- Dünnes Totholz (bis 30 cm BHD)
- Dickes Totholz (über 30 cm BHD)

Quelle: BUWAL und WSL (2005)/M. Dobbertin, Spezialauswertung Sanasilva-Inventur.

Lebensraum Totholz

In der Schweiz können ungefähr 1'300 Käferarten und 2'300 höhere Pilzarten ohne Totholz nicht überleben. Ein grosser Teil dieser Arten gilt als bedroht oder gefährdet. Insekten nutzen das Totholz auf vielfältige Weise. Viele Larven ernähren sich von Rinde oder Holz (z.B. Bockkäfer). Manche Arten nutzen die von Holzfressern geschaffenen Gänge für ihre eigene Brut (z.B. Wildbienen) oder ernähren sich von in den Gängen wachsenden Pilzen oder Insektenkot (z.B. Fliegen- und Mückenlarven). Vögel profitieren von den im Holz lebenden Insekten und nutzen tote Baumstämme als Nisthöhlen.

Quelle: www.totholz.ch.

Da immer weniger Licht auf den Waldboden fällt, wirkt sich der steigende Holzvorrat im Schweizer Wald allerdings nicht nur positiv auf die Biodiversität aus. Licht und Wärme sind für die meisten Arten wichtige Lebensraumeigenschaften. So sind gerade einmal 6 % der Tierarten im Waldesinnern häufiger anzutreffen als am Waldrand oder im Kronensaum (Duelli und Coch 2004). Problematisch ist ein geschlossenes Kronendach im Wald aber vor allem für Licht und Wärme liebende Arten, von denen in den letzten Jahren einige seltener geworden oder ganz verschwunden sind (Hahn et al. 2005). Besonders bei den Tagfaltern, Vögeln, Käfern und den Gefässpflanzen gibt es viele Arten, die lockere bis lückige Wälder benötigen. Dies zeigt, dass Holznutzung und Biodiversitätsschutz kein Widerspruch sein müssen. Das gilt vor allem für jene Waldtypen, die ihre Struktur und Zusammensetzung dem Eingreifen des Menschen verdanken. So würden die Kastanienselven im Tessin ohne menschliche Eingriffe in ihrer heutigen Form nicht überleben.

Ein Optimum an Biodiversität in Kulturwäldern, die sich selbst überlassen werden, wird sich erst dann einstellen, wenn der Wald seine natürliche Dynamik wiedergefunden und sich ein Gleichgewicht zwischen den verschiedenen Entwicklungsphasen eingestellt hat. Die aus der Nutzung entlassenen Kulturwälder werden allerdings zunächst einmal immer dichter und dunkler, weil sich das Kronendach fast vollständig schliesst. Dadurch finden die meisten Licht und Wärme liebenden Arten keinen passenden Lebensraum. Die Annahme, mehr Natur im Wald geht automatisch mit einer Zunahme der Biodiversität einher, ist zumindest für die nahe Zukunft ein Trugschluss (Graf 2005).

3.3.2 Der Wald der Zukunft

Die seit einem Jahr stark steigende Holznutzung zeigt, dass der Schweizer Wald und damit auch der Gebirgswald heute möglicherweise wieder an einem Wendepunkt angelangt ist. Im Jahr 2005 wurden laut Forststatistik 5,3 Millionen Kubikmeter Holz geerntet – das sind 120'000 Kubikmeter (+2,2 %) mehr als im Vorjahr und 750'000 Kubikmeter (+16,6 %) mehr als in der Periode 1995 bis 1999 vor dem Sturm Lothar. Trotz der grösseren Holznutzung sind die Holzpreise leicht gestiegen. Die grössere Holznutzung ist bis Anfang 2006 weit gehend auf die steigende Nachfrage nach Energieholz zurückzuführen, das unter dem Einfluss der steigenden Erdölpreise zu einem begehrten Energieträger geworden ist. Vieles spricht dafür, dass auch die Nachfrage nach Rundholz in einem bisher nie dagewesenen Ausmass ansteigen wird. Angesichts des aktuellen Ausbaus der Schweizer Verarbeitungskapazitäten – zurzeit werden in den Kantonen Graubünden und Solothurn zwei Grosssägereien gebaut – wird bereits von einem nahen Versorgungsengpass gesprochen. Es muss deshalb angenommen werden, dass sich die Bewirtschaftung weniger gut erschlossener Wälder bereits in wenigen Jahren wieder lohnen wird. Ob die geplante Steigerung der Holznutzung auch in den Gebirgswäldern mit ihrer für die Holznutzung nachteiligen Topografie realisiert wird, bleibt abzuwarten. Es muss aber angenommen werden, dass zumindest in den tieferen Lagen der Alpen gewinnbringend Holz produziert werden kann.

Angesichts dieser völlig neuen Rahmenbedingungen erscheinen die im «Waldprogramm Schweiz» gemachten Vorschläge als überholungsbedürftig. Am «Waldprogramm Schweiz», das die Grundlage für die zukünftige Ausrichtung der Waldpolitik des Bundes bildet, haben zahlreiche Fachleute mitgearbeitet (BUWAL und WSL 2005). Darin wird empfohlen, der Waldwirtschaft grössere Freiräume zu geben und staatliche Vorschriften wie die Bewilligungspflicht für Holzschläge abzuschaffen, ohne im Gegenzug ökologische Standards festzulegen. Doch die neuen Entwicklungen scheinen Diskussionen in die gegenteilige Richtung nötig zu machen.

Wie sich eine Steigerung der Holznutzung konkret auf die Artenvielfalt auswirken könnte, hat die Schweizerische Vogelwarte Sempach untersucht (Mollet et al. 2005, Hahn et al. 2005). Die Wissenschaftler kommen zum Schluss, dass die Artenvielfalt im Wald mit einer verstärkten Holznutzung gefördert werden kann – allerdings nur, wenn gewisse Bedingungen eingehalten werden und die waldbaulichen Massnahmen zu einer grösseren Vielfalt der Bestandsstruktur sowie zu einer standortgerechten Baumartenzusammensetzung beitragen. Eine starke Intensivierung der Bewirtschaftung mit dem alleinigen Ziel der Holzproduktion hätte jedoch negative Folgen. Die Risiken sind vielfältig: Grossflächige und schematisch angelegte Eingriffe können zum Verlust des Mosaiks unterschiedlicher Waldtypen und ökologisch wertvoller Elemente und Strukturen führen, seltene Baumarten werden weniger geschont und daher noch seltener, die Gefahr der Bodenverdichtung steigt, der Alt- und Totholzanteil könnte sinken und Kahlschläge, die in rascher Folge nebeneinander ausgeführt werden, können dazu führen, dass längerfristig grossflächige und unerwünschte homogene Altersklassenwälder entstehen.

Abbildung 3-18
Das Wild ist bei weitem nicht die einzige Ursache für eine unbefriedigende Waldverjüngung, wie Forschende des NFP 48-Projekts Wald-Wild-Konflikt herausgefunden haben

Foto: Markus Jenny.

Die Rolle des Wildes im Gebirgswald

Als ein grosses Problem im Gebirgswald gilt der Wildverbiss. Es wird vermutet, dass zu viele Huftiere im Wald die Sterblichkeit junger Bäume massiv erhöhen und dadurch die Artenzusammensetzung und die Struktur des Waldes in eine unerwünschte Richtung lenken. Doch wissenschaftliche Beweise für das «Waldsterben von unten» liegen nicht vor (siehe Senn und Suter 2003, Suter 2005, Wald-Wild-Konflikt).

Im Rahmen des NFP 48 wurde deshalb der Einfluss des Wildes auf den Gebirgswald untersucht (Senn und Häsler 2005, Wald-Wild-Konflikt). Die Forschungsresultate zeigen, dass das Wild nicht die wichtigste Ursache für die unbefriedigende Waldverjüngung und den geringen Anteil an Weisstannen im Schweizer Gebirgswald ist. So fanden die Forschenden keinen Zusammenhang zwischen der Anzahl verbissener Weisstannen und der Dichte und Alterszusammensetzung der Jungbäume. Im Untersuchungsgebiet «Vorbergwald» bei Sarnen schafften es beispielsweise besonders viele Weisstannen, aus der Reichweite des Wildes emporzuwachsen – obwohl der Wald intensiv von Gämsen, Rehen und Hirschen genutzt wird (Senn und Häsler 2005, Wald-Wild-Konflikt). Einen mindestens genauso grossen Einfluss auf die Verjüngungssituation im Wald haben die Konkurrenz zwischen den Pflanzen um Platz und Licht sowie Trockenperioden während der Keimung. Ein grosser Teil der Verluste an Weisstannen-Keimlingen bis 10 cm Höhe scheint auch auf das Konto von Mäusen zu gehen.

Haben junge Bäume einmal verbissene Triebe, sind sie nicht unbedingt todgeweiht. Senn und Häsler (2005, Wald-Wild-Konflikt) haben zeigen können, dass eine Weisstanne unter günstigen Lichtverhältnissen einen verbissenen Haupttrieb innerhalb von zwei Jahren vollständig kompensieren und damit wieder die gleiche Höhe wie ein unverbissener Baum erreichen kann. Diese Fähigkeit zur Kompensation kann als Anpassung an einen potenziellen Verbiss interpretiert werden.

Ein grosses Fragezeichen setzen Senn und Häsler (2005, Wald-Wild-Konflikt) deshalb hinter die Annahme, die geringen Anteile grosser Weisstannen im Gebirgswald seien auf den Wildverbiss zurückzuführen. Die heute alten Bäume haben sich zu einer Zeit entwickelt, als es in den Schweizer Wäldern fast kein Wild gab. Vor 100 Jahren waren Hirsch und Reh in der Schweiz ausgestorben, und Gämsen überlebten im Gebirge nur in geringen Dichten (Breitenmoser 1998). Bis weit ins 20. Jahrhundert erfolgte die Waldentwicklung praktisch ohne Wildeinfluss. Alte Forstinventuren und Nutzungsaufzeichnungen zeigen, dass in diesem Zeitraum die Anteile der Weisstanne und vieler Laubbäume trotzdem abgenommen haben, während sich die Fichte ausbreitete, vor allem durch Eingriffe der Forstwirtschaft zugunsten der Fichte und die intensiv betriebene Waldweidewirtschaft (von Moos 2003, von Wyl 2005, WALD-WILD-KONFLIKT). Daten aus den Landesforstinventaren sowie aus Forstinventuren, die im Rahmen des NFP 48 in der Zentralschweiz durchgeführt wurden, deuten zudem darauf hin, dass in Höhen oberhalb 1'300 Meter ü.M. auch in wenig genutzten Waldbeständen die Weisstanne von Natur aus nicht die von der Forstwirtschaft erhofften Anteile erreichen kann (Senn und Häsler 2005, WALD-WILD-KONFLIKT). Die Angaben der potenziellen Tannenanteile beruhen demnach auf unrealistischen Annahmen, die selbst mit einer völligen Elimination des Wildes nicht erreicht werden können.

3.4 Auswirkungen von globalen Umweltveränderungen («Global Change») auf die Biodiversität

Seit einigen Jahren wird eine Erwärmung des weltweiten Klimas beobachtet, die viel schneller voranschreitet, als es vor der Industrialisierung der Fall war (Abb. 3-19a). Die Klimaerwärmung entsteht vor allem durch die Freisetzung von zusätzlichen Mengen an Treibhausgasen in die Atmosphäre. Treibhausgase wie Wasserdampf, Kohlendioxid (CO_2) und Methan lassen die Sonnenstrahlung weitgehend ungehindert auf die Erde durch, absorbieren aber die Wärmeabstrahlung der Erde. Dank dem natürlichen Treibhauseffekt liegt die mittlere Lufttemperatur nicht bei minus 18 Grad Celsius, sondern bei plus 15 Grad Celsius. Als Folge der Emissionen von klimawirksamen Gasen durch den Menschen findet aber eine zusätzliche Erwärmung der erdnahen Atmosphäre und der Erdoberfläche statt.

Als bedeutendstes anthropogenes Treibhausgas gilt CO_2, das durch die Verbrennung fossiler Energieträger freigesetzt und für rund 60 % der beobachteten Klimaerwärmung verantwortlich gemacht wird. CO_2 wirkt aber nicht nur als Treibhausgas, sondern spielt auch eine wichtige Rolle für die Pflanzenernährung. Eine Erhöhung des CO_2-Anteils in der Luft könnte auch deshalb langfristig weit reichende Folgen haben.

Eine ebenfalls global wirksame Umweltveränderung ist der Eintrag von Stickstoff aus der Luft, die zur Stickstoffübersättigung der Böden beitragen kann. In den meisten alpinen Regionen sind die Stickstoffeinträge heute um ein Mehrfaches höher als vor der Industrialisierung (Abb. 3-19b).

3.4.1 Der Einfluss der Klimaerwärmung auf die Graslandvegetation

Der Lebensraum der Alpen ist durch starke Temperaturschwankungen geprägt – im Tagesverlauf und auch saisonal. Durch die globale Klimaerwärmung steigt die Temperatur aber seit einigen Jahrzehnten kontinuierlich an. Insbesondere die Minimalwerte haben sich deutlich erhöht. In den Schweizer Alpen ist zudem die Temperatur stärker angestiegen als im Tiefland. Und die Prognosen verheissen wenig Gutes: Neueste Berechnungen zeigen, dass die Temperatur in den Alpen bis ins Jahr 2055 je nach Szenario um 2,3 bis 3,3 Grad Celsius und bis ins Jahr 2085 um 3,1 bis 5,3 Grad Celsius steigen könnten (Nogués-Bravo et al. 2007). Es muss ausserdem in Zukunft von einer Zunahme der Niederschläge im Winter ausgegangen werden. Für die Sommermonate deuten die meisten Studien auf weniger Niederschläge hin, vor allem für den inneralpinen Bereich und die Alpensüdseite.

Wie sich die Klimaveränderung auf die Lebensgemeinschaften in den Alpen auswirken könnte, wurde in einem Krummseggenrasen auf rund 2500 Meter ü.M. beim Furkapass untersucht (Körner et al. 2006, GLOBAL CHANGE). Durch Verpflanzung von ganzen Erdblöcken mit Vegetation entlang eines Höhengradienten wurde eine Temperaturerwärmung um ein Grad simuliert und die Reaktion der Vegetation analysiert. Drei der fünf dominantesten Pflanzenarten (Krummsegge *Carex curvula*, Bunter Wiesenhafer *Helictotrichon versicolor* und Schweizer Milchkraut *Leontodon helveticus*) reagierten mit einem reduzierten Blattwachstum auf die Erwärmung, die gesamte Pflanzenbedeckung reduzierte sich deshalb. Besonders Arten, die in Schneetälchen wachsen, zeigten bei der Deckung eine negative Reaktion. Die Biomasse war ebenfalls reduziert. Da im Experiment verschiedene Pflanzenarten unterschiedlich auf die Erwärmung reagiert haben, ist bei einer Klimaerwärmung mit Verschiebungen der Konkurrenzverhältnisse und damit auch mit Veränderungen in der Artenzusammensetzung zu rechnen.

Abbildung 3-19

a) Es wird wärmer

Die Temperatur hat global und in den Schweizer Alpen seit 1900 zugenommen.

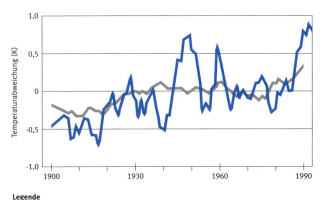

Legende
- Schweizer Alpen
- Global

b) Steigende Nitratwerte

Die Nitratwerte in einem Eisbohrkern vom Monte-Rosa-Massiv sind in den letzten 100 Jahren stark angestiegen.

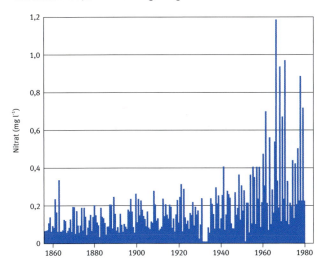

Quelle: Körner (2003).

3.4.2 Migration und Aussterberisiken von alpinen Pflanzen durch die Klimaerwärmung

Wie sich die Folgen einer globalen Klimaerwärmung in den Alpen langfristig auf die Überlebenschancen alpiner Pflanzenarten auswirken werden, ist noch nicht genau vorhersehbar. Tatsache ist aber, dass in den letzten Jahrzehnten an vielen Orten die Pflanzenvielfalt in alpinen Lebensräumen durch Aufwärtsbewegungen von Arten zugenommen hat (Grabherr et al. 1994, Bahn und Körner 2003, Walther 2004). Beispielsweise hat die Artenzahl auf zehn Berggipfeln im Berninagebiet in den Schweizer Alpen verglichen mit Aufnahmen von 1912 um 138 % zugenommen, verglichen mit 1992 sind es 26 % (Walther et al. 2005). Offensichtlich stossen immer mehr Pflanzenarten in die Gipfelbereiche der Alpen vor.

Studien zeigen, dass bei einer Erwärmung des Klimas mit kürzerer Schneebedeckung die an kaltes Klima angepassten Pflanzen der obersten Vegetationszone von den höheren Temperaturen meist nicht profitieren können. Da die meisten hochalpinen Pflanzen ihre Wachstumszeit durch photoperiodische Signale beenden, verlängert sich ihre Wachstumszeit nicht automatisch bei einer Klimaerwärmung. Ohne Schneebedeckung und unter erhöhten Temperaturen erleiden sie aber Verluste, da ihr Metabolismus Kohlenhydrate verbrennt, diese aber nicht durch Photosynthese nachgeliefert werden (Körner 2005). Zudem sind die Arten der obersten alpinen Stufe, die zu einem grossen Teil nur in den Alpen vorkommen, wesentlich konkurrenzschwächer als die Arten, die von unten nachrücken. Da sie sich quasi am obersten Ende der Höhenleiter befinden, können sie den ungünstigeren Bedingungen nicht ausweichen, und es ist möglich, dass mit der Zeit einige Arten aussterben werden. Bis jetzt wurde dies in der Praxis aber noch nicht nachgewiesen.

Bei den Bäumen wurde vielerorts eine Verdichtung der sehr lockeren Bestände und damit ein Ansteigen der Waldgrenze beobachtet, indem sich Jungpflanzen zwischen älteren und einzeln stehenden Exemplaren etablieren konnten. Es kam jedoch häufig nicht zu einer Aufwärtsbewegung der Baumgrenze. Vermutlich wird die Etablierung von Jungwuchs durch eine geschlossene Vegetationsdecke von Zwergstrauchheiden und alpinen Rasen erschwert und dadurch der Anstieg der Baumgrenze verlangsamt (Dullinger et al. 2004).

3.4.3 Der Einfluss der Klimaerwärmung auf Tiere im Grasland

Auch Tiere werden von der Temperatur direkt oder indirekt beeinflusst. Einerseits kann sie einen Einfluss auf die Entwicklung und damit auf den Fortpflanzungserfolg haben. Andererseits ernähren sich viele Tiere von pflanzlicher Nahrung und sind somit von der Zusammensetzung der Vegetation in ihrem Lebensraum abhängig. Wenn sich die Artenzusammensetzung der Pflanzen aufgrund veränderter Umweltbedingungen verschiebt, können plötzlich für eine bestimmte Tierart wichtige Futterpflanzen fehlen. Viele Tierarten sind allerdings mobil und können ungünstigen Lebensbedingungen ausweichen.

Eine Verschiebung der Arten entlang des Höhengradienten hat in den letzten Jahrzehnten bei Tagfaltern im Tujetsch stattgefunden (Hohl 2006, GRASLAND). In subalpinen Wiesen und Weiden waren vor bald 30 Jahren kollin-montane Arten nur relativ selten anzutreffen, während subalpin-alpine Arten vorherrschten. Heute sind in den gleichen Flächen die kollin-montanen Arten häufiger als die subalpin-alpinen, während die subalpin-alpinen Arten vermutlich weiter nach oben gewandert sind (Abb. 3-20, Hohl 2006, GRASLAND).

Wie bei den Pflanzen besteht also zumindest bei gewissen Tiergruppen die Gefahr, dass die Bewohner der obersten alpinen Stufe aussterben, weil sie mit der erhöhten Temperatur nicht zurecht kommen, kein geeignetes Futter mehr finden oder von hochwandernden subalpin-alpinen Arten verdrängt werden. Bislang konnte diese Annahme aber nicht in der Praxis bestätigt werden.

3 VERÄNDERUNGEN DER BIODIVERSITÄT IM ALPENRAUM UND IHRE URSACHEN

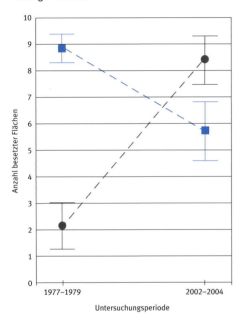

Abbildung 3-20

Arten verschieben ihr Verbreitungsgebiet in höhere Zonen

Vergleich der Anzahl Flächen in subalpinen Wiesen und Weiden im Tujetsch von 1977/79 bis 2002/04, die von kollin-montanen und subalpin-alpinen Tagfaltern besiedelt sind. Die Häufigkeit der subalpin-alpinen Arten hat abgenommen, diejenige der kollin-montanen Arten hat zugenommen.

Legende

■ Subalpin-alpine Arten

● Kollin-montane Arten

Quelle: Hohl (2006), GRASLAND.

3.4.4 Der Einfluss des erhöhten Stickstoffeintrags

Stickstoff ist ein wichtiger Nährstoff für Pflanzen. Seine Verfügbarkeit im Boden wirkt sich auf das Wachstum der Pflanzen aus und beeinflusst die Konkurrenzverhältnisse. Zuviel Stickstoff ist hingegen für viele Arten eine Gefahr, entweder weil sie den hohen Stickstoffgehalt an sich nicht überleben, oder weil sie durch stärkere Konkurrenten verdrängt werden.

In einem Experiment beim Furkapass in den Schweizer Alpen wurde ein erhöhter Stickstoffeintrag in einem Krummseggenrasen durch Düngung mit Ammoniumnitrat simuliert und die Reaktion der Vegetation analysiert (Körner et al. 2006, GLOBAL CHANGE). Die Düngung entsprach der fünffachen Menge Stickstoff, die heutzutage in dieser Gegend eingetragen wird. Der zusätzliche Nährstoff erhöhte die gesamte Biomasse der Versuchsflächen signifikant, die Reaktion war aber bei verschiedenen Pflanzenarten unterschiedlich. Drei der fünf dominantesten Arten – Krummsegge *Carex curvula*, Bunter Wiesenhafer *Helictotrichon versicolor*, Schweizer Milchkraut *Leontodon helveticus* – reagierten mit erhöhtem Blattwachstum auf die zusätzliche Stickstoffzugabe. Die Krummsegge zeigte zusätzlich eine höhere Deckung, während Flechten bei Stickstoffzugabe stark reduziert wurden. Die Dominanzverhältnisse der Arten und Gruppen haben sich demnach verschoben. Es ist zu erwarten, dass ein weiterer Anstieg des atmosphärischen Stickstoffeintrags zu Verschiebungen in der Artenzusammensetzung der Vegetation in alpinem Grasland führen wird.

In Sent/GR und Grindelwald/BE konnte eine Zunahme des Nährstoffzeigerwerts in Magerwiesen in den letzten 25 Jahren beobachtet werden, obwohl die Nutzungsart beibehalten wurde (Lüscher et al. 2006, GRASLAND). Die Wissenschaftler vermuten, dass der Stickstoffeintrag aus der Luft eine bedeutende Rolle bei dieser Veränderung gespielt hat.

3.4.5 Der Einfluss einer erhöhten CO_2-Konzentration in der Luft

Gebirgspflanzen können CO_2 im Allgemeinen effizienter fixieren als Tieflandpflanzen. Da aufgrund des tieferen Luftdrucks in der Höhe weniger CO_2 verfügbar ist, könnte man erwarten, dass eine Erhöhung der CO_2-Konzentration in der Luft im Gebirge stärkere Auswirkungen hat als im Tiefland (Körner 2003). Auch höhere Temperaturen verstärken die Reaktion der Pflanzen, da sie die Photosynthese erleichtern. Andererseits wachsen Gebirgspflanzen relativ langsam. In tiefen Lagen hat sich gezeigt, dass die Reaktionsstärke der Pflanzen stark von ihrer Wachstumsrate abhängen kann (Poorter 1993). Das langsame Wachstum könnte deshalb wiederum die Reaktion abschwächen.

Mit einem Experiment in einem Krummseggenrasen auf rund 2'500 Meter ü.M. wurden durch CO_2-Anreicherung der Luft kombiniert mit einem Düngungsexperiment die Auswirkungen erhöhter CO_2-Konzentrationen untersucht (Körner et al. 1996, Körner et al. 1997). Eine erhöhte CO_2-Aufnahme der Pflanzen führte überraschenderweise nicht zu einer höheren Biomasseproduktion. Bei einer gleichzeitigen Stickstoffdüngung wurde der Kohlenstoff teilweise in den Boden abgegeben und erhöhte dort die mikrobielle Aktivität (Körner et al. 1997). Die Pflanzen akkumulierten aber im Gegensatz zu Tieflandsystemen mehr Kohlenhydrate. Vor allem in Kräutern wurde dadurch der Stickstoff-Anteil im Blattgewebe reduziert.

3.4.6 Der Einfluss von Klimaveränderungen auf den Wald

Die Untersuchung von Einflussfaktoren auf Wälder ist durch die Langlebigkeit von Bäumen viel schwieriger als im Grasland. Möglicherweise finden Veränderungen statt, die noch nicht nachgewiesen werden können. So hat sich wie oben beschrieben die Baumgrenze durch die Klimaerwärmung noch nicht nach oben verschoben. Die Verdichtung von lückigen Beständen deutet aber darauf hin, dass sich auch die Lebensbedingungen für Bäume in alpinen Gebieten verbessert haben. Wenn Lücken in der Vegetation auftreten und damit die Etablierung von Keimlingen möglich wird, wird vermutlich auch die Baumgrenze ansteigen. Auswertungen der phänologischen Messdatenreihe (1951 bis 2002) von MeteoSchweiz haben gezeigt, dass sich der phänologische Frühlingsbeginn in den Schweizer Alpen durch die Klimaerwärmung bereits um 15 Tage vorverschoben hat, während der Blattfall im Herbst meist später beginnt als in früheren Jahren (Defila und Clot 2005). Gehölze profitieren demnach von der Erwärmung durch eine verlängerte Vegetationszeit.

Unbestritten ist, dass sich mit steigender Temperatur auch andere Umweltfaktoren wie der Niederschlag verändern werden. In einer Studie simulierten Forscher das Szenario einer Verdoppelung des CO_2-Gehalts in der Atmosphäre an vier Standorten (Fischlin und Gyalistras 1997). Niederschläge würden gemäss dieser Simulation zu allen Jahreszeiten zunehmen – ausser im Sommer. Wie ein Vergleich verschiedener Fallstudien zeigt, ist die zu erwartende Niederschlagsmenge für die Wachstumsreaktion eines Baums auf die Temperaturerwärmung entscheidend. Sofern genügend Niederschlag fällt, profitieren Bäume von höheren Temperaturen mit einem erhöhten Dicken- und Längenwachstum. In Trockengebieten wie den Walliser Tälern hingegen kann das Baumwachstum reduziert werden (Dobbertin und Giuggiola 2006). Die Temperaturen sind im Wallis in den letzten Jahrzehnten überdurchschnittlich angestiegen. Unterhalb von etwa 1'000 bis 1'200 Metern ü.M., wo es besonders trocken ist, kann eine erhöhte Mortalität von Waldföhren (*Pinus sylvestris*) beobachtet werden, während die Flaumeiche (*Quercus pubescens*) von der Trockenheit wenig betroffen ist und zusätzlich vom Nutzungsrückgang im Wald profitiert (Rigling et al. 2006).

Solche sehr trockenen Standorte könnten in Zukunft auch völlig waldfrei sein. Neuere Simulationen zeigen, dass sich die Waldvegetation in der Schweiz bei geringen Störungen nur sehr langsam verändern wird und messbare Veränderungen wohl erst um das Jahr 2050 zu erwarten sind. Es ist aber zu erwarten, dass aufgrund der zunehmenden Sommertrockenheit die Häufigkeit von Waldbränden weiter ansteigen wird und die Veränderungen in den Wäldern beschleunigt werden (Wohlgemuth et al. 2006).

Im Rahmen einer Simulationsstudie wurden die Auswirkungen einer Klimaerwärmung auf die Artenvielfalt in Bergwäldern untersucht (Kienast et al. 1998). Die Autoren kamen zum Schluss, dass die erwärmungsbedingte Veränderung der Pflanzenartenvielfalt davon abhängt, wie sich die Niederschläge verändern, und dass Vegetationsverschiebungen stark durch die lokale Topografie beeinflusst sein werden. Im Falle einer Erwärmung ohne erhöhte Niederschläge würde es zu einer Verschiebung der Artenzusammensetzung kommen – mit Gemeinschaften, die ein völlig anderes Temperaturoptimum haben und heutzutage in der Schweiz nicht vorkommen. Im Falle einer Erwärmung gekoppelt mit mehr Niederschlag sind die Vegetationsverschiebungen weniger ausgeprägt, und die Autoren erwarten keine spürbare Veränderung der Artenvielfalt.

Aufgrund dieser Resultate werden standortbedingte klimatische Unterschiede voraussichtlich dazu führen, dass der Wald in den Alpen keine einheitliche und eine lokal nur sehr schwer voraussagbare Reaktion auf eine globale Klimaveränderung zeigen wird.

3.4.7 Der Einfluss der globalen Veränderungen auf Tier-Pflanze-Wechselwirkungen

Die beobachteten Veränderungen haben nicht nur Auswirkungen auf die einzelnen Tier- und Pflanzenarten, sondern können auch die Wechselwirkungen zwischen Tieren und Pflanzen beeinflussen. So kann eine erhöhte CO_2-Konzentration in der Luft als «Stickstoff-Verdünner» im Pflanzengewebe wirken, da die Pflanzen verhältnismässig mehr Kohlenstoff aufnehmen als Stickstoff. Für die Herbivoren bedeutet das, dass sie mehr Pflanzenmaterial fressen müssen, um genügend Stickstoff aufzunehmen. Wenn Herbivoren selektiv in immer grösseren Mengen eine langsam wachsende Pflanzenart fressen, sodass diese schliesslich durch weniger geniessbare Arten ersetzt wird, könnte es zu einer Verschiebung des Pflanzenartenspektrums kommen (Blumer und Diemer 1996). Ausserdem wurden Veränderungen der Nahrungspräferenzen von Herbivoren beobachtet. Im Rahmen eines Experiments zeigte sich, dass beispielsweise der Bunte Grashüpfer (*Omocestus viridalus*) einen geringeren Stickstoffgehalt in der Nahrung nicht nur durch Aufnahme von mehr Nahrung kompensieren kann, sondern auch, indem er vermehrt Grasarten mit einem höheren Stickstoffgehalt frisst (Berner et al. 2005). Eine Klimaerwärmung in Kombination mit erhöhter CO_2-Konzentration in der Luft kann auch die Beziehung zwischen Pflanzen und ihren Bestäubern beeinflussen. Erhöhtes CO_2 kann die Blühzeit, die Anzahl Blüten, die Nektarqualität und -quantität der Pflanzen beeinflussen und dadurch die Beziehungen zwischen Pflanzen und Bestäubern beeinträchtigen (Erhardt und Rusterholz 1997, Rusterholz und Erhardt 1998).

3.5 Die Konsequenzen der beobachteten Veränderungen für Ökosystemdienstleistungen

Unter Ökosystemdienstleistungen versteht man Bedingungen und Prozesse, durch welche «natürliche» Ökosysteme menschliches Leben unterstützen und ermöglichen (Daily et al. 1997). Im Rahmen des «Millennium ecosystem assessment» werden drei Haupttypen von Dienstleistungen unterschieden: Versorgungsdienste, regulierende und unterstützende Dienste sowie kulturelle Dienste (Körner et al. 2005). Versorgungsdienste umfassen in den Alpen unter anderem die Lieferung von sauberem Trinkwasser, von Holz als Brennstoff und Baumaterial und die Nahrungsmittelproduktion für den Menschen.

Wälder schützen viele Siedlungen und Verkehrswege in den Alpen vor Lawinen und Steinschlag oder regulieren die Dynamik vieler Naturprozesse (Bätzing 2003). Sowohl Wälder als auch Grasland bieten einen guten Erosionsschutz im Gebirge durch die Regulation des Wasserabflusses und die Bodenstabilisation durch die Pflanzenwurzeln. In einer Studie in alpinem Grasland in den Schweizer Alpen reduzierte eine geschlossene Vegetationsdecke den Wasserabfluss bei Regen und schützte dadurch vor Erosion und Sedimentabtrag (Körner et al. 2006, GLOBAL CHANGE). Zusätzlich spielte die Artenzusammensetzung eine grosse Rolle. Ab einer Zwergstrauchdeckung von 10 % wurde das Wasser vom Boden signifikant stärker aufgenommen. Ein stark durchnässter Boden ist jedoch instabiler und es besteht ein erhöhtes Risiko für eine Rutschung (Abb. 3-21). Die nach einer Nutzungsaufgabe alpiner Gebiete zunehmende Zwergstrauchdeckung erhöht deshalb die Gefahr von Hangrutschungen.

Dieses Phänomen wurde auch bei einer Studie in den österreichischen Alpen beobachtet (Tasser et al. 2003). Dort konnte zusätzlich ein positiver Einfluss einer hohen Gras- und Krautdeckung aufgezeigt werden. Je länger die Nutzungsaufgabe zurücklag, desto grösser war die Abnahme der Wurzeldichte im Boden. Dies führte zu einer Desta-

Abbildung 3-21

Der Klimawandel dürfte zu einem häufigeren Auftreten von Hangrutschungen führen

Foto: Andreas Bosshard.

bilisierung des Oberbodens und erhöhte dadurch das Erosionsrisiko. In den letzten Jahren wurden in den Alpen vermehrt auch Hangrutschungen nach Starkniederschlägen beobachtet, bei denen innerhalb weniger Stunden so viel Regen fiel wie im langjährigen Beobachtungszeitraum normalerweise in einem Monat. Zwischen den Starkniederschlägen treten zudem im Vergleich zu früher immer häufiger längere Trockenperioden auf, was (wie im Hitzesommer 2003) einen grossen Futterverlust für die Landwirtschaft bedeutet. In trockenen Gebieten der Alpen wie im Unterengadin oder im Wallis werden deshalb vermehrt futterbaulich wichtige Flächen bewässert.

Wie im Kapitel 2 beschrieben wurde, hat eine als intakt empfundene Landschaft mit gut funktionierenden Ökosystemen einen hohen ökonomischen Wert für den Tourismus. Was passiert aber, wenn sich durch die Veränderungen von Klima und Nutzung die Landschaft verändert? Die Folgen der Klimaerwärmung wirken sich teilweise bereits negativ auf touristische Aktivitäten aus. Bergwanderwege, die noch vor wenigen Jahren problemlos begangen werden konnten, können heute steinschlaggefährdet sein, da der stabilisierende Permafrost im Gebirge aufzutauen beginnt. Berghütten, die früher relativ einfach über einen Gletscher erreichbar waren, müssen heute teilweise «erklettert» werden, was Gefahren mit sich bringt und auch die Besucherzahlen reduziert. Wie sich die Ökosystemdienstleistungen in Zukunft verändern werden, hängt nicht zuletzt davon ab, wie stark die bisher beobachteten Veränderungen voranschreiten werden.

3.6 Landnutzungsänderungen und «Global Change» als Herausforderung

Die Kulturlandschaft der Alpen gehört nach wie vor zu den Regionen mit der grössten Biodiversität in der Schweiz. Doch auch die Berggebiete stehen vor grossen Veränderungen. Es ist schwierig, die gesamten Auswirkungen aller ablaufenden Veränderungen auf die Alpen abzuschätzen. Die verschiedenen Forschungsresultate zeigen aber, dass in den Schweizer Alpen der Einfluss des Menschen durch direkte Eingriffe über die land- und forstwirtschaftliche Nutzung die stärkste Komponente dieser Änderungen ist und sich am schnellsten auf Flora und Fauna auswirkt. Indirekte Einflüsse wie Klimaerwärmung und Stickstoffeintrag wirken sich eher verzögert aus.

4 Welche Landschaft und welche Biodiversität wünscht die Gesellschaft?

4 Welche Landschaft und welche Biodiversität wünscht die Gesellschaft?

Die Menschen gestalten seit jeher ihren Lebensraum: In Kapitel 2 und 3 wurde gezeigt, dass sich die Nutzung der Berggebiete in den letzten 50 Jahren stark verändert hat. Regional charakteristische Landschaften und naturnahe Lebensräume drohen zu verschwinden oder sind bereits verloren gegangen. Gleichzeitig fielen viele artenreiche Flächen in Grenzertragslagen brach und wurden vom Wald wiederbesiedelt. Insgesamt ergibt sich folgende Ausgangslage für die Schweiz: Die Vielfalt der Alpenlandschaft nimmt ab, Tier- und Pflanzenarten sterben lokal und regional aus. Die vielfältige Alpenlandschaft ist also keine Selbstverständlichkeit mehr. Die Landschaft der Zukunft wird durch politische und wirtschaftliche Rahmenbedingungen sowie durch gesellschaftliche Einflüsse geprägt. Es stellt sich deshalb die Frage, welche Zielvorstellungen der Bund hat. Und welche Landschaft und wieviel Biodiversität will eigentlich die Bevölkerung?

4.1 Was soll und was will der Bund?

Die Verfassung, viele Gesetze und internationale Abkommen und Vereinbarungen verpflichten die Schweiz dazu, ihre Biodiversität zu erhalten. Im Verfassungsartikel 78 steht, dass der Bund bedrohte Arten vor der Ausrottung schützt. Das Natur- und Heimatschutzgesetz verpflichtet beispielsweise zu umfassender Rücksicht gegenüber einheimischen Pflanzen, Tieren und Landschaften. Es verlangt zudem vom Bund, bestimmte Lebensräume von nationaler Bedeutung wie Moore und Auen zu erhalten. Auf internationaler Ebene hat sich die Schweiz mit der Unterzeichnung (1992 in Rio de Janeiro) und Ratifizierung (1994) der Konvention über die Biodiversität dazu verpflichtet, die biologische Vielfalt auf nationaler und internationaler Ebene zu erhalten und nachhaltig zu nutzen.

Die allgemeinen Ziele im Bereich Natur und Landschaft sowie die Sachziele in den raumrelevanten Politikbereichen wurden mit dem «Landschaftskonzept Schweiz» am 19. Dezember 1997 vom Bundesrat gutgeheissen (BUWAL et al. 1998). Das Konzept präzisiert insbesondere Strategien zum Arten- und Biotopschutz, zur ökologischen Ausgleichsfunktion in der Landschaft und zur Landschaftsgestaltung. Unter anderem werden folgende Ziele zur Landschaftsqualität und zur Biodiversität gesetzt:

- Naturlandschaften, natürliche Landschaftsformen und -elemente in ihrer Eigenart, Vielfalt und Schönheit erhalten;
- Lebensräume für die Erhaltung der vielfältigen heimischen Flora und Fauna sicherstellen, aufwerten und vernetzen;
- Kulturlandschaften in ihrer Eigenart, Vielfalt und Schönheit schonend entwickeln und ihre Geschichte und Bedeutung ablesbar halten;
- Bauten, Infrastruktur und andere Anlagen auf das notwendige Minimum beschränken, zusammenfasssen und zusammenhängende Lebensräume schaffen.

Auf diesen Zielvorstellungen basiert das Konzept «Landschaft 2020» des Bundesamtes für Umwelt (BUWAL 2003a und b). Dessen Leitbild zeigt eine Vision für den Zeitraum bis ins Jahr 2020: Sowohl die Menschen als auch die 45'000 Tier- und Pflanzenarten in der Schweiz sollen sich im gemeinsamen Lebensraum wohl fühlen und angemessen entfalten können. Das Bundesamt für Umwelt entwickelte im Rahmen dieses Projekts Zielsetzungen, die allerdings ziemlich allgemein und unverbindlich bleiben:

– 20 % ökologische Ausgleichsflächen in den Bergstufen I und II, 30 % in den Bergstufen III und IV.
– Alle Schutzgebiete haben adäquate und umgesetzte Schutzbestimmungen.
– Die Anzahl und die Qualität naturnaher Lebensräume steigen.
– Alle Waldränder sind naturnah aufgebaut.
– Zumindest ein Minimum an Alt- und Totholz ist vorhanden.
– Die Holznutzung entspricht dem Nettozuwachs (unter Ausschluss der angestrebten Waldreservatsflächen von 10 %).
– Die Versiegelung der Landschaft soll nicht zunehmen (Referenzjahr 2000).

In Bezug auf die Biodiversität hat sich der Bund ein klares Ziel gesteckt: Im Jahre 2002 haben die am Erdgipfel in Johannesburg versammelten Staaten beschlossen, den Rückgang an natürlicher Vielfalt bis ins Jahr 2010 signifikant zu verlangsamen. Die europäischen Länder, unter ihnen die Schweiz, gingen noch einen Schritt weiter. Sie verpflichteten sich ein Jahr später an der 5. Ministerkonferenz «Umwelt für Europa» in Kiew, den Verlust an Biodiversität bis ins Jahr 2010 zu stoppen.

4.2 Was wünscht die Bevölkerung?

Wer Landschaftsveränderungen verhindern oder steuern will, muss die Erwartungen und Ansprüche unterschiedlicher Interessengruppen kennen. Welche Erwartungen, Wünsche und Befürchtungen die Bergbevölkerung, Unterländer und Touristen hinsichtlich Landschaftsveränderungen haben, wurde im NFP 48-Projekt ZIELVORSTELLUNGEN UND -KONFLIKTE mittels qualitativer Interviews und standardisierter Fragebögen mit visualisierten Entwicklungsszenarien (Abb. 4-1) in drei Gemeinden Mittelbündens sowie in der ganzen Schweiz untersucht.

4.2.1 Die Meinung der Bergbevölkerung

Die Resultate zeigen, dass aufgegebenes und zugewachsenes Landwirtschaftsland von der lokalen Bevölkerung negativ beurteilt wird (Gehring 2006, Hunziker et al. 2006, ZIELVORSTELLUNGEN UND -KONFLIKTE). Die Wiederbewaldung vieler Flächen wird als Verlust des kulturellen Erbes und als Bedrohung der Existenzgrundlage empfunden. Ebenfalls negativ wird die Umwandlung von Maiensässsiedlungen zu Ferienhaussiedlungen bewertet. Gleichzeitig spricht sich die lokale Bevölkerung gegen einen Verfall von Maiensässen aus. Die Einheimischen befürchten, dass die Umnutzung oder der Verfall der Gebäude das Erscheinungsbild der Landschaft derart verändert, dass es sich nicht mehr von anderen Tourismusdestinationen in der Region unterscheidet. Die Ortsansässigen werten demnach die Landschaft vor allem aus einer sozialen und existenziellen Sicht, bei der Aspekte wie Beschäftigung, Kindheitserinnerungen und regionale Identität eine grosse Rolle spielen (Kianicka et al. 2006, ZIELVORSTELLUNGEN UND -KONFLIKTE).

Abbildung 4-1

Visualisierte Landschaftsszenarien Savognin/GR Quelle: Hunziker et al. (2006), ZIELVORSTELLUNGEN UND -KONFLIKTE, Foto/Bildbearbeitung: Andreas Lienhard, Uster.

a) Status quo, Originalbild

b) Der Wald kehrt nach einer Nutzungsaufgabe aller steileren Flächen bis auf den Talboden zurück

c) Ausgeräumte Landschaft mit – gegenüber dem Status quo – noch intensiverer Nutzung des Graslandes

d) Ökologisch stark aufgewertete Landschaft mit vielfältigen und traditionellen Nutzungsformen

Nimmt die Bergbevölkerung die Abnahme der landschaftlichen und biologischen Vielfalt wahr?
Eine vertraute Landschaft ist identitätsstiftend. Doch mit welcher Geschwindigkeit darf oder soll sich eine Landschaft verändern, damit die emotionale Ortsbezogenheit bestehen bleibt? Im Rahmen des NFP 48-Projekts TRANSFORMATION wurde untersucht, welche Landschaftsveränderungen im Gedächtnis der Bewohnerinnen und Bewohner von vier Gemeinden im Schweizer Alpenraum geblieben sind (Felber 2005, TRANSFORMATION). Mit Hilfe von Interviews wurden Personen nach ihren Erinnerungen zur Landschaft ihrer Kindheit und den seither abgelaufenen Veränderungen befragt. Anschliessend wurde anhand alter Fotografien vertiefter auf die Veränderungen eingegangen. Es wurde auch eine Landschaftsbegehung mit den Interviewten durchgeführt, um erwähnte Aspekte vor Ort zu betrachten.

Die Resultate zeigen, dass Veränderungen der kulturräumlichen Landschaftsobjekte wie Siedlungselemente und Strassen spontaner genannt und erinnert werden als Veränderungen naturräumlicher Landschaftselemente wie Wiesen und Wald. Transformationen werden vor allem dann als störend empfunden, wenn sie die regionale Identität tangieren. In den meisten Fällen konnte kein direkter Zusammenhang zwischen der Geschwindigkeit, mit der eine Veränderung abgelaufen ist, und der Bewertung – stört es oder gefällt es? – festgestellt werden. Schnelle Veränderungen wie der Brand eines Gebäudes oder Windwurfereignisse werden als genauso störend empfunden wie langsam ablaufende Veränderungen. Dazu gehören die Ausdehnung der Siedlungsfläche und die Abnahme der Blumenvielfalt auf Wiesen und Weiden.

Die zunehmend intensive Bewirtschaftung des Graslandes wird von Teilen der Bevölkerung als sehr störend empfunden. Sie wünschen sich, dass die Bauern nicht so viel Druck auf die bearbeiteten Flächen ausüben und die Biodiversität erhöhen. Den Landwirten wird teilweise gar ein widernatürliches Verhalten vorgeworfen – ein Vorwurf, der im Gegensatz steht zu der allgemeinen Meinung, gemäss welcher den Landwirten eher eine Funktion als Landschaftspfleger zugeschrieben wird.

Obwohl sich die Abnahme der Biodiversität über Jahrzehnte erstreckt, nahmen die Interviewten die Veränderung «plötzlich» wahr. Viele Interviewte erinnern sich mit Begeisterung an die blühenden Wiesen von früher und sehen die heutigen Wiesen, auf denen der Löwenzahn dominiert, als ästhetischen Verlust für das Landschaftsbild. Bedingt durch die Veränderungen in der Landwirtschaftspolitik der letzten Jahre erkennen die Interviewten eine Tendenz zurück zu extensiv bewirtschafteten Wiesen. Dies wird als positiv bewertet (Felber 2006, TRANSFORMATION).

4.2.2 Die Meinung der Touristen

Touristen erleben die Landschaft im Rahmen ihrer Freizeitaktivitäten und urteilen aus einer individuellen Sicht. Sie wollen in erster Linie eine authentische Landschaft (Kianicka et al. 2006, ZIELVORSTELLUNGEN UND -KONFLIKTE). Zu einer authentischen Landschaft gehört für Touristen unter anderem eine grosse Vielfalt naturnaher, traditioneller und lokal typischer Landschaftselemente aus Menschenhand.

Touristen beurteilen die Umwandlung von Maiensässen zu Feriensiedlungen wie die Bergbevölkerung als negativ, weil damit der typische Charakter der Region verloren geht. An diesem Beispiel wird deutlich, dass Touristen auch die Sicht der einheimischen Bevölkerung annehmen können. Deutlich positiver beurteilen die Touristen dagegen den Verfall von Maiensässen. Diese Einstellung kann damit begründet werden, dass der Verfall als natürlicher Prozess der Nutzungsaufgabe angesehen wird und somit echt und authentisch ist. Die Ruinen entsprechen zudem einem touristischen Bedürfnis nach wilden und romantischen Elementen in der Landschaft (Gehring et al. 2004, ZIELVORSTELLUNGEN UND -KONFLIKTE). Auch die Wiederbewaldung wird deshalb bis zu einem gewissen Grad als reizvoll empfunden.

Die Einstellung zur bereits existierenden Wildnis
Untersuchungen zur Einstellung der schweizerischen Bevölkerung zum Thema Wildnis beruhen vor allem auf Fragebögen mit visualisierten Entwicklungsszenarien. Wie verschiedene Bevölkerungsgruppen einer realen Zunahme der Wildnis gegenüber eingestellt sind, zeigen die Befragungen von Höchtl et al. (2005) aus zwei norditalienischen Alpentälern, die bis zum zweiten Weltkrieg intensiv landwirtschaftlich genutzt und in den letzten Jahrzehnten weitgehend verlassen wurden; einen grossen Teil der ehemaligen Landwirtschaftsflächen hat sich der Wald zurückgeholt (siehe auch Kap. 5.6).

Der Landschaftswandel wird von der heutigen Bergbevölkerung wahrgenommen und negativ bewertet. Fast die gesamte lokale Bevölkerung will, dass die Berggebiete bewohnt und die Landwirtschaft erhalten bleibt. Interessanterweise wurde der nahe gelegene Nationalpark, der vor 15 Jahren in einem vollständig verlassenen Talbereich gegründet wurde, mehrheitlich positiv bewertet. Die Einstellung der Touristen zur Verbrachung ehemaligen Kulturlandes war ambivalent: Die «Wildheit» der Landschaft wurde als positiv bezeichnet und war für viele ein Grund, das Gebiet zu besuchen. Gleichzeitig wurde aber der Verlust der bergbäuerlichen Kultur abgelehnt.

Aufgrund der Auseinandersetzungen mit dem Begriff und den Vorstellungen von «Wildnis» kommen Höchtl et al. (2005) zum Schluss, dass «Wildnis» sich weder als Konzept noch als Begriff für die historisch gewachsenen Kulturlandschaften Europas eignet. Sie raten stattdessen, von «Naturentwicklungsgebieten» für die ungelenkte Landschaftsdynamik nach Aufgabe der Nutzung zu sprechen.

4.2.3 Die Meinung der Schweizer Bevölkerung

Die Schweizer Bevölkerung beurteilt die Umnutzung der Maiensässe zu Feriensiedlungen deutlich positiver als die Bergbevölkerung und die Touristen. Auch eine zukünftige Wiederbewaldung wird von der Gesamtbevölkerung deutlich positiver als von den Einheimischen bewertet: Erstere beurteilen Wiederbewaldung zumindest nicht negativer als die Erhaltung der Kulturlandschaft (Hunziker et al. 2006, ZIELVORSTELLUNGEN UND -KONFLIKTE). Allerdings haben frühere Untersuchungen gezeigt, dass die Wiederbewaldung auch für die Gesamtbevölkerung ein mittleres Mass nicht überschreiten darf (Hunziker und Kienast 1999).

Für Personen von aussen scheint das Wilde und Ursprüngliche reizvoll zu sein, vermutlich weil sie diesen Zustand von Landschaft an ihrem Wohnort nur selten erleben können. Interessanterweise stiess die Wiederbewaldung im Vergleich zu den früheren Erhebungen auf grössere Akzeptanz, was auf einen aktuellen Meinungswandel der Schweizer Bevölkerung in dieser Frage hindeuten könnte. Das heisst, dass aus der Sicht der Steuerzahler im Hinblick auf das Landschaftserlebnis nicht jeder Quadratmeter Kulturlandschaft erhalten werden muss. Allerdings wurde dieses Urteil aus einer Situation heraus gefällt, in welcher im Alpenraum noch reichlich Kulturlandschaft vorhanden ist. Wird diese Ressource knapper, dürfte auch ihre Wertschätzung steigen (Hunziker et al. 2006, ZIELVORSTELLUNGEN UND -KONFLIKTE).

4.3 Was wollen Naturschutzorganisationen?

In der Frage, ob man die Natur gewähren lassen oder die Kulturlandschaft pflegen soll, setzen Naturschutzorganisationen unterschiedliche Prioritäten. Während die einen ein starkes Gewicht auf die Schaffung von grossflächigen Wildnisgebieten legen, fordern andere, einwachsende Büsche und Bäume zu beseitigen, damit artenreiche Magerwiesen erhalten bleiben. Die grossen Naturschutzorganisationen verfolgen eine kombinierte Strategie: Mehr Natur im Kulturland und mehr natürliche Dynamik – allerdings nicht am gleichen Ort, sondern räumlich getrennt (Pro Natura 2000, SVS/BirdLife Schweiz 2001, WWF Schweiz 2005).

Der Landschaftswandel in den Alpen gilt dabei als Chance und Gefahr zugleich (Pro Natura 2000). Chance, weil mehr Flächen der Natur überlassen werden; Gefahr, weil möglicherweise ausgerechnet jene Gebiete intensiver genutzt oder aus der Nutzung entlassen werden, die für die Erhaltung der Artenvielfalt in der Kulturlandschaft besonders wichtig sind. Diese Befürchtung wurde durch Resultate des NFP 48 bestätigt (Baur et al. 2006, WASALP).

Im Rahmen mehrerer von Pro Natura in Auftrag gegebener Untersuchungen wurden für die zukünftige Naturschutzarbeit einerseits Gebiete mit geringer menschlicher Aktivität, andererseits Gebiete mit einer hohen Artenvielfalt in der Kulturlandschaft gesucht. Dabei zeigte sich, dass es Gebiete gibt, in denen beide Naturschutzprioritäten nebeneinander existieren (Pro Natura 2000). Das bedeutet allerdings keinen Zielkonflikt des Naturschutzes – im Gegenteil: Die räumliche Nähe führt vielmehr zu Synergieeffekten zwischen beiden Naturschutzzielen, wie sie beispielsweise im Modell der UNESCO-Biosphärenreservate oder anderer Typen von Grossschutzgebieten vorgesehen sind.

Die Bevölkerung bevorzugt artenreiches Grasland
Untersuchungen haben gezeigt, dass eine grosse Artenvielfalt im Grasland von der Bevölkerung positiv bewertet wird. Im Botanischen Garten der Universität Zürich konnten Besucher aus 54 einheimischen Wiesenpflanzenarten in kleinen Töpfen eine «Wiese» mit 25 Pflanzen auf einer Fläche von 0,2 m² nach ihren beliebigen Vorlieben zusammenstellen (Lindemann-Matthies und Bose 2006). Von jeder Art waren mehrere Pflanzen vorhanden, sodass theoretisch auch eine Zusammenstellung von 25 Pflanzen der gleichen Art möglich gewesen wäre. Die Besucher verwendeten jedoch im Durchschnitt 17 verschiedene Arten in ihren Wiesen, was einer artenreichen Wiese entspricht. Sie berücksichtigten ebenfalls eine hohe Strukturvielfalt des Pflanzenbestandes, indem sie Pflanzen unterschiedlicher Wuchshöhe kombinierten.

In einem zweiten Teil der Studie mussten Besucher in Gedanken ihre «Traumwiese» zusammenstellen und die Kriterien für ihre Entscheidungen benennen. Wichtigstes Kriterium für die Auswahl der Artenzusammensetzung durch die Besucher war die Diversität. In beiden Studienteilen zeigte sich, dass die Besucher sich bunt blühende Arten in den Wiesen wünschen, unterlegt mit einer grünen Matrix. Ein ähnliches Bild bot sich bei einer Befragung von Passanten zu artenreichen Säumen im Landwirtschaftsgebiet (Jacot et al. 2005). Den Passanten gefiel insbesondere die hohe Artenvielfalt; je artenreicher die Säume waren, desto höher wurden sie bewertet. Diese Studienresultate zeigen, dass die Bevölkerung eine Vegetation mit einer grossen Artenvielfalt bevorzugt – vorausgesetzt, sie kann wählen.

4.4 Was wollen Fachleute und Entscheidungsträger?

Ein Teil der Landschaftsentwicklung wird von Experten über Gutachten und Ratschläge sowie von Entscheidungsträgern gelenkt. Alle diese Personen haben bestimmte Präferenzen und Vorlieben in der Landschaft. Die Untersuchungen im Rahmen des NFP 48-Projekts ZIELVORSTELLUNGEN UND -KONFLIKTE haben gezeigt, dass Experten und Entscheidungsträger die Landschaftsveränderungen anders beurteilen als die breite Bevölkerung. So wird beispielsweise die Kulturlandschaft von den Experten deutlich positiver, die Wiederbewaldung deutlich negativer beurteilt. Verschiedene politische Aktivitäten und Massnahmen verdeutlichen die negative Haltung der Entscheidungsträger gegenüber der Waldausdehnung: Im September 2004 hat beispielsweise der Ständerat eine Motion des Nationalrats oppositionslos überwiesen, mit der verhindert werden soll, dass der Wald immer mehr Kulturland überwächst, und der Kanton Graubünden fördert die Räumung eingewachsener Wiesen und Weiden.

Interessant sind in diesem Zusammenhang die Resultate einer Befragung bei Spezialisten der Bereiche Wald, Naturschutz, Landwirtschaft und Raumplanung (Bloetzer 2004). Die Spezialisten arbeiten bei kantonalen Fachstellen, Fachstellen der Bundesverwaltung, nationalen Fachverbänden, Naturschutz- oder Landschaftsschutzverbänden oder waren Fachvertreter der Lehre und Forschung. In der Waldzunahme sehen sie zahlreiche Vor- und Nachteile. Die Nachteile überwiegen knapp (53%). Dies zeigt, dass die Experten die Waldausdehnung nicht generell ablehnen. Je näher aber die Experten räumlich und sozioökonomisch dem Prozess der Waldzunahme stehen, desto stärker überwiegen die Nachteile in ihren Aussagen. Insgesamt sehen die Experten einen bedeutenden Handlungsbedarf. Die Waldausdehnung soll offensichtlich nicht unkontrolliert ablaufen. Es wird verlangt, dass der Waldeinwuchs mit Rücksicht auf die örtlichen und regionalen Interessen gesteuert wird.

Über den Themenbereich Wildnis diskutieren Fachleute kontrovers, was zu einer Verunsicherung der Bevölkerung führt. Während die einen argumentieren, dass sich selbst überlassene Wälder eine höhere Artenvielfalt aufweisen als bewirtschaftete, vertreten Personen, die sich gegen eine Verwilderung aussprechen, die Ansicht, dass gepflegte Wälder reicher an unterschiedlichen Arten sind als nicht mehr bewirtschaftete Areale. Offenbar liegen kontroverse Forschungsergebnisse vor, die die vorgebrachten Argumente stützen oder widerlegen können (Bauer 2005).

4.5 Der gemeinsame Nenner

Die Wahrnehmung der Landschaft hängt vom Wertesystem der Menschen, ihren individuellen Bedürfnissen und Erfahrungen ab. Einheimische, Touristen, die Gesamtbevölkerung, Naturschützer und Fachleute werten unterschiedlich und nehmen deshalb die Landschaft und Landschaftsveränderungen unterschiedlich wahr. Es ist also wichtig, alle Interessengruppen in die Entscheidungsprozesse betreffend Landschaftsentwicklung mit einzubeziehen (siehe dazu Simmen und Walter 2006, NFP 48-Synthese III).

Für die Planung und die Politik, die zum Teil die Landschaftsentwicklung lenken, sind diese Resultate von grosser Bedeutung: Sie müssen eine Balance finden zwischen einer angemessenen wirtschaftlichen Entwicklung und der Erhaltung der landschaftlichen Vielfalt und der Biodiversität. Schwarz-Weiss-Malereien, wie sie immer wieder auftauchen, helfen nicht weiter. Zu denken gibt allerdings, dass von der Meinung der Experten und Entscheidungsträger nur schlecht auf die Vorstellung der breiten Bevölkerung geschlossen werden kann. Um Akzeptanzschwierigkeiten zu vermeiden, sollten die Bedürfnisse der Bevölkerung deshalb aktiv in Politik und Planung einbezogen werden.

In zwei Punkten sind sich alle einig: Eine identitätsstiftende Landschaft mit einer hohen Biodiversität wird als erstrebenswert eingestuft, und tourismusbedingte Landschaftsveränderungen (inkl. einer starken Ausdehnung von Zweitwohnungsgebieten) werden als ästhetischer Verlust empfunden. Die negative Beurteilung tourismusbedingter Landschaftsveränderungen vor allem durch Touristen macht deutlich, dass die Erhaltung der landschaftlichen Schönheit für Tourismusregionen nicht nur eine ethische Verpflichtung, sondern mittelfristig auch eine ökonomische Notwendigkeit darstellt. Dies bedeutet, dass man planerische Mittel ergreifen sollte, um irreversible und klar als negativ beurteilte tourismusbedingte Landschaftsveränderungen zu bremsen (Kianicka et al. 2006, Zielvorstellungen und -konflikte).

Vermeintlich komplizierter sieht es bei der Waldausdehnung aus. Sie wird zwar einerseits von der Gesamtbevölkerung nicht bemerkt (vgl. Kap. 2.8), aber andererseits dort, wo man sie darauf aufmerksam macht, bis zu einem gewissen Grad begrüsst. Das heisst allerdings nicht, dass keine Massnahmen gegen die Verbrachung von Grenzertragslagen ergriffen werden sollten. Die lokale Bevölkerung registriert den vorrückenden Wald nämlich sehr wohl und bewertet diesen Prozess als negativ. Zudem ist der Bevölkerung kaum bewusst, dass die Waldausdehnung vor allem auf Kosten von artenreichen Wiesen und Weiden geht. Grasland mit vielen Blumen wird aber nicht nur von den Einheimischen geschätzt, sondern auch von der Gesamtbevölkerung.

5 Szenarien – die alpine Kulturlandschaft im Jahr 2017

5 Szenarien – die alpine Kulturlandschaft im Jahr 2017

Die vergangenen Jahrzehnte haben dem Alpenraum einen tief greifenden ökonomischen und gesellschaftlichen Wandel gebracht. Dieser Wandel hat die Landschaft und die Biodiversität stark verändert. Welche Steuerungsmöglichkeiten bestehen, um wünschbare Entwicklungen zu unterstützen und unerwünschte zu verhindern? In diesem Kapitel werden mit Hilfe von Szenarien vier politisch realistische Perspektiven für das kommende Jahrzehnt aufgezeigt. Szenarien sind nützliche und bewährte Denkinstrumente, mit deren Hilfe sich Ziele und Leitbilder in der gesellschaftlichen Diskussion entwickeln und konkretisieren lassen.

5.1 Wahl der Szenarien

Bei den hier gewählten Szenarien steht die Landwirtschaft im Vordergrund. Obwohl der Primärsektor (Land- und Forstwirtschaft) auch im Berggebiet nur einen geringen Anteil am regionalen Einkommen ausmacht, hat er mit Abstand den grössten direkten menschlichen Einfluss auf die Entwicklung der Landschaften und Lebensräume der Alpen. Darüber hinaus beeinflussen die landwirtschaftlichen Direktzahlungen und weitere öffentliche Gelder massgeblich (und stärker als im Mittelland) die derzeitige und zukünftige Bewirtschaftung der Kulturlandschaft der Berggebiete. Im Gegensatz zu vielen anderen Rahmenbedingungen, von denen die Zukunft des Alpenraums abhängt, sind die Direktzahlungen gestaltbar. Der Umfang der staatlichen Agrarzahlungen sowie die Bedingungen, an die sie geknüpft werden, sind seit Jahrzehnten viel diskutierte Themen in der Schweiz.

Mehrere NFP 48-Projekte haben mögliche zukünftige Entwicklungen in den Alpen modelliert. Allerdings wurden in diesen Projekten unterschiedliche Rahmenbedingungen, Zeithorizonte, Untersuchungsregionen und Zielvariablen gewählt. Weil zudem wichtige aktuelle Entwicklungen wie die «Agrarpolitik 2011» im NFP 48 nicht mehr berücksichtigt werden konnten, wurden für die vorliegende Synthese vier eigene Szenarien entwickelt. Diese orientieren sich an aktuellen politischen Diskussionen und wirtschaftlichen Entwicklungen sowie an der politischen, wirtschaftlichen, administrativen und landwirtschaftlichen Machbarkeit. Folgende Szenarien werden betrachtet (Tab. 5-1):

– **Szenario I**
Die bisherige Politik wird fortgeführt («Agrarpolitik 2011»).

– **Szenario II**
Die für Direktzahlungen aufgewendeten öffentlichen Geldmittel werden erheblich gesenkt («Steuerungsverzicht»).

Tabelle 5-1
Die vier Szenarien und ihre wichtigsten Steuerungsgrössen im Überblick

↘ deutliche Verringerung bzw. ↗ deutliche Erhöhung gegenüber dem derzeitigen Niveau; → Beibehaltung

Szenario	Höhe der landwirtschaftlichen Direktzahlungen	Beiträge für definierte ökologisch-landschaftliche Leistungen
I Agrarpolitik 2011	→	→
II Steuerungsverzicht	↘	↘
III Pauschalzahlungen	→	↘
IV Multifunktionales Agrarleistungsmodell	→	↗

- **Szenario III**
Die an Direktzahlungen geknüpften Leistungsanforderungen werden bei gleichbleibendem Finanzrahmen reduziert («Pauschalzahlungen»).

- **Szenario IV**
Die Direktzahlungen werden konsequent auf die Abgeltung von öffentlichen, Verfassungsziele erfüllenden Leistungen der Landwirtschaft ausgerichtet («Multifunktionales Agrarleistungsmodell»).

Neben den Direktzahlungen und der Landwirtschaft existieren weitere Faktoren, welche die Entwicklung von Landschaften und Lebensräumen der Alpen mitbeeinflussen und welche im Rahmen von NFP 48-Projekten untersucht wurden. Dazu gehören der Klimawandel, die Forstwirtschaft und die Entwicklung der lokalen und nationalen Wirtschaft. Diese Rahmenbedingungen werden als «modulierende» Faktoren bei der Diskussion der Szenarien berücksichtigt.

Im Gegensatz zu einigen in NFP 48-Projekten analysierten Szenarien werden mögliche Entwicklungen der Markt- und Preissituation nicht betrachtet. Diese können nur in geringem Masse und aufgrund zunehmender internationaler Verflechtungen immer weniger politisch gesteuert werden. Ziel der vorliegenden Synthese ist es aber, politisch-administrative Steuerungsmöglichkeiten aufzuzeigen. Der Anteil der Direktzahlungen für das Betriebsergebnis der alpinen Landwirtschaft in der Schweiz ist zudem weitaus bedeutsamer als die Markt- und Preissituation bei den Erzeugnissen und den Kosten für Maschinen, Dünger oder Futtermittel (siehe dazu Kap. 5.2.1). In Anlehnung an ein von Lauber (2006, SULAPS) gewähltes Szenario wird in den hier entwickelten Szenarien von einem allgemeinen Preisniveau ausgegangen, das in zehn Jahren zwischen dem jetzigen Schweizer Niveau und dem der EU liegt.

Als Zeithorizont haben wir – bis auf eine Ausnahme – zehn Jahre gewählt. Diese Entwicklungsspanne ist überschaubar; gleichzeitig ist sie lange genug, um Entwicklungstendenzen in den Landschaften und Lebensräumen sichtbar zu machen. Die Auswirkungen der Szenarien beurteilen wir in erster Linie im Hinblick auf Landschaften und Lebensräume der Alpen – im Bewusstsein, dass die Landwirtschaft auch weitere wichtige, derzeit kaum quantifizierte und quantifizierbare gesellschaftliche Aufgaben erfüllt, beispielsweise in kultureller Hinsicht oder für das Selbstverständnis der Schweiz.

5.2 Die Ausgangslage der Szenarien

Unter den heutigen technischen und marktwirtschaftlichen Bedingungen sind eine vielfältige Landschaft und eine hohe Biodiversität keine automatisch anfallenden Nebenprodukte der Landwirtschaft mehr. Die in einem liberalisierten Markt ökonomisch effizienteste Art der Nahrungsmittelerzeugung ist auf guten Standorten heute im Allgemeinen zu intensiv für eine hohe Biodiversität; auf ungünstigeren Standorten wird die Landnutzung ganz aufgegeben, was sich ebenfalls negativ auf die Biodiversität auswirkt. Sollen neben der Nahrungsmittelproduktion auch eine vielfältige Landschaft produziert und die Biodiversität erhalten werden (multifunktionale Landwirtschaft), fallen – gemessen am ökonomischen Optimum – entweder ein geringerer Ertrag oder ein höherer Aufwand an. Diese so genannten Opportunitätskosten müssen durch politische Massnahmen ausgeglichen werden, wenn die geforderte naturnahe Bewirtschaftung nicht zu Lasten der Landwirtschaftsbetriebe gehen soll (Gantner 1991, Mann 2005, Baur 2006, WASALP).

In der Schweiz bestehen zahlreiche Instrumente und Gesetze mit genau diesem Zweck (siehe Kap. 4 und Tab. 5-2). Das wichtigste Instrument ist die Agrarpolitik, und innerhalb der Agrarpolitik sind es die Direktzahlungen (Kap. 5.2.1). Das Natur- und Heimatschutzgesetz ist ebenfalls von Bedeutung. Es ermöglicht beispielsweise die Förderung von National- und Naturpärken (siehe Kasten) oder Bewirtschaftungsbeiträge für Naturschutzgebiete. Allerdings machen die dafür verfügbaren finanziellen Mittel weniger als 1 % der Bundesmittel für die Landwirtschaft aus (Rodewald und Neff 2001).

Während zur zielkonformen Nutzung von Schutzgebieten meist mit einer Kombination von Verboten, Auflagen und Kostenentschädigungen operiert wird, basieren die Direktzahlungen auf dem Prinzip der Freiwilligkeit durch wirtschaftliche Anreize. In beiden Fällen erhalten ökologische Leistungen neben der Nahrungsmittelproduktion einen monetären Wert und gehen so ins betriebswirtschaftliche Kalkül der Bauern und Bäuerinnen ein.

Die vier Szenarien in dieser Synthese basieren hauptsächlich auf Anpassungen der Landwirtschafts- und Naturschutzgesetzgebung auf Verordnungsstufe sowie der damit verbundenen Anreize, in einzelnen Fällen auch auf Anpassungen der Gebote und Verbote. Je nach Szenario werden Anpassungen anderer Steuerungsinstrumente in die Definition der Rahmenbedingungen integriert.

Tabelle 5-2
Die wichtigsten politisch-administrativen Steuerungsmöglichkeiten zur Entwicklung von Natur und Landschaft im Alpenraum
Zielbereiche: **A** Abiotischer Ressourcenschutz, **B** Biotischer Ressourcenschutz, **C** Pflege der Kulturlandschaft/Landschaftsschutz,
D Dezentrale Besiedlung, **L** Bäuerliche Landwirtschaft und Kultur, **V** Versorgungssicherheit; Zielbereiche mit geringer Relevanz in Klammern.

Rechtliche Grundlage	Zuständigkeit	Wichtigste Steuerungsmöglichkeiten	Finanzielle Mittel + wenig +++ viel	Tangierte Zielbereiche
Bundesverfassung Art. 104, Landwirtschaftsgesetz, Direktzahlungsverordnung, Sömmerungsbeitragsverordnung, Strukturverbesserungsverordnung, Ökoqualitätsverordnung	Bund (BLW)	Direktzahlungen und weitere Beiträge	+++	A B C D L V
		Marktstützungen, Regionalmarketing	++	(A B) L V
	Bund, Kantone	Beratung, Bildung, Forschung	+	A B C L
		Infrastrukturverbesserungen	+	C L V
Natur- und Heimatschutzgesetz	Kantone	Inventare; National-, Natur- und Naturerlebnispärke	+	B C
	Gemeinden	Kommunale Natur- und Landschaftsschutzinventare mit Bewirtschaftungsverträgen und -verordnungen	+	B C
Waldgesetz	Kantone	Nachhaltige Nutzung des Waldes	+	A B D V
Raumplanungsgesetz	(Bund), Kantone, Gemeinden	Schutz der landwirtschaftlichen Nutzfläche vor Überbauung	–	(A B) C
Stoffverordnung, Giftgesetz, Umweltschutzgesetz, Gewässerschutzgesetz, Umweltschutzgesetz	Bund, Kantone	Vorschriften zur Verwendung von Düngern/Pestiziden, Vorschriften zu Tierhöchstbeständen, gentechnisch veränderten Organismen und zum Schutz der Gewässer	–	A (B)
Wasserrechtsgesetz	Bund, Kantone, Gemeinden	Wasserzinsen	++	A C D
Energiegesetz	Bund	Nachhaltige Energieproduktion und -nutzung	+	A (B C)
Tourismusförderung	Bund, Kantone	Naturverträgliche Tourismusformen	+	C (L)
Bildungsartikel	Bund, Kantone	Forschung und Entwicklung	+	A B C L
Investitionshilfegesetz für Berggebiete, Regio Plus, Interreg III	Bund	Infrastruktur- und Initialprojekte	++	A B C D L
Neue Regionalpolitik	Bund	Regionale Entwicklungsprojekte	++	D L

Quelle: Eigene Darstellung.

Grossschutzgebiete als neues Handlungsinstrument

Im Oktober 2006 hat das Parlament die Revision des Natur- und Heimatschutzgesetzes NHG verabschiedet und damit die Grundlage für neue Grossschutzgebiete geschaffen. Die im revidierten NHG neu definierten Park-Kategorien «Nationalpark», «Regionaler Naturpark» und «Naturerlebnispark» sollen den vielfältigen Natur- und Kulturlandschaften der Schweiz Rechnung tragen und dem bisher kleinflächigen Naturschutz neue Dimensionen eröffnen. Der Bund ist verpflichtet, die künftigen «Pärke von nationaler Bedeutung» finanziell zu unterstützen. Auch die Kantone werden in die Pflicht genommen: Sie müssen die demokratische Mitsprache der Bevölkerung gewährleisten. Dadurch wird der Schutz der natürlichen Ressourcen besser in der Bevölkerung verankert. Bei der Ausarbeitung der Vorlage haben Umweltverbände unter der Federführung von Pro Natura tatkräftig mitgewirkt. Ob die neuen Pärke erfolgreich sind, hängt von der Umsetzung ab. In einem Park muss die Landschaft besonders naturschonend genutzt werden – mehr als dies ohne Park der Fall wäre.

Das Interesse der ländlichen Regionen an Schutzgebieten ist schon seit längerem geweckt, und es entstanden neue, früher undenkbare Koalitionen verschiedener Nutzergruppen mit Naturschutzorganisationen. Diese Situation beruht auf der Einsicht, dass die Zusammenarbeit für beide Seiten Gewinn bringen kann. Die Gemeinden haben erkannt, dass ein Grossschutzgebiet ein positiver Entwicklungsfaktor sein kann. Und der Naturschutz hat erkannt, dass die Nutzung der Landschaft durch den Menschen eine Realität ist, die nicht nur negative Auswirkungen auf die Natur hat und die man bei der Planung eines Schutzgebietes berücksichtigen muss.

5.2.1 Finanzielle Beiträge der öffentlichen Hand an die Schweizer Berglandwirtschaft

Für die Berglandwirtschaft der Schweiz stellen die Zahlungen aus dem Agrarbudget des Bundes die wichtigste Einnahmequelle dar. Ohne Direktzahlungen würde ein grosser Teil der Alpen landwirtschaftlich nicht mehr genutzt (vgl. Lauber 2006, SULAPS). Wie sich die Landwirtschaftsausgaben zusammensetzen, wofür die Gelder verwendet werden und welche Bedeutung sie für die landwirtschaftlichen Betriebe und die Landnutzung haben, ist aufgrund der vielen verschiedenen Instrumente und der umfangreichen Bestimmungen ausgesprochen komplex. Weil die vier Szenarien dieser Synthese wesentlich auf diesen Instrumenten und Bestimmungen sowie auf möglichen Anpassungen aufbauen, geben wir in diesem und im nächsten Unterkapitel einen kurzen Überblick zu den finanziellen Beiträgen der öffentlichen Hand an die Schweizer Berglandwirtschaft.

Von den jährlich fast 4 Milliarden Franken, welche der Bund für das Ressort Landwirtschaft zur Verfügung stellt, bilden die Direktzahlungen mit 2,5 Milliarden die Hauptausgaben (BLW 2005, Abb. 5-1). Über 80 % davon oder 2 Milliarden Franken jährlich machen die «Allgemeinen Direktzahlungen» aus (Tab. 5-3). Die «Allgemeinen Direktzahlungen» haben gemäss Bundesamt für Landwirtschaft das Ziel, den Verfassungsauftrag der flächendeckenden Nutzung und Pflege sicherzustellen. Ein Teil ist deshalb den erschwerten Nutzungsbedingungen und damit vorwiegend dem Berggebiet vorbehalten (Abb. 5-2). Es kann zudem zwischen Beiträgen unterschieden werden, die direkt an die Fläche gebunden sind, und Beiträgen für die Haltung Raufutter verzehrender Nutztiere (v.a. Rinder, Schafe, Pferde, Ziegen).

Von den «Allgemeinen Direktzahlungen» erhalten die knapp 57'000 direktzahlungsberechtigten Landwirtschaftsbetriebe der Schweiz für jede Hektare Landwirtschaftsland jährlich einen Grundbeitrag von 1'200 Franken (so genannter Flächenbeitrag). Ackerland und Dauerkulturen erhalten weitere 400 Franken pro Hektare, bei bestimmten Kulturen

Abbildung 5-1

Aufteilung der Bundesausgaben für die Schweizer Landwirtschaft

Bezugsjahr: 2004. **DZ** Direktzahlungen.

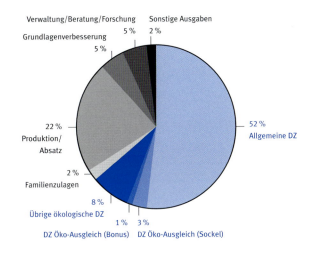

Quelle: BLW (2005).

Abbildung 5-2

Konzept der «Allgemeinen Direktzahlungen»

	Bezugsgrösse für Zahlung	
	Fläche	Anzahl Tiere
Geltungsbereich		
Alle Zonen	Flächenbeitrag	Beiträge für die Haltung von Raufutter verzehrenden Grossvieheinheiten (RGVE)
Hügel- und Berggebiet	Hangbeiträge	Beiträge für die Haltung von RGVE unter erschwerenden Produktionsbedingungen

Quelle: Vernehmlassungsunterlage zur AP 2011.

sind es bis 1'500 Franken pro Hektare. Für steile Flächen werden zudem Hangbeiträge zwischen 370 und 510 Franken pro Hektare gewährt. Die Tierhaltung steuert weitere «Allgemeine Direktzahlungen» bei: 900 Franken pro Jahr erlöst eine Grossvieheinheit, unter erschwerten Produktionsbedingungen sind es sogar bis zu 2'090 Franken pro Jahr. Im Durchschnitt werden pro Hektare landwirtschaftliche Nutzfläche und Jahr 2'400 Franken Direktzahlungen ausgerichtet.

Für die Einhaltung besonderer ökologischer Anforderungen (vgl. Verfassungsauftrag, Kasten Kap. 2.5) sind die «Ökologischen Direktzahlungen» konzipiert. So erhalten Betriebe für extensiv genutzte Wiesen, Buntbrachen, Hochstamm-Obstbäume oder Hecken «Beiträge für den Ökologischen Ausgleich». Sie liegen zwischen 450 und 3'000 Franken pro Hektare. Alle nach den Richtlinien des Biolandbaus bewirtschafteten Flächen erhalten zusätzliche 200 bis 1'200 Franken, und artgerecht gehaltene Tiere lösen zwischen 90 und 560 Franken pro Jahr und Grossvieheinheit aus. Schliesslich können aus der 2001 in Kraft getretenen Öko-Qualitätsverordnung (ÖQV) pro Hektare 500 bis 1'000 Franken an Zusatzbeiträgen für ökologisch besonders wertvolle Flächen gewährt werden (siehe Kasten S. 122).

Neben den Direktzahlungen unterstützt der Bund im Rahmen der Landwirtschaftsgesetzgebung die Landwirtschaft mit weiteren Beiträgen: So gibt er jährlich rund 1,4 Milliarden Franken für Marktstützungen, für die Verbesserung der Infrastrukturen (z.B. landwirtschaftliche Meliorationen), für Investitionshilfen oder für Forschung und Administration aus (Abb. 5-1). Auch die Kantone und teilweise die Gemeinden unterstützen die Landwirtschaft mit eigenen, in der Regel vom Bund mitsubventionierten Programmen – von der Bildung und Beratung über Infrastrukturverbesserungen bis hin zu zusätzlichen Pflegebeiträgen für Naturschutzgebiete. Diese Ausgaben dürften rund eine weitere Milliarde Franken jährlich ausmachen (Economiesuisse 2006).

Tabelle 5-3

Schlüsselzahlen zu Landwirtschaft und Direktzahlungen nach Zonen

Bezugsjahr: 2004, **LN** Landwirtschaftliche Nutzfläche, **DZ** Direktzahlungen, **ha** Hektare, **RGVE** Raufutter verzehrende Grossvieheinheiten

	Anzahl Betriebe	Landwirtschaftliche Nutzfläche LN (ha)	LN pro Betrieb (ha)	Allgemeine DZ (Fr.)	Allgemeine DZ pro Hektare (Fr./ha)
Talzone	24'061	478'170	19,87	744'491'244	1'557
Hügelzone	8'061	143'291	17,78	263'773'970	1'841
Bergzone I	7'365	118'810	16,13	250'886'194	2'112
Bergzone II	9'047	156'314	17,28	362'229'235	2'317
Bergzone III	5'525	85'474	15,47	239'366'860	2'800
Bergzone IV	2'849	46'301	16,25	133'167'271	2'876
Alle Bergzonen	24'786	406'899	16,28	985'649'560	2'422
Total bzw. alle Zonen	56'908	1'028'360	18,07	1'993'914'774	1'939

Ökologische Ausgleichsflächen ÖAF an der LN (%)	Anzahl angemeldete Hochstamm- Obstbäume HOB	Beiträge für den ökologischen Ausgleich (Fr.)	Beiträge für den ökologischen Ausgleich pro Hektare ÖAF (Fr./ha) ohne HOB	Beiträge für den ökologischen Ausgleich pro Hektare LN (Fr./ha) inkl. HOB	Tierbestand RGVE pro Hektare, nur Rindvieh (Fr./ha)
8,1	1'202'865	72'811'392	1'422	152	1,35
8,5	563'659	21'504'634	1'068	150	1,71
6,8	348'785	10'351'769	630	87	1,98
8,3	197'986	10'571'351	584	68	1,66
15,1	65'626	5'943'243	384	70	1,50
26,0	11'177	4'482'593	358	97	1,02
11,3	623'574	31'348'956	489	77	1,65
9,4	2'390'098	125'664'982	928	122	1,52

Quelle: BLW (2005).

Biologische Qualität gemäss Öko-Qualitätsverordnung
Gemäss der im Jahr 2001 eingeführten Öko-Qualitätsverordnung (ÖQV) können für Öko-Flächen Zusatzbeiträge von fünf Franken pro Are und Jahr ausgerichtet werden, wenn sie bestimmte Mindestanforderungen bezüglich Strukturvielfalt oder Vorkommen von Arten erfüllen. Beiträge in derselben Grössenordnung können für Öko-Flächen bezahlt werden, die im Rahmen eines lokalen oder regionalen Vernetzungskonzeptes bezeichnet sind.

Für Öko-Wiesen müssen mindestens sechs Pflanzen aus einer Liste mit Arten regelmässig vorkommen. Die Liste enthält Arten, die auch für Laien leicht zu erkennen sind, oder – bei schwer bestimmbaren Arten – Artengruppen, die sich aus mehreren in Aussehen und Indikatorwert ähnlich aussehenden Pflanzenarten zusammensetzen (z.B. violettblühende Enziane). Für die Alpen zählt fast überall die Liste B, welche für die Nord- und Zentralalpen 35, für die Alpensüdseite 37 Artengruppen umfasst. Im Mittelland gilt in der Regel Liste C, die 12 weitere, relativ häufige Artengruppen umfasst und damit deutlich weniger streng ist.

Unter den Öko-Flächen in den Alpen ist der Anteil an Wiesen viel höher als im Mittelland (Lüscher et al. 2006, GRASLAND). Dies lässt darauf schliessen, dass im Berggebiet im Gegensatz zu den tieferen Lagen vorwiegend diejenigen Wiesen als ökologische Ausgleichsflächen angemeldet wurden, die bis heute unverändert traditionell extensiv genutzt werden (Herzog und Walter 2005).

5.2.2 Geringe agrarpolitische Unterstützung ökologischer Leistungen im Berggebiet

Eine zonenbezogene Auswertung der im Agrarbericht des Bundes (BLW 2005) veröffentlichten Statistiken zeigt, dass mit zunehmender Höhe deutlich mehr Direktzahlungen pro landwirtschaftlich genutzter Fläche ausgerichtet werden (Abb. 5-3). Diese Abstufung entspricht den erschwerten Bedingungen im Berggebiet und trägt wirksam zu einer flächendeckenden Nutzung und je nach Nutzungsweise teilweise auch zu einer artenreichen, ästhetisch «schönen» Kulturlandschaft bei. Die Auswertung zeigt aber auch, dass die ansteigenden Zahlungen fast ausschliesslich durch zusätzliche Tierbeiträge zustande kommen (Abb. 5-3). Während in der Talzone 19 % der Direktzahlungen an die Zahl gehaltener Tiere gebunden sind, sind es in den Bergzonen III und IV 50 %. Dies stellt trotz der Beitragsgrenzen bezogen auf die Anzahl gehaltener Tiere pro Fläche einen beträchtlichen und ökologisch problematischen Intensivierungsanreiz dar (Baur 2006, WASALP) und ist eine im Hinblick auf internationale Vereinbarungen unerwünschte Lenkung der Produktion von Fleisch und Milch.

Gleichzeitig erhält das Berggebiet markant weniger ökologische Direktzahlungen als die tieferen Lagen, weil deren Beitragshöhe pro Fläche mit zunehmender Höhe abnimmt. Verschiedene Programme sind ausserdem nur für die tieferen Lagen relevant (z.B. Extenso-Beiträge im Ackerbau oder Beiträge für Hochstamm-Obstbäume). Während im Talgebiet rund 20 % der Direktzahlungen für ökologische Leistungen der Landwirtschaftsbetriebe und eine artgerechte Tierhaltung entrichtet werden, betragen die ökologischen Direktzahlungen im Berggebiet nur knapp 10 %.

Eine noch stärkere Degression zu Ungunsten des Berggebietes zeigt sich bei den Beiträgen für den «Ökologischen Ausgleich», also demjenigen Anteil der ökologischen Direktzahlungen, mit dem direkt die Bewirtschaftung der Öko-Flächen und damit die Leistungen für die biologische Vielfalt und die Landschaftsqualität abgegolten wird. Insgesamt werden in der Talregion rund 8 % der Direktzahlungen für den «Ökologischen Ausgleich» ausgegeben, in der

Bergregion sind es 2,6%. Dies ist ein für die Betriebseinnahmen praktisch nicht mehr relevanter Anteil. Eine genauere Analyse zeigt, dass die Zahlungen für den «Ökologischen Ausgleich» nicht nur bezogen auf den Gesamtumfang der Direktzahlungen, sondern mit zunehmender Höhenlage auch pro Flächeneinheit abnehmen (Abb. 5.3) – obwohl der kostenmässig ausschlaggebende Arbeitsaufwand für die vorgeschriebene Bewirtschaftung im Berggebiet oft um ein Mehrfaches höher ist als im Talgebiet. Für die Bergregion (Bergzonen II bis IV), die 28 % der landwirtschaftlichen Nutzfläche der Schweiz umfasst, aber 34 bzw. 39 % der Öko-Flächen der Schweiz beisteuert (mit bzw. ohne Hochstamm-Obstbäume), werden lediglich 17 % der Öko-Flächenbeiträge des Bundes ausgerichtet. Wird auch die biologische Qualität der Öko-Flächen mit einbezogen, zeigt sich ein noch grösseres Ungleichgewicht: Schätzungsweise über 85 % der ökologisch wertvollen landwirtschaftlich genutzten Flächen liegen in der Bergregion und im Sömmerungsgebiet (vgl. Baur et al. 2006, WASALP).

Auch wenn die (Opportunitäts-) Kostendeckung oder die Leistungsentschädigung als Massstab für die Öko-Flächenbeiträge genommen werden, die spezifisch auf die Qualität von Landschaften und Lebensräumen ausgerichteten Zahlungskomponenten der Direktzahlungen sind im Berggebiet sehr gering und gleichzeitig zwischen Berg- und Talregion ungleich verteilt.

Noch geringer wird im jetzigen System das Sömmerungsgebiet unterstützt. Für eine Gesamtfläche, die 52 % der gesamten landwirtschaftlichen Nutzfläche in der Schweiz entspricht, werden gerade 2 % der gesamten Ausgaben des Bundes für die Landwirtschaft bzw. 3,6 % der Direktzahlungen ausgerichtet (vgl. Abb. 5-3). Das sind 150 Franken pro Hektare und Jahr beziehungsweise lediglich 6 % der Beiträge ausserhalb des Sömmerungsgebietes.

Um eine Überweidung der Alpgebiete zu verhindern, werden die Beiträge nur für eine bestimmte Anzahl Tiere entrichtet. Die Obergrenze beruht unter anderem auf historischen Beweidungsdaten (siehe Sömmerungs-Beitragsverordnung). Zudem wird die Einhaltung der guten landwirtschaftlichen Praxis gefordert. Beiträge für Öko-Flächen oder spezifische Programme, die ökologisch-landschaftliche Leistungen entschädigen und fördern, existieren im Sömmerungsgebiet nicht, obwohl hier der Anteil artenreicher Flächen deutlich höher ist als in der landwirtschaftlichen Nutzfläche.

Abbildung 5-3

Durchschnittliche Beiträge aus verschiedenen Direktzahlungskategorien nach Zonen

Bezugsjahr: 2004, **LN** Landwirtschaftliche Nutzfläche, **ÖAF** Ökologische Ausgleichsfläche, **HOB** Hochstamm-Obstbäume; die Sömmerungsbeiträge wurden zu den allgemeinen Tierhaltungsbeiträgen gerechnet; die ersten vier der dargestellten Beiträge sind kumulativ.

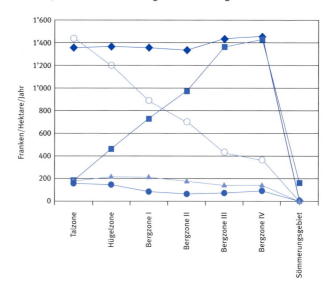

Legende

◆ Allgemeine Flächenbeiträge (Flächen- und Hanggebiete)
■ Allgemeine Tierhaltungsbeiträge (Fr./ha LN)
▲ Beiträge für besonders artgerechte Tierhaltung (Fr./ha LN)
● Beiträge für den ökologischen Ausgleich pro ha LN (in Fr., inkl. HOB)
○ Beiträge für den ökologischen Ausgleich pro ha ÖAF (in Fr., ohne HOB)

Quelle: BLW (2005).

Abbildung 5-4

Die wertvollsten Öko-Flächen im Berggebiet liegen oft an schlecht erschlossenen Steilhängen

Die aufwändige Mahd solcher Flächen wird mit den gegenwärtigen Direktzahlungen nur schlecht honoriert.

Foto: Markus Jenny.

Fotos: Jürg Stöcklin.

5.3 Vorgehen bei der Szenarienbildung

In den gewählten vier Szenarien modulieren wir in erster Linie das im vorigen Unterkapitel beschriebene Direktzahlungssystem. Einleitend zu jedem Szenario begründen wir dessen Wahl und definieren die entsprechenden Rahmenbedingungen in quantitativer Form (Schritt A, siehe unten). Daraus wird im nächsten Schritt abgeleitet, wie die landwirtschaftliche Bewirtschaftung (Schritt B) und davon wiederum Landschaften und Lebensräume der Alpen tangiert werden (Schritt C). Auf Stufe B unterscheiden wir zwischen ausserbetrieblichen (exogenen) und innerbetrieblichen (endogenen) Einflussgrössen (siehe Abb. 5-5). Bei den exogenen Einflussgrössen variieren wir den Faktor «Direktzahlungen» und weitere Subventionen, und zwar einerseits deren Höhe und andererseits die Bedingungen für deren Gewährung. Die endogenen Einflussgrössen werden als konstant angenommen.

Aufbau der Szenarien

A Definition der Rahmenbedingungen
Direktzahlungen und ggf. weitere Rahmenbedingungen (Nebenbedingungen)

↓ Auswirkungen A

B Reaktion der analysierten Hauptakteure
Veränderte landwirtschaftliche Nutzung und Pflege durch die Landwirtschaftsbetriebe

↓ Auswirkungen B

C Reaktion des vorgegebenen Zielsystems
Veränderungen von Landschaften und Lebensräumen der Alpen

Datengrundlage und Vorgehen

– Soweit vorhanden wurden bei den beiden Schritten B und C die Resultate von Modellrechnungen aus dem NFP 48 und anderen Studien verwendet, wobei die Resultate mit den nachfolgend beschriebenen Verfahren validiert wurden.
– Die Verfügbarkeit mathematischer Modelle war je nach Szenario sehr unterschiedlich. Nur Szenario I liess sich vollständig auf bestehende Modellrechnungen abstützen. Bei den übrigen Szenarien konnte auf Modellierungen einzelner Teilwirkungen oder auf Modelle für Teilregionen der Alpen zurückgegriffen werden.
– Als drittes Hilfsmittel dienten Alpenregionen, in denen die betreffenden oder vergleichbare Rahmenbedingungen bereits Realität sind. Ihre Auswirkungen werden beschrieben und auf die Bedingungen im Schweizer Alpenraum übertragen.
– Zur Validierung der gewonnenen Resultate oder – wo solche nicht vorlagen – als alleinige Grundlage für die Prognosen wurden die bisherigen Entwicklungen mittels der verfügbaren Statistiken extrapoliert. Unter Berücksichtigung ökonomischer, ökologischer und soziokultureller Erkenntnisse aus den einbezogenen Studien wurde der Einfluss der gewählten Rahmenbedingungen auf den weiteren Entwicklungsverlauf abgeschätzt.

Abbildung 5-5
Darstellung der Haupteinflussgrössen auf den Landwirtschaftsbetrieb
Dieses oder ähnliche Modelle liegen den meisten der hier ausgewerteten Szenarien zugrunde.

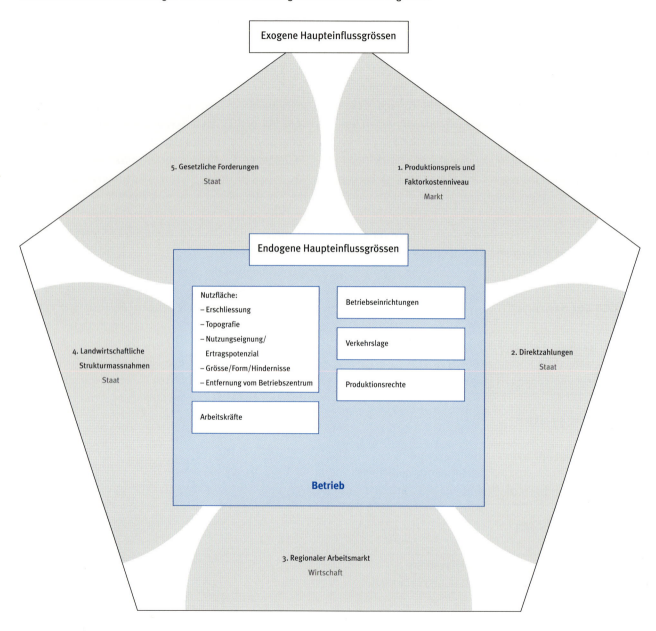

Quelle: Stalder (2005), SULAPS, verändert.

Es wurden keine eigenen mathematischen Modelle erstellt und durchgerechnet. Das gewählte halbquantitative Verfahren hat aber den Vorteil, dass auch wichtige soziokulturelle Einflussgrössen berücksichtigt werden, was die Präzision und Plausibilität gegenüber rein mathematischen Modellen erhöhen kann (siehe Kasten). Für die Beurteilung der Auswirkungen Stufe B ⇢ C, also der landwirtschaftlichen Nutzung und Pflege auf das Zielsystem Landschaften und Lebensräume, werden in jedem Szenario einheitlich sechs Parameter beurteilt, die gemäss Kapiteln 2 und 3 als die zentralen Einflussfaktoren der gegenwärtigen und zukünftigen Agrarnutzung auf die Biodiversität und die Landschaftsqualität im Alpenraum identifiziert wurden:

1) Verbrachung und Einwaldung von Grasland infolge Nutzungsaufgabe
2) Intensivierung der extensiven Mähnutzung
3) Intensivierung der traditionellen Fromental- und Goldhaferwiesennutzung
4) Erhaltung und Pflege von strukturreichen Flächen im Offenland (z.B. Feldgehölze, Hochstamm-Obstbäume, Hecken, Trockenmauern, traditionelle Holzzäune, Bewässerungssysteme)
5) Umwandlung von extensiv genutzten Wiesen in Weiden
6) Diversität der Graslandnutzung

Um den Effekt auf die Artenvielfalt zu ermitteln, wurde gemäss dem oben beschriebenen Verfahren bei allen sechs Faktoren der jeweilige Einfluss der in den einzelnen Szenarien angenommenen Rahmenbedingungen auf die artenreichen Flächen der Kulturlandschaft abgeschätzt. Als artenreich definieren wir alle Trocken- und Nassstandorte des nationalen Trockenwiesen- und Trockenweiden-Inventars und der Moor-Inventare sowie Flächen, welche die Anforderungen der biologischen Qualität gemäss Öko-Qualitätsverordnung Schlüssel B (siehe Kasten Kap. 5.2.1) erfüllen, aber nicht notwendigerweise erfasst und als Öko-Fläche angemeldet sind.

Die Szenarien werden jeweils anhand von Übersichtstabellen mit qualitativen und quantitativen Angaben zu den zu erwartenden Veränderungen für die sechs Einflussgrössen zusammengefasst. Wegen der bereits beschriebenen unterschiedlichen Datengrundlagen und Vorgehensweisen sind genaue Fehlerabschätzungen dieser Angaben schwierig. Wir gehen aber davon aus, dass die Angaben einen vertretbaren Vertrauensbereich haben (±5 Prozentpunkte). Gerade im Alpenraum bestehen allerdings grosse naturräumliche, kulturelle und betriebliche Besonderheiten. Diese konnten in der Szenarienbildung nur zu einem geringen Teil berücksichtigt werden. Deshalb ist zu beachten, dass es sich um Durchschnittswerte handelt, von denen regional oder betrieblich wesentliche Abweichungen möglich sind.

Die Auswirkungen auf die Landschaftsqualität wurden nur qualitativ beurteilt. Als Kriterien wurden primär die Strukturvielfalt der Landschaft berücksichtigt, in zweiter Linie der Anteil extensiv und wenig intensiv genutzter Flächen.

> **Möglichkeiten und Grenzen von Prognosen**
> Es gibt verschiedene Methoden zur Erstellung von Prognosen. Dank stetig wachsender Datengrundlagen und computergestützten Rechenleistungen haben in den letzten Jahren mathematische Modelle an Bedeutung gewonnen. Sie sind heute in der Lage, viele natürliche Systeme trotz ihrer enormen Komplexität immer zuverlässiger zu prognostizieren, wie die stetig differenzierter und genauer werdenden Wetter- oder Klimamodelle zeigen. Anders sieht es bei Systemen aus, bei denen schwer vorhersagbares menschliches Verhalten eine wichtige Rolle spielt. Ein Beispiel hierfür ist die Entwicklung der Börse, bei der mathematische Modelle zwar gutachterische Entscheidungen unterstützen, aber keinesfalls als exakte Prognoseinstrumente gelten.
>
> Auch beim hier betrachteten Landwirtschaftssystem haben individuelle menschliche Entscheidungen eine Schlüsselposition. Dennoch gehen die meisten der für

die vorliegende Fragestellung relevanten Modelle von einem ökonomischen Verhalten der Landwirte aus (so genannte ökonomische Optimierungsmodelle). Gerade in der Landwirtschaft spielen aber viele weitere (und individuell wechselnde) Motive eine oft viel wichtigere Rolle als die Wirtschaftlichkeit. Oft sind es primär persönliche, familiäre, kulturelle, traditionelle oder idealistische Beweggründe, die darüber entscheiden, wie Betriebsleiter und ihre Familien den Hof und das Land bewirtschaften (Weiss 2000, Mann und Mante 2004).

Mittels mathematischer Modellierungen simulierte Resultate können deshalb deutlich von der Realität abweichen. Beispielsweise prognostizierte sowohl das NFP 48-Projekt SULAPS (Lauber et al. 2006) als auch die im Zusammenhang mit Szenario I diskutierte Modellrechnung von Mack und Flury (2006), soweit sie auf rein betriebswirtschaftlichen Überlegungen aufbauen, deutlich zu hohe Öko-Flächenanteile. Lauber (2006, SULAPS) hat deshalb auch nicht-ökonomische, mittels Umfragen erhobene Ziele in ansonsten betriebswirtschaftliche Modellberechnungen integriert.

Wie solche Abweichungen zustande kommen können, illustriert das Beispiel der Buntbrache. Dieser Öko-Flächentyp wird mit 3'000 bis 5'000 Franken pro Hektare und Jahr unterstützt. Obwohl Buntbrachen viel weniger Arbeit und Kosten verursachen als die übliche Bewirtschaftung der entsprechenden Fläche, werfen sie aufgrund der hohen Beiträge einen deutlich höheren Nettoertrag (Deckungsbeitrag) ab. Würden alle Landwirte ökonomisch handeln, sollten heute über ein Drittel der Fruchtfolgeflächen mit Buntbrachen angesät sein. In Wirklichkeit sind es aber nur 1%. Bezogen auf die gesamte landwirtschaftliche Nutzfläche im Talgebiet sind es sogar nur 3 Promille – Tendenz sinkend.

Für die Entscheidung, ob eine Buntbrache angelegt wird, spielen ökonomische Überlegungen offensichtlich eine viel geringere Rolle als beispielsweise die Ablehnung des «künstlichen Landschaftselements» in der Kulturlandschaft, die starke Vorliebe, Nahrungsmittel zu produzieren anstatt das Land sich selbst zu überlassen, die Angst vor einer Verunkrautung der Flächen oder die Abneigung, quasi für das «Nichtstun» Geld zu erhalten. Aus diesen Gründen können Modelle, die das komplexe «Motivationssystem» der Landwirtschaft und damit auch nicht-ökonomische Rationalitäten gutachterisch oder gestützt auf Daten berücksichtigen (Schritt B), zu plausibleren und präziseren Resultaten führen als eine rein ökonomische Modellierung.

5.4 Szenario I
Entwicklung unter den zu erwartenden politischen Rahmenbedingungen («Agrarpolitik 2011»)

Mit der «Agrarpolitik 2011» (AP 2011), dem agrarpolitischen Rahmenprogramm des Bundes für die nächste Vierjahresperiode, liegen seit Mitte 2005 detaillierte Angaben vor, wie sich die Zahlungen und die daran geknüpften Bedingungen an die Landwirtschaft bis 2011 gemäss Bundesrat weiter entwickeln sollen (Vernehmlassungsunterlagen zur Agrarpolitik 2011 vom 15. September 2005). Zudem wurden im Rahmen der AP 2011 durch zusätzliche Studien Abschätzungen über die Entwicklungen der internationalen und nationalen Märkte und der Preisentwicklungen vorgenommen. Damit bieten die bestehenden Grundlagen einen ausgesprochen detaillierten Rahmen für die Modellierung der Auswirkungen auf Landschaft und Lebensräume der Alpen.

5.4.1 Rahmenbedingungen

Mit der AP 2011 reduzieren sich gemäss dem Vernehmlassungsentwurf des Bundesrates die eingesetzten Bundesmittel für die Landwirtschaft nur geringfügig (BLW 2005), nämlich um 65 Millionen Franken im Jahre 2013 oder knapp 2 % gegenüber den heutigen Ausgaben. Durch die Umlagerung von Marktstützungen, die um 50 % zurückgefahren werden, zu den «Allgemeinen Direktzahlungen» nimmt die Direktzahlungssumme zwischen 2004 und 2011 von 2,5 auf knapp 3 Milliarden Franken zu (Abb. 5-6). Die Änderungen des Direktzahlungssystems im Rahmen der AP 2011, die für Biodiversität und Landschaft relevant sind, betreffen folgende Punkte:

- Einführung eines einheitlichen Beitrages pro «Raufutter verzehrende Grossvieheinheit» (RGVE) von 600 Franken pro Jahr (bisher 900 Fr.).
- Erhöhung der Beiträge für die «Tierhaltung unter erschwerenden Produktionsbedingungen» (TEP) je nach Zone um etwa 10%. Zudem Aufhebung der Begrenzung auf 20 RGVE pro Betrieb und stattdessen Beiträge nur bis zu einer maximalen, zonenabhängigen Anzahl Tiere pro bewirtschaftete Graslandfläche.
- Reduktion des allgemeinen Flächenbeitrags von 1'200 auf 1'100 Franken pro Hektare und Jahr.
- Zusatzbeitrag für die offene Ackerfläche von 600 Franken pro Hektare und Jahr gegenüber derzeit 400 Franken.
- Die ökologischen Direktzahlungen bleiben gleich, mit Ausnahme der Beiträge für wenig intensiv genutzte Wiesen, die von 650 Franken in der Tal- und Hügelzone bzw. 450 Franken in den Bergzonen I und II auf generell 300 Franken pro Hektare reduziert werden.
- Erhöhung der Sömmerungsbeiträge um 10 Millionen auf 100 Millionen Franken pro Jahr.
- Lockerung der Vorschriften für Raumplanung, Bau und Zulassung von Maschinen und Einrichtungen.
- Förderung von Projekten zur nachhaltigen Ressourcennutzung (bis 80% Kostenbeteiligung).
- Einführung eines Qualitätsbonusses für arten- und strukturreiche Weiden und generelle Erhöhung der Öko-Qualitätsbeiträge gemäss Öko-Qualitätsverordnung.

Die Anpassungen der AP 2011 werden insgesamt gegenüber heute zu einer leichten Erhöhung der Agrarstützungen für das Berggebiet führen (Tab. 5-4). Dabei profitieren – bezogen auf die bewirtschaftete Flächeneinheit – vor allem die Hügelzone sowie die Bergzone I, in geringerem Umfang auch die Bergzone II, während die Bergzonen III und IV eine leichte Einbusse hinnehmen müssen. Gleichzeitig findet eine Beitragsverlagerung von der Fläche zur Zahl gehaltener Tiere statt. Während die allgemeinen Flächenbeiträge um 55 Millionen Franken pro Jahr zurückgehen (-8%), steigen die tiergebundenen Beiträge unter Einbezug der reduzierten Marktstützung Milch um insgesamt

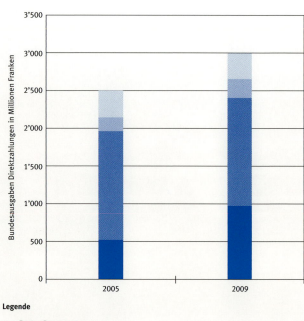

Abbildung 5-6

Vom Bundesrat vorgeschlagene Veränderungen der Direktzahlungen aufgrund der AP 2011

Legende
- Übrige Öko-Beiträge
- Beiträge ökologischer Ausgleich
- Übrige «Allgemeine Direktzahlungen»
- RGVE- und TEP-Beiträge

Quelle: Mack und Flury (2006), verändert.

79 Millionen Franken pro Jahr. Als Gegensteuerung gelten weiterhin die auf die Zonen abgestimmten Grenzen für maximal beitragsberechtigte Tiere pro Flächeneinheit. Durch die Umlagerungen steigen die «Allgemeinen Direktzahlungen» für die Tierhaltung von derzeit rund 570 Millionen Franken auf fast eine Milliarde Franken (BLW 2005). Damit erhöhen sie sich insgesamt um rund 20% auf rund 2,4 Milliarden Franken (Mack und Flury 2006). Die im Berggebiet bereits im jetzigen System sehr hohe Verknüpfung der «Allgemeinen Direktzahlungen» mit der Zahl gehaltener Tiere (vgl. Kap. 5.3.2) nimmt mit der AP 2011 also nochmals stark zu.

Tabelle 5-4

Veränderungen der finanziellen Beiträge im Hügel- und Berggebiet mit der Agrarpolitik 2011 gegenüber der heutigen Situation

In Millionen Franken; die Unterschiede in den jährlichen gesamtschweizerischen Aufwendungen wurden aufgrund der Strukturdaten 2003 berechnet; berücksichtigt sind nur die Änderungen bei der Milchmarktstützung und den «Allgemeinen Direktzahlungen».

Zone	Anpassung Marktstützung Milch	Anpassung Flächenbeitrag	Anpassung RGVE-Beiträge	Anpassung TEP-Beiträge	Gesamtbilanz
Hügelzone	-41	-14	+53	+12	+10
Bergzone I	-35	-12	+43	+12	+8
Bergzone II	-31	-15	+31	+22	+7
Bergzone III	-8	-9	0	+17	0
Bergzone IV	-3	-5	0	+7	-1
Total	-118	-55	+127	+70	+24

Quelle: BLW (2005).

Ebenfalls bedeutsam für die Beurteilung der Auswirkungen auf die Landwirtschaft ist der erwartete Rückgang der Produzentenpreise im Rahmen der Marktöffnungen (alle Angaben aus BLW 2005). Für die gesamte Schweiz wird von einer Abnahme des Erzeugungswertes von 9,2 Milliarden Franken im Jahre 2001 auf 7,7 Milliarden Franken im Jahr 2009 und auf 7,1 Milliarden Franken im Jahr 2013 ausgegangen. Ein Teil dieses Verlustes wird aufgefangen durch den Rückgang der Fremdkosten, beispielsweise für Kraftfutter, Dünger und Maschinen. Insgesamt wird das Nettoeinkommen der Landwirtschaft um weitere 450 Millionen Franken auf rund 2 Milliarden Franken im Jahr 2013 sinken. Da bereits jetzt die Berglandwirtschaft einen wesentlich höheren Anteil der Einnahmen aus den Direktzahlungen bezieht als die Landwirtschaftsbetriebe in der Talzone, ist der Einkommensrückgang im Berggebiet geringer als im Talgebiet.

5.4.2 Auswirkungen auf Produktion, Tierbesatz und Einkommen

Berechnungen von Mack und Flury (2006) haben ergeben, dass die Einführung des einheitlichen Beitrags für «Raufutterverzehrende Grossvieheinheiten» (der neu auch die Milchkühe umfasst), die Erhöhung der Beiträge für die «Tierhaltung unter erschwerenden Produktionsbedingungen» TEP sowie die Aufhebung der Milchkontingentierung die Wettbewerbsfähigkeit der Schweizer Milchproduktion verbessern – trotz eines prognostizierten Rückgangs des Milchpreises von 31% auf 50 Rappen pro Kilogramm (EU: 42 Rappen). Nach der Aufhebung der Milchkontingentierung im Jahr 2009 steigt die Milchmenge um 4%. Entsprechend nimmt in der Bergregion auch die Zahl der Milchkühe zu. Sie liegt aber infolge des Rückgangs bis 2008 im Jahre 2011 um 3% unter dem Bestand von 2002/04; der Mutterkuhbestand liegt dagegen trotz der Reduktion des Beitrags für «Raufutter verzehrende Grossvieheinheiten» (RGVE) für Mutterkühe und eines Rückgangs der Fleischpreise um ungefähr denselben Prozentsatz darüber. Unter Berücksichtigung der erwarteten Leistungssteigerung pro Tier bleibt die Gesamtproduktion der Raufutterverzehrer in der Bergregion von 2002 bis 2011 konstant.

Prognosen zeigen einen Rückgang des landwirtschaftlichen Einkommens um 556 Millionen Franken bzw. 19 % (Mack und Flury 2006). Der Rückgang in der Tal- und in der Hügelregion ist mit 22 bzw. 20 % deutlich stärker als in der Bergregion mit 7 %, da dort der geringe Erzeugungsrückgang durch die zusätzlichen Direktzahlungen am ehesten ausgeglichen werden kann. Mit der Einkommensabnahme bleiben ausserlandwirtschaftliche Erwerbsmöglichkeiten gegenüber der landwirtschaftlichen Tätigkeit attraktiv. Dadurch wird die Nebenerwerbslandwirtschaft zunehmen. Gut geführte Milchviehbetriebe werden ihr Einkommen dagegen halten oder ausbauen können.

5.4.3 Auswirkungen auf Landschaft und Lebensräume

Die Ausdehnung der Öko-Flächen ist insgesamt seit 2004 erstmals rückläufig, die der wenig intensiv genutzten Wiesen im Berggebiet bereits seit 1999 (Lauber 2006, SULAPS). Modellrechnungen hatten allerdings etwas anderes prognostiziert: Zwischen 2004 und 2005 wurde mit einem markanten Anstieg der Öko-Flächen von 15 bis 40 % sowohl in der Tal-, der Hügel und der Bergzone gerechnet (Mack und Flury 2006). Der starke Anstieg der Öko-Flächen sollte gemäss den Berechnungen bis 2007 anhalten, dann mit dem Wirksamwerden der AP 2011 in der Hügelregion wieder in eine Abnahme übergehen und sich in der Bergregion stark abschwächen. Offenbar wurde die Entwicklung der ökologischen Ausgleichsflächen stark überschätzt. Das Modell bildet lediglich die ökonomisch optimale Flächennutzung ab, ohne die zahlreichen anderen Entscheidungsfaktoren von Betriebsleitern mitzuberücksichtigen. Werden die Modellresultate unter Berücksichtigung des realen Verhaltens der Landwirtschaft interpretiert, ist bis zum Wirksamwerden der AP 2011 – also unter den derzeitigen Rahmenbedingungen – von einem weiteren Rückgang der Öko-Flächen und einer weiteren Intensivierung der übrigen landwirtschaftlichen Nutzfläche auf Kosten artenreicher Fromental- und Goldhaferwiesen auszugehen (vgl. z.B. Gaudenz 2004, TRANSFORMATION).

Mit dem Wirksamwerden der AP 2011 nimmt die Attraktivität der Ökoflächen gegenüber dem jetzigen Programm ab (Mack und Flury 2006). Der gegenwärtig beobachtete Rückgang dürfte sich deshalb beschleunigen. Eine Ausnahme bilden die extensiv genutzten Weiden, die aufgrund der geplanten Änderung der Öko-Qualitätsverordnung Beiträge erhalten werden, sofern sie eine entsprechende Qualität aufweisen (vgl. Kasten Kap. 5.2.1).

Der Druck auf eine Ausdehnung intensiv genutzter Flächen kann sich auch auf das Meliorationswesen auswirken: Erschliessungsprojekte und grossflächige Bewässerungsanlagen werden attraktiver, weil sie eine Intensivierung wesentlich erleichtern oder sogar erst ermöglichen. Davon ist nicht nur die Artenvielfalt negativ betroffen, sondern auch die Landschaftsqualität. Der Verlust der kulturhistorisch interessanten Wässerungssysteme (Wale) im Val Müstair als Folge der seit 1970 laufend ausgebauten Rohrleitungs-Bewässerungssysteme zeigt dies eindrucksvoll (Bundi 2000).

Wie bei allen hier vorgestellten Szenarien kann die Entwicklung durch kantonale Instrumente mitgestaltet und mitgesteuert werden. So können kantonale Auflagen (z.B. die Verknüpfung von Meliorationsprojekten mit Vernetzungsprojekten) die negativen Auswirkungen auf Natur und Landschaft mildern. Die kantonal geregelten und deshalb sehr unterschiedlichen Beiträge im Rahmen des Natur- und Heimatschutzgesetzes können zudem mit bis zu 3'000 Franken pro Hektare in Kombination mit den Beiträgen aus der Öko-Qualitätsverordnung einen relativ hohen Bewirtschaftungsanreiz bieten. Dies gilt vor allem für artenreiche Wiesen und Weiden mit Schutzstatus sowie für die ökologisch wertvollen Biotope des Inventars der Trockenwiesen und -weiden sowie des Flachmoor-Inventars.

In die entgegengesetzte Richtung, nämlich zu einer Forcierung der Intensivierung, könnte die Klimaveränderung

5 SZENARIEN – DIE ALPINE KULTURLANDSCHAFT IM JAHR 2017

Tabelle 5-5a
Bilanz des Szenarios I («Agrarpolitik 2011»)
a) Landschaften, Lebensräume und Artenvielfalt

Auswirkungen der wesentlichen Einflussfaktoren der Landnutzung gemäss Kap. 5.3 auf die Landschaftsqualität (blaue Pfeile), die Artenvielfalt (schwarze Pfeile) und die Ausdehnung artenreicher Flächen (quantitative Angaben; Definition «artenreiche Fläche» siehe Kapitel 5.3). Pfeile nach unten bzw. ein negatives Vorzeichen bedeuten eine Abnahme der Landschaftsqualität bzw. der artenreichen Flächen, Pfeile nach oben bzw. ein positives Vorzeichen bedeuten eine Zunahme. Die Anzahl der Pfeile (1–4) gibt die Stärke der Tendenz an. Um die Veränderungen einordnen zu können, wurde zusätzlich der bisherige Trend angegeben. Die Angaben beruhen auf dem in Kapitel 5.3 beschriebenen Prognoseverfahren. Der Einflussfaktor «Diversität der Graslandnutzung in der Landschaft» wirkt sich nur qualitativ aus und hat keine Auswirkungen auf die Ausdehnung artenreicher Flächen.

Lesebeispiel erster Einflussfaktor: Infolge Verbrachung und Einwaldung gehen sowohl beim bisherigen Trend als auch in Zukunft unter den Rahmenbedingungen des Szenarios I die Landschaftsqualität und die Artenvielfalt mässig stark zurück. Bis ins Jahr 2017 verschwinden infolge des Einflussfaktors «Verbrachung und Einwaldung» 4 % aller zurzeit vorhandenen artenreichen Flächen.

Einflussfaktor	Auswirkung auf Landschaftsqualität (blaue Pfeile) und Artenvielfalt (schwarze Pfeile)		Bewirkte Veränderung artenreicher Flächen bis 2017 (%)
	Bisheriger Trend (2002–2004)	Zukünftiger Trend bis 2017	
Verbrachung und Einwaldung von Grasland infolge Nutzungsaufgabe	↘ ↘ ↘	↘ ↘	-4
Intensivere Nutzung von extensiv genutzten Wiesen	→ →	↘ ↘	-2
Intensivere Nutzung der wenig intensiv genutzten Fromental- und Goldhaferwiesen	↘ ↘	↘ ↘ ↘	-10
Erhaltung und Pflege von strukturreichen Flächen im Offenland	↘ ↘ ↘	↘ ↘ ↘	-3
Verlust artenreicher Mähwiesen durch Beweidung	→ ↘	→ ↘	-4
Diversität der Graslandnutzung	→ →	→ →	–
Gesamtbilanz	↘ ↘ ↘ ↘	↘ ↘ ↘ ↘	**-23**

Tabelle 5-5 b
Bilanz des Szenarios I («Agrarpolitik 2011»)
b) Besondere landschaftliche und agrarpolitische Auswirkungen

Pfeile nach unten bedeuten eine negative Wirkung auf das Landschaftsmerkmal bzw. das agrarpolitische Ziel, Pfeile nach oben bedeuten eine positive Wirkung. Die Anzahl der Pfeile gibt die Stärke der Tendenz an.

Einflussfaktor	Auswirkung	
	Bisheriger Trend (2002–2004)	Zukünftiger Trend bis 2017
Wildnis als landschaftliche Besonderheit	→	→
Begehbarkeit der Landschaft	→	→
Durch Strassen nicht erschlossene Landschaftsräume (im Zusammenhang mit landwirtschaftlichen Meliorationen)	↘	↘
Landwirtschaftliches Einkommen	↘ ↘	↘
Dezentrale Besiedlung	↘	↘

führen: In Gebieten mit unterdurchschnittlichen Niederschlägen im Sommer (v.a. Zentral- und Südalpen) könnte der zunehmende Bedarf an hochwertigem Heu durch die zunehmende Trockenheit im Sommer nicht mehr gedeckt werden. In den letzten Jahren war es bereits mehrmals hintereinander zu massiven Futterausfällen im Schweizer Alpenraum gekommen. Aus öffentlichen Geldern subventionierte, grossflächige Bewässerungssysteme sind deshalb zunehmend ein Thema, beispielsweise im Unterengadin. Im Zuge der Bewässerung könnten die Wiesen grossflächig über das gegenwärtige Niveau hinaus intensiviert werden – mit entsprechend negativen Auswirkungen auf die Artenvielfalt.

5.4.4 Gesamtbilanz

Die AP 2011 wird den negativen Trend des Artenrückgangs im Berggebiet nicht stoppen (Tab. 5-5a). Im Hinblick auf die Landschaftsqualität sind die Veränderungen nicht sehr auffällig (Tab. 5-5a+b). Am augenfälligsten ist der weitere Rückgang der blumenreichen Fromental- und Goldhaferwiesen und der Strukturvielfalt. Letztere wird aufgrund der zunehmenden Mechanisierung und der abnehmenden Verfügbarkeit von Arbeitskräften im bisherigen Umfang abnehmen. Möglicherweise könnten sich auch die zu erwartenden zusätzlichen Meliorationen auf das Landschaftsbild negativ auswirken.

5.5 Szenario II
Verzicht auf politische Steuerung

Eine partielle Aufhebung der Leistungs-, Stützungs- und Ausgleichsgelder für wirtschaftlich schwache Regionen und ein damit einhergehender Verzicht auf eine flächendeckende Besiedelung und Nutzung ist in den vergangenen Jahrzehnten in der Schweiz immer wieder thematisiert worden, so auch von einzelnen NFP 48-Projekten. Den letzten Anstoss zu einer breiteren Diskussion gab die Studie der Architekten Meili-Herzog-Demeuron, in der eine grossflächige Aufgabe der landwirtschaftlichen Nutzung als Planungsperspektive formuliert und räumlich bezeichnet wurde.

5.5.1 Rahmenbedingungen

Das Szenario II «Steuerungsverzicht» geht von einem weit gehenden Wegfall der Leistungs-, Stützungs- und Ausgleichsgelder aus. Dazu gehören Gelder für landwirtschaftliche Direktzahlungen, für den Finanzausgleich zwischen den Kantonen sowie Gelder für den Unterhalt oder die Erweiterung der Verkehrsinfrastruktur und für den öffentlichen Verkehr. Von diesem Abbau betroffen wären primär wirtschaftlich schwache Regionen und ein Grossteil der Landwirtschaft. Mit der zu erwartenden Abwanderung würde das in der Verfassung sowie politisch und gesellschaftlich breit verankerte Ziel der dezentralen Besiedlung und die Aufrechterhaltung der flächendeckenden Nutzung fallen gelassen. Dieses Szenario birgt also einigen

Zündstoff und wurde deshalb auf politischer Ebene nie als grossflächige Entwicklungsperspektive konkreter diskutiert. Kleinräumig ist der Rückzug des Menschen aus Teilregionen der Schweizer Alpen allerdings bereits Realität (Kap. 2). Landwirte geben auf, Land fällt brach, Schulen und Poststellen schliessen, Kleingewerbe wandert ab und der öffentliche Verkehr reduziert sein Angebot. In der NFP 48-Synthese «Den Wert der Alpenlandschaften nutzen» wird deshalb darauf hingewiesen, dass es an der Zeit ist, Tabuthemen wie selektive Abwanderung oder Entleerung von Regionen zu durchbrechen und in einer offenen Diskussion die Chancen und Gefahren dieser Prozesse zu besprechen (Simmen et al. 2006). Der Umstand, dass ein Strukturwandel in der Regel mit sehr vielen Emotionen verbunden ist, bedeutet gemäss den Autoren nicht, dass diese Thematik tabuisiert werden soll, sondern dass die Diskussionen unter Einbezug der Betroffenen geführt werden müssen.

Für die vorliegende Synthese ist die Perspektive einer Aufgabe der Landnutzung ein grundlegendes Vergleichsszenario. Es ist unentbehrlich für die Diskussion, inwieweit die menschliche und besonders die landwirtschaftliche Nutzung zum Wert von Landschaften und Lebensräumen beitragen. Allerdings sind auch bei einer derart drastischen Wahl der Rahmenbedingungen zehn Jahre zu kurz, um Entsiedelung und Landnutzungsaufgabe in grossem Umfang in Gang zu setzen – geschweige denn Landschaften und Lebensräume wesentlich zu beeinflussen. Für eine Beurteilung dieses Szenarios haben wir deshalb den Zeithorizont bis ins Jahr 2050 erweitert.

5.5.2 Auswirkungen auf die Entwicklung der Flächennutzung

Ein Wegfall der Leistungs-, Stützungs- und Ausgleichszahlungen führt zu einer deutlich verstärkten Nutzungspolarisierung. Allerdings sind die Auswirkungen nicht in allen Regionen gleich: Benachteiligte Regionen geraten in eine Abwärtsspirale der Entwicklung, während verkehrsmässig und touristisch günstiger gelegene Regionen auch ohne staatliche Stützungsgelder an der wirtschaftlichen Entwicklung teilhaben können. Entsprechend unterscheiden wir zwei Teilszenarien: Benachteiligte Regionen und Gunstregionen.

Auswirkungen in benachteiligten Regionen

Mathematische Modellierungen mit vergleichbaren Annahmen fehlen für dieses Szenario. Auf Stufe B des Szenarios (Auswirkungen) wird deshalb ein Blick auf das bereits Realität gewordene Szenario in den Süd- und Südwestalpen Italiens und Frankreichs geworfen. Darauf aufbauend wird abgeschätzt, welche Folgen eine entsprechende Entwicklung für den Schweizer Alpenraum im Hinblick auf Landschaften und Lebensräume hätte.

Genaue Untersuchungen stammen von Höchtl et al. (2005) aus zwei abgelegenen Tälern in der Region um Domodossola (Provinz Verbano, Italien), wenige Kilometer südöstlich der Schweizer Grenze. Dort erhält die Bevölkerung keine zusätzlichen Finanzhilfen zur Aufrechterhaltung der Bewirtschaftung und erzielt auch keine grösseren Erlöse aus der Vermarktung von Produkten. Vor dem zweiten Weltkrieg wurde die Region jahrhundertelang intensiv landwirtschaftlich genutzt. Zwischen 1950 und 1970 fand infolge des Mangels an Arbeitsplätzen vor Ort, der unzureichenden Infrastruktur, der schlechten Verkehrsanbindung und der fehlenden Einkommensmöglichkeiten aus der Landwirtschaft ein weit gehender Rückzug der Landnutzung statt. Diese Kombination an Bedingungen führte auch in andern Alpentälern Italiens und Frankreichs zum «Exodus aus den Bergen» (Revelli 1977).

In der untersuchten Region wurde die Holznutzung ganz eingestellt, und die Landbewirtschaftung ging auf wenige Prozent des ursprünglichen Flächenumfangs zurück. Im Gebiet Premosello werden nur noch wenige siedlungsnahe Flächen und einige Maiensässe landwirtschaftlich genutzt. Die endgültige Entsiedlung durch die ursprüngliche Bevölkerung ist heute absehbar. Dafür stieg das Interesse bei neuen Bevölkerungsgruppen, die das obere Stronatal als Feriengebiet nutzen. Trotz fehlender touristischer Infrastruktur entstand in beschänktem Umfang ein Tagestourismus. Während auf den Talböden Verstädterungsphänomene beobachtet werden, hat sich das übrige Gebiet entvölkert und ist bereits in grossem Umfang eingewaldet. Im oberen Stronatal hat sich die Waldfläche beispielsweise um 74 % erhöht; die früher vor allem durch Weiden und Wiesen geprägte Landschaft ist mittlerweile fast zur Hälfte bewaldet. Im Val-Grande-Gebiet ist der Rückzug bereits so weit fortgeschritten, dass die Wege unpassierbar geworden sind und grössere Gebiete nur noch Abenteurern mit Klettererfahrung zugänglich sind.

Auswirkungen in Gunstregionen
Ausserhalb der benachteiligten Regionen werden das Infrastrukturangebot und die sozioökonomischen Lebensbedingungen von den Kürzungen der öffentlichen Stützungsbeiträge weniger stark beeinflusst, da eigene Mittel für die Aufrechterhaltung des üblichen Standards vorhanden sind. Insofern wirkt sich in den Entwicklungsregionen lediglich der Wegfall der Direktzahlungen auf die Landnutzung aus. Die mögliche Landschaftsentwicklung unter diesen Rahmenbedingungen hat das NFP 48-Projekt ALPSCAPE für den Raum Davos mit einem numerischen Modell durchgerechnet (Abb. 5-7). Es wurden zwei Teilszenarien gebildet: Das eine geht von einem guten Absatz der Milch- und Fleischprodukte aus; entsprechend ist der Produzentenpreis gegenüber dem EU-Raum höher. Gleichzeitig geht gemäss Modellannahme die landwirtschaftlich genutzte Fläche um 75 % zurück. Das andere Teilszenario rechnet mit einer fehlenden Bereitschaft der Konsumenten, mehr als EU-Preise für die lokalen Produkte zu bezahlen, sei es wegen schlechter Vermarktung oder wegen der Konsumenten selbst, und mit einem Rückgang der landwirtschaftlichen Flächennutzung von 96 %.

Bis 2050 wächst gemäss dem verwendeten räumlichen Simulationsmodell ein Grossteil der aufgegebenen Flächen mit Wald ein. Am schnellsten wachsen in beiden Teilszenarien die aufgegebenen Gunstlagen ein. Falls zusätzlich zur Nutzungsaufgabe von einer Klimaerwärmung ausgegangen wird, beschleunigt sich die Wiederbewaldung entsprechend der Temperaturzunahme. Weiterhin landwirtschaftlich genutzt werden im Jahr 2050 in beiden Teilszenarien ausschliesslich siedlungsnahe oder gut erschlossene Parzellen (Abb. 5-7). Bei beiden Teilszenarien nimmt zudem die Siedlungsfläche um ca. 25 % zu.

Abgesehen von der Siedlungsentwicklung sowie der Verkehrs- und Tourismus-Infrastruktur würde sich gemäss den im Projekt ALPSCAPE gemachten Annahmen die Landschaft ähnlich wandeln wie in benachteiligten Regionen – nämlich von einer kulturgeprägten zu einer waldgeprägten Landschaft. Allerdings zeigen Beispiele aus touristisch gut entwickelten Alpenregionen Frankreichs und Italiens – also unter Rahmenbedingungen, die mit den hier getroffenen Annahmen weit gehend identisch sind – ein etwas anderes Bild. Zumindest die Gunstlagen werden weiterhin intensiv landwirtschaftlich genutzt, und die Landwirtschaft spielt eine bedeutend wichtigere Rolle als im Projekt ALPSCAPE angenommen wurde. Statt weiterhin «Massenprodukte» wie Milch, Fleisch oder Eier zu produzieren, haben sich beispielsweise in Südtirol viele Landwirte auf Intensivkulturen spezialisiert (vor allem Tafelobst) oder erfolgreich agrotouristische Angebote entwickelt.

Es darf deshalb angenommen werden, dass in den Gunstregionen vor allem die gut zu bewirtschaftenden Lagen weiterhin landwirtschaftlich genutzt werden. Da die Hauptbetriebe infolge vermehrter Betriebsaufgaben auf gutem, voll mechanisch nutzbarem Landwirtschaftsland wachsen können, ist es ihnen möglich, die wegfallenden Subventionen über eine Ausdehnung der Produktion zu kompensieren. Für einzelne Betriebe sind in Gunstlagen auch Intensivkulturen eine Perspektive. Daraus resultiert allerdings eine generelle Intensivierung der weiterhin genutzten Flächen. Weil mit den Direktzahlungen auch die Beiträge und Auflagen für ökologische Ausgleichsflächen wegfallen, bewirtschaften diese Betriebe mit Ausnahme abgelegener Weiden nur wenige extensiv genutzte und artenreiche Flächen.

Auch Nebenerwerbsbetriebe sind im Jahr 2050 nicht völlig verschwunden. Sie können über Nischen wie den Agro-

Abbildung 5-7

Landschaftsentwicklung ohne Direktzahlungen

Prognostizierte Flächennutzung und Vegetation im Raum Davos 50 Jahre nach einer Aufgabe der landwirtschaftlichen Nutzung.

Heutige Flächennutzung

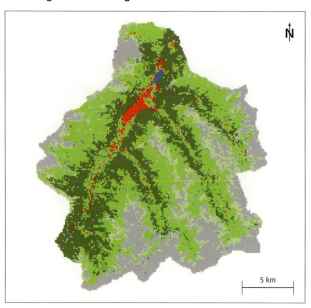

A Aufgabe der landwirtschaftlichen Nutzung um 75 %

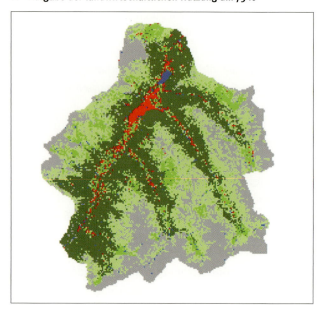

B Aufgabe der landwirtschaftlichen Nutzung um 96 %

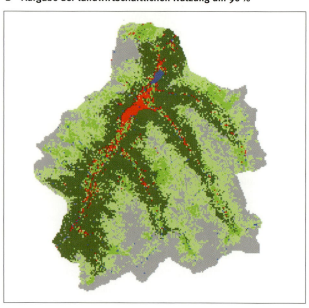

Legende

- Wald
- Landwirtschaft (intensiv und extensiv)
- Unproduktive Gras- und Krautvegetation
- Fels, Schutt und Gletscher
- Siedlungsfläche
- Gewässer

Quelle: Bebi et al. (2005), ALPSCAPE.

tourismus oder über besonders arbeitsextensive Betriebszweige (z.B. Weidehaltung) weiterhin ein Einkommen aus der Landwirtschaft generieren. Aufgrund relativ guter Verdienstmöglichkeiten ausserhalb der Landwirtschaft sowie in den erwähnten Nischen können oder wollen es sich diese Betriebe weiterhin leisten, auch ungünstigeres Land zu nutzen. Dabei steht weniger die Produktion als vielmehr die Freude an der Landwirtschaft im Vordergrund. Entsprechend ist der Anteil an artenreichen Flächen bei Nebenerwerbsbetrieben höher als bei den Haupterwerbsbetrieben. Insgesamt schätzen wir, dass in den Gunstregionen lediglich rund ein Drittel der landwirtschaftlich genutzten Fläche unterhalb der Waldgrenze aufgegeben wird und ca. 30 % der Mähwiesen in Dauerweiden umgenutzt werden.

5.5.3 Auswirkungen auf Landschaften und Lebensräume

Auswirkungen in benachteiligten Regionen
Die Ergebnisse aus verschiedenen NFP 48-Projekten haben gezeigt, dass die Nutzungsaufgabe negative Auswirkungen auf die Vielfalt von Arten und Lebensräumen hat (Kap. 3). Frühe Brachestadien können zwar kurzzeitig artenreicher sein als regelmässig bewirtschaftete; mit zunehmender Gehölzentwicklung oder längerer Streueakkumulation nimmt die Artenvielfalt aber wieder ab und sinkt in ehemals artenreicheren Wiesen weit unter das ursprüngliche Niveau.

Bei einer Nutzungsaufgabe in der hier erwarteten Grössenordnung ist mit einem drastischen Rückgang von seltenen und gefährdeten Pflanzen- und Tierarten der montanen und subalpinen Stufe zu rechnen. Ein nicht unwesentlicher Teil dürfte regional ganz verschwinden. Dem Verlust stehen nur geringe Gewinne gegenüber: Durch die Waldzunahme profitieren vor allem typische Waldarten, die grossflächig ungestörte Gebiete benötigen.

Die Bilanz im Hinblick auf die Landschaftsqualität ist weniger eindeutig. Sofern der «Wildnis» als seltenes landschaftliches Gut ein hohes Gewicht beigemessen wird, kann dieser Faktor andere, als negativ empfundene Entwicklungen wie den Verlust an bäuerlicher Kultur, Strukturvielfalt, Abwechslung, Zugänglichkeit und Geschichtlichkeit teilweise aufwiegen. Diese Art von Landschaft zieht aber gemäss den Umfragen von Höchtl et al. (2005) nur eine relativ kleine Gruppe von Menschen an, die verschiedene, vom durchschnittlichen Landschaftsnutzer negativ bewertete Landschaftsentwicklungen als positiv empfindet. Sobald allerdings diese Form von «Wildnis», wie in diesem Szenario prognostiziert, grössere Teile der Alpen umfasst, dürfte sie nicht mehr als seltenes Gut empfunden werden und damit dem Bedürfnis der breiten Bevölkerung zuwider laufen (vgl. Kap. 4).

Auswirkungen in Gunstregionen
Obwohl der Anteil brach liegender Flächen in den Gunstregionen viel geringer ist, ist die Bilanz für die Vielfalt an Arten und Lebensräumen nur wenig besser als in den benachteiligten Regionen. Der Artenrückgang wird nämlich nicht nur durch die Nutzungsaufgabe verursacht, sondern auch durch die Nutzungsintensivierung in den Gunstlagen. Dennoch existieren auch im Jahr 2050 noch rund 5 % artenreiche Flächen. Damit werden etwas mehr gefährdete oder seltene Arten der Kulturlandschaft erhalten als in den benachteiligten Regionen, in denen die landwirtschaftliche Nutzung weit gehend verschwunden ist.

Anders als in den benachteiligten Regionen ist die Landschaftsqualität in den Gunstregionen höher. Ein Teil der Geschichtlichkeit und der Agrarkultur sowie die Zugänglichkeit der Landschaft bleiben in vielen Fällen erhalten. Allerdings wirken sich das Siedlungswachstum und die zunehmende touristische Erschliessung negativ auf die Landschaftsqualität aus.

Tabelle 5-6-1a
Bilanz des Szenarios II («Steuerungsverzicht» für benachteiligte Regionen)
a) Landschaften, Lebensräume und Artenvielfalt

Auswirkungen der wesentlichen Einflussfaktoren der Landnutzung gemäss Kap. 5.3 auf die Landschaftsqualität (blaue Pfeile), die Artenvielfalt (schwarze Pfeile) und die Ausdehnung artenreicher Flächen (quantitative Angaben; Definition «artenreiche Fläche» siehe Kapitel 5.3). Pfeile nach unten bzw. ein negatives Vorzeichen bedeuten eine Abnahme der Landschaftsqualität bzw. der artenreichen Flächen, Pfeile nach oben bzw. ein positives Vorzeichen bedeuten eine Zunahme. Die Anzahl der Pfeile (1–4) gibt die Stärke der Tendenz an. Um die Veränderungen einordnen zu können, wurde zusätzlich der bisherige Trend angegeben. Die Angaben beruhen auf dem in Kapitel 5.3 beschriebenen Prognoseverfahren. Der Einflussfaktor «Diversität der Graslandnutzung in der Landschaft» wirkt sich nur qualitativ aus und hat keine Auswirkungen auf die Ausdehnung artenreicher Flächen.

Einflussfaktor	Auswirkung auf Landschaftsqualität (blaue Pfeile) und Artenvielfalt (schwarze Pfeile)		Bewirkte Veränderung artenreicher Flächen bis 2050 (%)
	Bisheriger Trend (2002–2004)	Zukünftiger Trend bis 2050	
Verbrachung und Einwaldung von Grasland infolge Nutzungsaufgabe	↘ ↘ ↘	↘ ↘ ↘ ↘ ↘ ↘ ↘ ↘	−70
Intensivere Nutzung von extensiv genutzten Wiesen	→ →	→ →	0
Intensivere Nutzung der wenig intensiv genutzten Fromental- und Goldhaferwiesen	↘ ↘	→ →	0
Erhaltung und Pflege von strukturreichen Flächen im Offenland	↘ ↘ ↘	↘ ↘ ↘ ↘ ↘ ↘	−10
Verlust artenreicher Mähwiesen durch Beweidung	→ ↘	↘ → →	−5
Diversität der Graslandnutzung	→ →	↘ ↘ ↘	–
Gesamtbilanz	↘ ↘ ↘ ↘	↘ ↘ ↘ ↘ ↘ ↘ ↘ ↘	−85

Tabelle 5-6-1b

Bilanz des Szenarios II

b) **Besondere landschaftliche und agrarpolitische Auswirkungen**

Pfeile nach unten bedeuten eine negative Wirkung auf das Landschaftsmerkmal bzw. das agrarpolitische Ziel, Pfeile nach oben bedeuten eine positive Wirkung. Die Anzahl der Pfeile gibt die Stärke der Tendenz an.

Einflussfaktor	Auswirkung	
	Bisheriger Trend (2002–2004)	Zukünftiger Trend bis 2050
Wildnis als landschaftliche Besonderheit	→	↗ ↗ ↗
Begehbarkeit der Landschaft	→	↘ ↘
Durch Strassen nicht erschlossene Landschaftsräume (im Zusammenhang mit landwirtschaftlichen Meliorationen)	↘	↗
Landwirtschaftliches Einkommen	↘ ↘	↘ ↘ ↘ ↘
Dezentrale Besiedlung	↘	↘ ↘ ↘ ↘

Tabelle 5-6-2a
Bilanz des Szenarios II («Steuerungsverzicht» für Gunstregionen)
a) Landschaften, Lebensräume und Artenvielfalt

Auswirkungen der wesentlichen Einflussfaktoren der Landnutzung gemäss Kap. 5.3 auf die Landschaftsqualität (blaue Pfeile), die Artenvielfalt (schwarze Pfeile) und die Ausdehnung artenreicher Flächen (quantitative Angaben; Definition «artenreiche Fläche» siehe Kapitel 5.3). Pfeile nach unten bzw. ein negatives Vorzeichen bedeuten eine Abnahme der Landschaftsqualität bzw. der artenreichen Flächen, Pfeile nach oben bzw. ein positives Vorzeichen bedeuten eine Zunahme. Die Anzahl der Pfeile (1–4) gibt die Stärke der Tendenz an. Um die Veränderungen einordnen zu können, wurde zusätzlich der bisherige Trend angegeben. Die Angaben beruhen auf dem in Kapitel 5.3 beschriebenen Prognoseverfahren. Der Einflussfaktor «Diversität der Graslandnutzung in der Landschaft» wirkt sich nur qualitativ aus und hat keine Auswirkungen auf die Ausdehnung artenreicher Flächen.

Einflussfaktor	Auswirkung auf Landschaftsqualität (blaue Pfeile) und Artenvielfalt (schwarze Pfeile)		Bewirkte Veränderung artenreicher Flächen bis 2050
	Bisheriger Trend (2002–2004)	Zukünftiger Trend bis 2050	(%)
Verbrachung und Einwaldung von Grasland infolge Nutzungsaufgabe	↘ ↘ ↘	→ ↘ ↘ ↘	-55
Intensivere Nutzung von extensiv genutzten Wiesen	→ →	↘ ↘	-10
Intensivere Nutzung der wenig intensiv genutzten Fromental- und Goldhaferwiesen	↘ ↘	↘ ↘ ↘ ↘ ↘	-10
Erhaltung und Pflege von strukturreichen Flächen im Offenland	↘ ↘ ↘	↘ ↘ ↘ ↘ ↘ ↘	-5
Verlust artenreicher Mähwiesen durch Beweidung	→ ↘	→ ↘ ↘	-5
Diversität der Graslandnutzung	→ →	↘ ↘ ↘	–
Gesamtbilanz	↘ ↘ ↘ ↘	↘ ↘ ↘ ↘ ↘ ↘ ↘ ↘	-85

Tabelle 5-6-2b

Bilanz des Szenarios II

b) Besondere landschaftliche und agrarpolitische Auswirkungen

Pfeile nach unten bedeuten eine negative Wirkung auf das Landschaftsmerkmal bzw. das agrarpolitische Ziel, Pfeile nach oben bedeuten eine positive Wirkung. Die Anzahl der Pfeile gibt die Stärke der Tendenz an.

Einflussfaktor	Auswirkung	
	Bisheriger Trend (2002–2004)	Zukünftiger Trend bis 2050
Wildnis als landschaftliche Besonderheit	→	→
Begehbarkeit der Landschaft	→	→
Durch Strassen nicht erschlossene Landschaftsräume (im Zusammenhang mit landwirtschaftlichen Meliorationen)	↘	↗
Landwirtschaftliches Einkommen	↘ ↘	↗ ↗
Dezentrale Besiedlung	↘	↗

5.5.4 Gesamtbilanz

Die Entwicklung der Landschaftsqualität verläuft in den beiden Regionen unterschiedlich: Eine «wilde», menschenleere, zunehmend unzugängliche Landschaft in den benachteiligten Regionen steht einer verkehrsmässig und touristisch gut erschlossenen, dichter bevölkerten, aber gegenüber dem Jetzt-Zustand zugleich deutlich waldreicheren und strukturärmeren Landschaft gegenüber. Bei einer Aufgabe oder einem starken Rückgang der landwirtschaftlichen Nutzung entsteht allerdings nicht überall und innerhalb weniger Jahrzehnte ein mehr oder weniger geschlossener Jung- und Gebüschwald. Die landschaftlich und ökologisch wichtige Grenzlinie zwischen Wald und Offenland nimmt nach einer grossflächigen Nutzungsaufgabe zunächst sogar zu, und je nach Standort, Vornutzung und Äsungsdruck können brachliegende Mähwiesen oder Weiden über viele Jahre oder Jahrzehnte offen bleiben. Zu bedenken ist auch, dass die alpinen Zonen (also oberhalb der Baumgrenze) vom Rückzug der Landwirtschaft kaum tangiert werden und nach wie vor günstige Bedingungen für eine hohe Artenvielfalt bieten. Unterhalb der Baumgrenze sind die Auswirkungen auf Arten und Lebensräume bei beiden Szenarien aber drastisch: Ein grosser Teil der besonders artenreichen, extensiv genutzten Wiesen und Weiden wird verschwinden, und die meisten Arten werden infolge Verbrachungsprozessen verloren gehen (Tab. 5-6). Damit wird eine grosse Zahl an bereits jetzt oft alpenweit gefährdeten Tier- und Pflanzenarten in den betroffenen Regionen aussterben.

5.6 Szenario III
Minimierung der Leistungsanforderungen und der Administration («Pauschalzahlungen»)

Bei der Kritik an der gegenwärtigen Agrarpolitik lassen sich zwei diametral entgegengesetzte Positionen erkennen: Die eine ist primär an einer effizienten Entschädigung nicht marktfähiger und öffentlicher Leistungen der Landwirtschaft interessiert und bemängelt die geringe Effizienz des Systems im Hinblick auf die anvisierten Verfassungsziele der Multifunktionalität. Die andere will primär eine produzierende Landwirtschaft und kritisiert einen «hohen administrativen Aufwand» des gegenwärtigen Systems und «komplizierte Vorschriften», welche die Produktion behindern und den Produktionsaufwand erhöhen würden. Wie würden sich Landschaften und Lebensräume der Alpen entwickeln, wenn bei gleich bleibendem Finanzrahmen die Vorschriften soweit gelockert und vereinfacht werden, dass sie gerade noch als WTO-verträglich («greenbox-fähig», also nicht marktverzerrend) gelten dürften?

5.6.1 Rahmenbedingungen

In Szenario III wird das Direktzahlungssystem folgendermassen angepasst: Die Höhe der gemäss Agrarpolitik 2011 vorgesehenen Direktzahlungen und das System der Flächenbeiträge werden beibehalten. Die Anforderungen des «Ökologischen Leistungsnachweises» (ÖLN) werden ebenfalls beibehalten, um die WTO-Bedingungen der «greenbox» weiterhin zu erfüllen. Allerdings wird die Nährstoffbilanz vereinfacht und die Mindestanforderung für Öko-Flächen auf 5 % gesenkt. Die Tierhalterbeiträge werden gestrichen, weil sie in Kombination mit den Flächenbeiträgen als Doppelzahlung betrachtet werden, einen zusätzlichen Administrationsaufwand verursachen und eine unerwünschte, die unternehmerischen Freiheiten der Landwirte einschränkende Marktlenkungswirkung ausüben. Schliesslich werden auch die schwer kontrollierbaren, administrativ relativ aufwändigen Tierhaltungsprogramme und Öko-Beiträge nicht weitergeführt. Die dadurch frei werdenden Beiträge werden in die Flächenbeiträge umgelagert, die von derzeit 1'200 auf 2'000 Franken pro Hektare ansteigen. Für das Berggebiet werden die Hangbeiträge, die Tierhaltungsbeiträge unter erschwerenden Produktionsbedingungen und die Sömmerungsbeiträge im Rahmen der Vorschläge der AP 2011 beibehalten (vgl. Szenario I).

5.6.2 Auswirkungen auf die Entwicklung der Flächennutzung

Unter den Rahmenbedingungen von Szenario III ist auf Gunststandorten eine intensive Nutzung am attraktivsten, weil sie zusätzliches Einkommen aus der Produktion ermöglicht. Steilere, schlechter erschlossene Flächen werden dagegen extensiviert und beispielsweise als Dauerweide genutzt. Der Bio-Landbau geht infolge des Wegfalls der Bio-Beiträge auf weniger als die Hälfte seiner derzeitigen Ausdehnung im Berggebiet zurück.

Mangels Anreizen geht der Anteil der Öko-Flächen, der heute in der Bergregion bei rund 18 % liegt, bis in zehn Jahren auf das geforderte Minimum von 5 % zurück. Nur falls weiterhin Beiträge aus dem Natur- und Heimatschutzgesetz für besonders wertvolle Flächen ausgerichtet und die gesetzlich geforderte Bewirtschaftung effektiv kontrolliert wird, kann ein grösserer Teil dieser Flächen gesichert werden. Biologisch und landschaftlich wertvolle Strukturen wie Hecken oder Hochstamm-Obstbäume werden mangels Anreizen nicht mehr unterhalten und verschwinden zu einem grossen Teil.

Die nicht oder nicht mehr als Öko-Flächen bewirtschafteten artenreichen und bisher extensiv oder wenig intensiv genutzten Flächen werden im Laufe der zehn Jahre zum grossen Teil entweder zugunsten einer ausgeglichenen Nährstoffbilanz intensiviert (Extensivwiesen gelten in der Nährstoffbilanz nicht als düngbare Fläche) oder, im Falle von steileren Flächen, zur Arbeitsersparnis in Dauerweiden umgenutzt.

Der bäuerliche Arbeitsaufwand wird bei gleichbleibendem oder steigendem Verdienst (geringere Hangmechanisierung infolge zunehmender Beweidung) markant reduziert und ermöglicht Stundenverdienste, welche die Löhne vergleichbarer Berufe bei einigermassen guter Betriebsorganisation leicht übersteigen dürften. Entsprechend der Arbeitsreduktion wird auch die Zahl der Beschäftigten in der Landwirtschaft sinken, was aber aufgrund des hohen, auf tier- und flächengebundenen Renten basierenden Verdienstes nicht zu einer Aufgabe von Betrieben führen wird – im Gegenteil. Die Landwirte versuchen, den eigenen Betrieb und damit die hohen Renten – also Einkommen, das nicht auf Arbeitsleistung, sondern auf Vermögen beruht, beispielsweise auf Eigentum an Grund und Boden – und guten Stundenlöhne zu sichern und die frei werdende Arbeitskraft ausserhalb der Landwirtschaft einkommenswirksam einzubringen, was zu einer Verlagerung von Haupt- zu Nebenerwerbsbetrieben führt.

Strukturwandel und Flächenmobilität werden mit diesem Szenario deutlich gebremst. Daran würde sich nur etwas ändern, wenn die minimal für den Bezug von Direktzahlungen nötige Standardarbeitskraft deutlich heraufgesetzt würde, was politisch allerdings wenig realistisch wäre. Betriebe, die unter dieser Grenze lägen, würden aufgegeben und ihr Land würde den übrigbleibenden Betrieben zur Verfügung stehen.

Obwohl die direkt oder indirekt pro Fläche ausgeschütteten Beiträge gleich hoch sind wie bei Szenario I, ist die Flächennutzung aufgrund stark reduzierter Anforderungen und höherer realisierbarer Arbeitserlöse attraktiver. Deshalb ist die Waldzunahme mit Ausnahme des Sömmerungsgebietes, bei dem sich gegenüber Szenario I nichts ändert, geringer.

Der Verwaltungs- und Kontrollaufwand geht mit den neuen Regelungen gegenüber dem Referenz-Szenario I

Tabelle 5-7a
Bilanz des Szenarios III («Pauschalzahlungen»)
a) Landschaften, Lebensräume und Artenvielfalt

Auswirkungen der wesentlichen Einflussfaktoren der Landnutzung gemäss Kap. 5.3 auf die Landschaftsqualität (blaue Pfeile), die Artenvielfalt (schwarze Pfeile) und die Ausdehnung artenreicher Flächen (quantitative Angaben; Definition «artenreiche Fläche» siehe Kapitel 5.3). Pfeile nach unten bzw. ein negatives Vorzeichen bedeuten eine Abnahme der Landschaftsqualität bzw. der artenreichen Flächen, Pfeile nach oben bzw. ein positives Vorzeichen bedeuten eine Zunahme. Die Anzahl der Pfeile (1–4) gibt die Stärke der Tendenz an. Um die Veränderungen einordnen zu können, wurde zusätzlich der bisherige Trend angegeben. Die Angaben beruhen auf dem in Kapitel 5.3 beschriebenen Prognoseverfahren. Der Einflussfaktor «Diversität der Graslandnutzung in der Landschaft» wirkt sich nur qualitativ aus und hat keine Auswirkungen auf die Ausdehnung artenreicher Flächen.

Einflussfaktor	Auswirkung auf Landschaftsqualität (blaue Pfeile) und Artenvielfalt (schwarze Pfeile)		Bewirkte Veränderung artenreicher Flächen bis 2017
	Bisheriger Trend (2002–2004)	Zukünftiger Trend bis 2017	(%)
Verbrachung und Einwaldung von Grasland infolge Nutzungsaufgabe	↘ ↘ ↘	↘ ↘	-2
Intensivere Nutzung von extensiv genutzten Wiesen	→ →	↘ ↘ ↘ ↘ ↘ ↘	-25
Intensivere Nutzung der wenig intensiv genutzten Fromental- und Goldhaferwiesen	↘ ↘	↘ ↘ ↘ ↘ ↘	-14
Erhaltung und Pflege von strukturreichen Flächen im Offenland	↘ ↘ ↘	↘ ↘ ↘ ↘ ↘	-5
Verlust artenreicher Mähwiesen durch Beweidung	→ ↘	↘ ↘ ↘ ↘ ↘	-20
Diversität der Graslandnutzung	→ →	↘ ↘ ↘ ↘	–
Gesamtbilanz	↘ ↘ ↘ ↘	↘ ↘ ↘ ↘ ↘ ↘ ↘	-66

Tabelle 5-7b

Bilanz des Szenarios III

b) Besondere landschaftliche und agrarpolitische Auswirkungen

Pfeile nach unten bedeuten eine negative Wirkung auf das Landschaftsmerkmal bzw. das agrarpolitische Ziel, Pfeile nach oben bedeuten eine positive Wirkung. Die Anzahl der Pfeile gibt die Stärke der Tendenz an.

Einflussfaktor	Auswirkung	
	Bisheriger Trend (2002–2004)	Zukünftiger Trend bis 2017
Wildnis als landschaftliche Besonderheit	→	→
Begehbarkeit der Landschaft	→	↘
Durch Strassen nicht erschlossene Landschaftsräume (im Zusammenhang mit landwirtschaftlichen Meliorationen)	↘	↘ ↘
Landwirtschaftliches Einkommen	↘ ↘	↗ ↗
Dezentrale Besiedlung	↘	↘

deutlich zurück. Weil dessen Kosten bereits unter heutigen Bedingungen lediglich zwischen 1,8 und 2,8 % der ausbezahlten Direktzahlungen ausmachen – wovon die Landwirte knapp zwei Drittel tragen (Buchli und Flury 2006) – ist der Spareffekt aber gering.

5.6.3 Bilanz für Landschaften und Lebensräume der Alpen

Szenario III verstärkt die Nutzungspolarisierung gegenüber dem bisherigen Trend: (Produktions-) Intensivierung auf der einen, (Arbeits-) Extensivierung auf der anderen Seite. Beide Teilprozesse gehen auf Kosten der Landschaftsqualität und der Artenvielfalt (Tab. 5-7). Es werden lediglich noch minimale ökologische Leistungen erbracht, was zu einem Verlust von rund zwei Drittel der artenreichen Flächen führen dürfte.

5.7 Szenario IV
Konsequente Ausrichtung der Direktzahlungen auf nicht marktfähige und öffentliche Leistungen der Landwirtschaft («Multifunktionales Agrarleistungsmodell»)

Ende der 1980er Jahre wurden die Fundamente für eine zukunftsweisende und weltweit neuartige Konzeption der Agrarpolitik gelegt (vgl. Kap. 2.4). Wesentliche Anstösse kamen einerseits vom Nationalen Forschungsprogramm NFP 22 «Boden» (z.B. Thomet-Thoutberger 1991), andererseits von einigen Kantonen, die eigene neue Instrumente und Konzepte entwickelt hatten und praktische Erfahrungen beisteuern konnten (z.B. Thurston et al. 1992, Schmidlin et al. 1994). Seither sind nur wenige und bis auf den «Ökologischen Leistungsnachweis» und die Öko-Qualitätsverordnung keine grundlegenden Neuerungen mehr eingeführt worden.

In den letzten drei Jahren sind die ersten Resultate umfangreicher Evaluationen und Analysen zu den Auswirkungen der (nicht mehr ganz) neuen Agrarpolitik veröffentlicht worden. Insbesondere im Bereich der Stickstoff- und Phosphorbelastung, aber auch im «Ökologischen Ausgleich», konnten Erfolge nachgewiesen werden (z.B. Herzog und Walter 2005, BLW 2005, Oppermann und Gujer 2003). Gleichzeitig wurde von verschiedenen Seiten auf wesentliche Effizienzmängel und Inkonsistenzen der gegenwärtigen Agrarpolitik hingewiesen (z.B. Rodewald und Neff 2001, Rieder et al. 2004, Flury et al. 2004b, Flury 2005, Mann und Mack 2004, Mann 2005, Bosshard und Schläpfer 2005, Schläpfer 2006, Baur 2006, Economiesuisse 2006, Rentsch 2006, vgl. Szenario I). Neben den Massnahmen zur Marktstützung und den Infrastrukturmassnahmen wurden insbesondere die Flächenbeiträge und die Tierhal-

Tabelle 5-8

Landwirtschaftsausgaben in der Schweiz und im Berggebiet und geschätzter Beitrag der Kostenstellen zu den Verfassungszielen

Zielbereiche: **I** Umweltschutz (abiotischer Ressourcenschutz), **II** Beitrag zur Erhaltung und Förderung der Biodiversität (biotischer Ressourcenschutz), **III** Ästhetische Landschaftsqualität/Erholung/Attraktivität, **IV** Tierwohl, **V** Soziale Leistungen/ Dezentrale Besiedlung/ Versorgungssicherheit, **VI** (Agri-) kulturelle Leistungen/Beitrag zum regionalen kulturellen Leben, **O** keiner der aufgeführten Leistungen zuzuordnen.

Bezeichnung	Ausgaben im Jahr 2004 (Millionen Franken)		Geschätzter Anteil der gesellschaftlich gewünschten, dem Gemeinlastprinzip zuzuordnenden, nicht marktfähigen Leistungen an den Zielbereichen I–VI						
	Schweiz	Bergzonen und Sömmerungsgebiet	I	II	III	IV	V	VI	O
Marktstützung	731	ca. 300						20%	80%
Strukturverbesserung	228	ca. 180						20%	80%
Direktzahlungen	2'470	1'120							
Allgemeine Direktzahlungen	1'999	986							
Flächenbeiträge	1'318	485	20%	5%					75%
Allg. Tierhalterbeiträge	286	171				10%		10%	80%
Beiträge Tierhaltung unter erschwerten Produktionsbedingungen	284	249			20%	20%	10%	10%	40%
Hangbeiträge	106	78		35%	45%		10%	10%	
Ökologische Direktzahlungen	495	225							
Ökobeiträge	398	134							
– Ökologischer Ausgleich	126	31		80%	20%				
– Öko-Qualitätsverordnung	23	12		80%	20%				
– Extensive Produktion von Raps und Getreide	31	3	50%	20%					30%
– Biologischer Landbau	28	17	30%	30%	20%				20%
– Besonders tierfreundliche Nutztierhaltung	191	71				100%			
Sömmerungsbeiträge	91	91		20%	20%		20%	20%	
Gewässerschutzbeiträge	6	ca. 2	90%	10%					

Quelle: Bosshard und Schläpfer (2005), angepasst.

tungsbeiträge (und damit der überwiegende Teil des Agrarbudgets) kritisiert, weil sie in der gegenwärtigen Form wenig effiziente, teils sogar kontraproduktive Instrumente sind, um nicht marktfähige und öffentliche Leistungen einer multifunktionalen Landwirtschaft gemäss den Zielen der Bundesverfassung abzugelten (z.B. gezielte Förderung der Artenvielfalt und der Landschaftsqualität). Demgegenüber machen die spezifisch auf die Biodiversität und Landschaft ausgerichteten Beiträge für den «Ökologischen Ausgleich» nur gerade 3 % der Direktzahlungen im Berggebiet aus (Kap. 5.3.2).

Insgesamt werden schätzungsweise zwischen 60 und 90 % der öffentlichen Zahlungen an die Landwirtschaft gemäss diesen Analysen nicht zielkonform eingesetzt – sofern sie daran gemessen werden, dass sie definierte, nicht marktfähige Leistungen effizient abgelten (vgl. Tab. 5-8). Die bevorstehende Agrarpolitik 2011, welche die Vierjahresperiode bis 2011 abdeckt, ist eine nur ganz geringfügig angepasste Weiterführung der bisherigen Politik und gibt keine Antwort auf die meisten Kritikpunkte (vgl. Szenario I, Kap. 5.4).

Als Konsequenz aus den Mängeln der aktuellen Direktzahlungen forderten Bosshard und Schläpfer (2005) anstelle des vorherrschenden Giesskannenprinzips («Allgemeine Direktzahlungen») eine Lenkung der Mittel über zielorientierte Leistungsabgeltungen präzise dorthin, wo man diese Leistungen haben will. Auf diese Weise soll ein «Markt für öffentliche Güter» geschaffen werden, an dem sich die Landwirte freiwillig als Unternehmer beteiligen können. Die Autoren lieferten einen methodischen Vorschlag für die Entwicklung entsprechender Programme, ohne aber mögliche Systemanpassungen aufzuzeigen. Konkrete Vorschläge, die über Einzelmassnahmen hinausgehen, fehlten bislang. Das hier entwickelte Szenario IV zeigt konkrete Möglichkeiten für das Berggebiet auf.

5.7.1 Konzeption des Szenarios

Bei den multifunktionalen Leistungen der Landwirtschaft werden folgende sechs implizit oder explizit (z.B. in der Bundesverfassung) anerkannte gemeinwirtschaftliche Leistungsbereiche (Zielbereiche) unterschieden (nach Bosshard und Schläpfer 2005): Umweltschutz/abiotischer Ressourcenschutz, Erhaltung und Förderung der Biodiversität, kulturelle und ästhetische Leistungen (Landschaftsqualität, Erholungswert, soziokulturelle Attraktivität), Tierwohl, dezentrale Besiedelung und Versorgungssicherheit. Wir berücksichtigen für die Definition des Szenarios IV gemäss dem Fokus der vorliegenden Synthese vor allem die Zielbereiche «Erhaltung und Förderung der Biodiversität» und «Kulturelle und ästhetische Leistungen». Wie wir in Kapitel 5.7.5 zeigen werden, sind aber auch die Auswirkungen auf die übrigen Zielbereiche als positiv zu bewerten. Für die Wahl der Rahmenbedingungen gehen wir von folgendem Leitbild aus:

> Die gesetzlichen und finanziellen Rahmenbedingungen ermöglichen und sichern im Schweizer Alpenraum in effizienter Weise eine Landwirtschaft, die neben der Produktion auch die Vielfalt, die Eigenart und die Schönheit der alpinen Landschaft bewahrt sowie die über die Jahrhunderte vom Menschen geschaffene Biodiversität der Alpen erhält und zumindest einen Teil der Verluste, die in den vergangenen Jahrzehnten aufgetreten sind, wieder rückgängig macht.

Die Wahl der Rahmenbedingungen erfolgt aufgrund folgender Gesichtspunkte: Wo und in welcher Hinsicht weisen die bestehenden Instrumente Defizite auf im Hinblick auf das Leitbild? Welche Vorschläge oder Überlegungen existieren zur Behebung dieser Defizite? Welche Ziele werden mit den bestehenden Instrumenten ungenügend erreicht und welche auf Bundesebene bisher nicht eingesetzten Instrumente könnten die Lücke füllen? Beim dritten Gesichtspunkt stützten wir uns auf Vorarbeiten einer laufenden Untersuchung des Bundesamtes für Umwelt (BAFU) und einiger Kantone, in der Programme und Konzepte aus dem In- und Ausland zusammengetragen werden, um daraus Vorschläge für neue, leistungsorientierte agrarpolitische Instrumente zu entwickeln (Projekt «ÖQV-Plus»).

Die in Frage kommenden Instrumente wurden aufgrund der im nachfolgenden Kasten dargestellten Kriterien beurteilt. Die geeigneten Instrumente wurden anschliessend für Szenario IV ausgewählt und gegenseitig so austariert, dass ein funktionsfähiges, die Anforderungen des Leitbildes erfüllendes Gesamtsystem entsteht.

Kriterien zur Auswahl und zur Beurteilung agrarpolitischer Instrumente

Die im Szenario IV vorgenommene Auswahl bestehender und neuer Instrumente zur Unterstützung und Ermöglichung multifunktionaler Leistungen der Landwirtschaft richtet sich nach folgenden Kriterien (vgl. Gantner 1991, Bosshard und Eichenberger 1998, Bosshard et al. 2000, Rodewald und Knoepfel 2000, Bosshard 2000a, 2005, Rodewald und Neff 2001, Rieder et al. 2004, Flury et al. 2004b, Flury 2005, Mann 2005, 2006, Baur 2006):

1) Praktikabilität für die Landwirtschaft; politisch und administrativ innerhalb von zwei bis vier Jahren realisierbar.
2) Anreizorientierte Abgeltung von agrarpolitisch anerkannten und gesellschaftlich gewünschten, nicht marktfähigen Leistungen der Landwirtschaft. Für die Ausrichtung staatlicher Beiträge kommen nur klar definierte, nicht marktfähige Leistungen der Landwirtschaft in Betracht, die über die gesetzlichen Standards hinaus gehen. Subventionen für die Einhaltung gesetzlicher Mindestanforderungen werden nur in Betracht gezogen, wenn diese internationale Standards übertreffen, nicht oder nur marginal mit der Primärpoduktion in Zusammenhang stehen und nicht über den Markt abgegolten werden können.
3) Zuteilung finanzieller Mittel gemäss Tinbergen-Regel, das heisst keine Verknüpfung unterschiedlicher Ziele mit demselben Instrument, als wesentliche Voraussetzung für die Effizienz des Systems (siehe Mann 2005).
4) Regulierung von Angebot und Nachfrage über einen transparenten Markt, wo sinnvoll durch die Ausschreibung nachgefragter Leistungen anstelle der Festsetzung fixer Preise.
5) Öffnung des Marktes für gemeinwirtschaftliche Leistungen: Bei der Abgeltung von Leistungen ist es – im Gegensatz zu den als Renten wirkenden «Allgemeinen Direktzahlungen», die Einschränkungen nötig machen (z.B. bei der Betriebsgrösse und dem Einkommen) – unerheblich, wer die gewünschten Leistungen erbringt.
6) Effizienz der Administration: Die administrativen Kosten (Umsetzung, Kontrolle) stehen in einem günstigen Verhältnis zum Gesamtkostenaufwand. Kostengünstigere und administrativ einfachere Lösungen werden bevorzugt und Synergien zwischen Programmen in Betracht gezogen.
7) Regionalisierung und Subsidiarität: Der Alpenraum ist sehr vielgestaltig, entsprechend sind die Ziele, die Produktionsvoraussetzungen und die zur Zielerreichung nötigen Massnahmen und Anreize je nach Region unterschiedlich. Mit der Öko-Qualitätsverordnung ist – allerdings mit einem sehr geringen Anteil am Gesamtvolumen der Direktzahlungen – eine subsidiäre Regionalisierung des Direktzahlungssystems erstmals und erfolgreich realisiert worden. Es ermöglicht im Vergleich zu einem zentral vewalteten System effektivere und regional angepasstere Lösungen. Alle relevanten Akteure werden in den Entscheidungsprozess zur Definition der Ziele, zur Wahl der Massnahmen und bei der Zuteilung der Mittel einbezogen.
8) Politikübergreifende Konzepte: Neben der Agrarpolitik steuern zahlreiche weitere Politikbereiche, Akteure und Gesetze die Landnutzung im Alpenraum (vgl. Tab. 5-2). Sie sind nicht oder nur ungenügend koordiniert (vgl. Rodewald und Knöpfel 2000, Baur et al. 2006, WASALP). Politik- und sektorübergreifende

Konzepte, beispielsweise zwischen Agrar- und Waldpolitik, Raumplanung, Natur- und Landschaftsschutz, Schutz vor Naturgefahren und Regionalpolitik, werden bevorzugt.
9) Keine Steuerung der marktfähigen Produktion der Landwirtschaft: Was an Nahrungsmitteln und zunehmend auch an Dienstleistungen produziert wird, soll nicht durch Subventionen gesteuert, sondern möglichst dem Markt und den unternehmerischen Entscheidungen der Landwirte überlassen werden. Sinnvoll und wichtig ist anstelle einer Marktsteuerung die staatliche Anschubförderung von professionellen Regional- und Qualitätsmarketing-Initiativen. Wie Erfahrungen im In- und Ausland zeigen, können damit die Produzentenpreise und damit eine marktfähige Produktion massgeblich beeinflusst werden – ein in der Schweiz im Gegensatz zum angrenzenden Ausland bisher wenig genutztes Potenzial.
10) Keine Behinderung der Primärproduktion: Die Erzeugung marktfähiger Produkte bleibt eine tragende Säule der Landwirtschaft und wird durch die multifunktionalen Förderinstrumente nicht behindert.
11) Ausweitung der für die landwirtschaftliche Nutzfläche geltenden Förderprogramme auf das Sömmerungsgebiet, wobei die strukturellen Besonderheiten dieses Gebiets berücksichtigt werden müssen.

5.7.2 Finanzieller Rahmen

Um die Anforderungen des oben definierten Leitbildes zu erfüllen, also den Verlust an Artenvielfalt und Landschaftsqualität in der Kulturlandschaft der Alpen zu stoppen und den bisherigen Trend umzukehren, sind gegenüber heute zusätzliche Leistungen der Berglandwirtschaft nötig. Weil bereits einige ihrer jetzt schon erbrachten ökologischen Leistungen ungenügend abgegolten werden, sind zumindest für zusätzliche Leistungen auch zusätzliche finanzielle Mittel einzusetzen. Aufgrund der in Kapitel 5.3 und 5.5 dargestellten agrarpolitischen Ausgangslage kommen grundsätzlich fünf Finanzierungsquellen in Frage:

i   Eine Umlagerung von bisher nicht zielkonform eingesetzten Direktzahlungen innerhalb des Berggebietes.
ii Eine leistungsbezogene Neuverteilung der Direktzahlungen von Regionen mit geringen Leistungen hin zu Regionen mit hohen Leistungen, also insbesondere vom Tal- ins Berggebiet.
iii Eine Umlagerung nicht zielkonform eingesetzter weiterer Mittel aus dem Agrarbudget ausserhalb der Direktzahlungen.
iv Eine Aufstockung des Agrarbudgets.
v   Zuwendung von Mitteln aus anderen Politikbereichen, beispielsweise der Regionalpolitik oder der Tourismusförderung.

Szenario IV beruht nicht auf einer Erhöhung des Agrarbudgets, sondern fasst die Punkte i bis iii sowie in kleinem Umfang den Punkt v ins Auge. Folgende Direktzahlungen des gegenwärtigen Agrarsystems werden als nicht zielkonform beurteilt:

Flächenbeiträge
Gut erschlossene, intensiv nutzbare Flächen würden auch ohne Direktzahlungen weiterhin genutzt, und die Produktionskapazität bliebe erhalten (Flury et al. 2004b, Lauber 2006, SULAPS, Mann und Mack 2004; vgl. auch Szenario II). In den landwirtschaftlichen Gunstlagen sind

deshalb keine Flächenbeiträge nötig. Die Flächenbeiträge widersprechen zudem den oben genannten Kriterien 2), 3) und 4). Darüber hinaus weisen sie den negativen Effekt auf, dass sie die Wettbewerbsfähigkeit der Landwirtschaft behindern, die Flächenmobilität weitgehend blockieren (Economiesuisse 2006) und die Erfüllung des Verfassungsauftrages behindern (z.B. Intensivierungsanreiz der Produktion, Konkurrenz zu den Öko-Programmen, vgl. Schläpfer 2006). Eine Streichung der als Rente wirkenden Flächenbeiträge hätte deshalb im Talgebiet, bei genügend langen Anpassungsfristen, in verschiedener Hinsicht positive Auswirkungen auf die Erfüllung der Verfassungsziele. Im Berggebiet dagegen haben Flächenbeiträge eine Funktion als Disparitätenausgleich für erschwerte Bedingungen. Der Disparitätenausgleich ist ein wesentliches Ziel der Agrarpolitik. Zudem sind Flächenbeiträge im Berggebiet unentbehrlich für eine Aufrechterhaltung der Landwirtschaft. Im Szenario IV wird deshalb anstelle der bisher pauschal bezahlten 1'200 Fr./ha von einem nach Höhenlagen abgestuften Flächenbeitrag ausgegangen (440, 690, 930 und 1'190 Fr./ha für die Bergzonen I bis IV). Dies entspricht der Abstufung der Tierhaltungsbeiträge in der jetzigen Direktzahlungsverordnung. In der Talzone werden keine Flächenbeiträge mehr ausgerichtet. Die Hangbeiträge werden im bisherigen Umfang beibehalten, weil sie in angemessener Weise eine erschwerte Mähnutzung ausgleichen.

Allgemeine Tierhaltungsbeiträge
Auch die allgemeinen Tierhaltungsbeiträge sind nicht mit einer Leistung zu begründen, sondern haben ebenso wie der Flächenbeitrag den Charakter einer Rente, verletzen zudem Kriterium 2), 3) und 4) und haben den Nebeneffekt eines unerwünschten Intensivierungsanreizes (Schläpfer 2006). Ausserdem steuern sie die Verwertung des Raufutters und verletzen damit Kriterium 9). Beispielsweise wird mit den Beiträgen die Entwicklung alternativer Nutzungsformen von Graslanderträgen behindert. Im Berggebiet ist die Tierhaltung, abgesehen von einer erschwerten Futtergewinnung, die durch die Flächenbeiträge abgegolten wird, nicht mit einer wesentlichen Erschwernis verbunden; die räumlich nahen Sömmerungsmöglichkeiten bieten teilweise sogar eine Erleichterung. Die Tierhaltungsbeiträge stehen deshalb im Szenario IV vollständig für andere, zielführende Instrumente zur Verfügung.

Die aus den Flächen- und Tierhaltungsbeiträgen für eine Umlagerung in Frage kommenden Finanzmittel summieren sich (auf der Basis der Direktzahlungsausgaben 2004/05) auf einen jährlichen Betrag von rund 1,6 Milliarden Franken (Tab. 5-9). Wenn wir berücksichtigen, dass im Rahmen der Agrarpolitik 2011 ein Teil der bisherigen Marktstützungen von rund 410 Millionen Franken im Jahr in «Allgemeine Direktzahlungen» (v.a. Tierhalterbeiträge) umgelagert werden soll, erhöht sich der Betrag nicht zielkonform eingesetzter Direktzahlungen ab 2009 auf insgesamt rund 2 Milliarden Franken.

Die hier genannten, dem Szenario zugrunde liegenden Umlagerungen stützen sich auf Resultate aus den Untersuchungen von Mann und Mack (2004) sowie Baur (2006, WASALP). Entsprechende Forderungen wurden auch vom Wirtschaftsdachverband Economiesuisse formuliert (Economiesuisse 2006). Zusätzlich zum Szenario IV loten wir in einem Nebenszenario zudem die Möglichkeiten aus, die sich auch ohne eine Umlagerung von Mitteln aus dem Tal ins Berggebiet, also ohne Quelle ii), ergeben.

In der Agrarrechnung der Schweiz gibt es neben den Direktzahlungen weitere, bezogen auf den Verfassungsauftrag oder internationale Vereinbarungen problematische staatliche Instrumente und Subventionen von beträchtlicher Höhe. So belasten die Marktstützungmassnahmen das Agrarbudget mit jährlich über 700 Millionen Franken; davon profitiert auch die Nahrungsmittelindustrie. Nationale und internationale Stimmen kritisieren, dass damit die Wettbewerbsfähigkeit der Landwirtschaft und der nachgelagerten Bereiche stark behindert wird. Auch der Grenz-

Tabelle 5-9

Finanzmittel, die für eine Umlagerung in Frage kommen

Für leistungsbezogene Beiträge potenziell freiwerdende, bisher nicht leistungsbezogen eingesetzte Direktzahlungen aufgrund einer Anpassung der Flächenbeiträge und einer Streichung der Tierhalterbeiträge gemäss Text. Vergleichsbasis: 2004; in Franken pro Jahr.

Zonen	
Talzone	735'087'609
Hügelzone	248'384'669
Bergzone I	178'930'979
Bergzone II	226'342'394
Bergzone III	138'789'426
Bergzone IV	65'658'484
Total	1'593'193'561

schutz, durch welchen den Konsumentinnen und Konsumenten in der Schweiz gegenüber dem EU-Niveau im Nahrungsmittelbereich Mehrkosten von 1,6 bis 2,4 Milliarden Franken entstehen, wird zunehmend in Frage gestellt (Rentsch 2006). Ebenso in der Kritik steht ein Teil der Strukturverbesserungsbeiträge, die rund 200 Millionen Franken jährlich ausmachen (Rodewald und Neff 2001).

Wir ziehen im Szenario IV Umlagerungsmöglichkeiten öffentlicher Mittel, die sich aufgrund des genannten Optimierungsbedarfs ausserhalb der Direktzahlungen ergeben, nicht in Betracht, sondern weisen hier lediglich darauf hin, dass mittelfristig beträchtliche Finanzen zur Verfügung stehen könnten, mit denen zielkonforme (z.B. gemessen am Verfassungsauftrag der Landwirtschaft sowie Art. 1 des Landwirtschaftsgesetzes) Instrumente zugunsten einer wettbewerbsfähigen multifunktionalen Landwirtschaft finanziert werden könnten.

5.7.3 Rahmenbedingungen

Nachfolgend werden die in Szenario IV gegenüber den jetzigen Regelungen veränderten Rahmenbedingungen aufgelistet. Die Beitragshöhen und die Details zu den Anforderungen richten sich nach bisherigen Erfahrungen und Vorschlägen. Sie sind lediglich als Diskussionsgrundlage zu verstehen, werden aber hier in diesem Konkretisierungsgrad benötigt, um Prognosen machen zu können. Einzelne Instrumente und ihre Beitragshöhen werden derzeit unter anderem im Rahmen des Projektes «ÖQV-Plus» diskutiert und in ihrer Wirkung beispielsweise hinsichtlich der bäuerlichen Akzeptanz oder möglicher Übersteuerungseffekte im Detail überprüft.

Anpassung bestehender Instrumente

Szenario IV geht von den unten aufgeführten Anpassungen der gegenwärtigen Direktzahlungsverordnung und der Öko-Qualitätsverordnung aus. Der «Ökologische Leistungsnachweis» bleibt – abgesehen von einigen Vereinfachungen, die sich durch den Wegfall der Flächen- und Tierprämien ergeben sowie den in der Botschaft zur Agrarpolitik 2011 vorgeschlagenen Vereinfachungen – als Bedingung für den Bezug von Direktzahlungen unverändert gültig.

a) **Anpassung der «Allgemeinen Direktzahlungen» gemäss Kapitel 5.7.2**

b) **Anpassung der Abstufung pro Höhenlage und Einführung einer Erschwerniskomponente bei den Beiträgen für Ökowiesen**

Defizit der jetzigen Regelung: Nehmen Hangneigung und Hindernisse zu und der Erschliessungsgrad ab, steigt der Bewirtschaftungsaufwand. Die Hangbeiträge vermögen diese Erschwernisse nicht zu kompensieren. Die Öko-Wiesen-Beiträge nehmen mit zunehmender Höhenlage sogar ab. Im Talgebiet wird heute für eine Extensivwiese mit 1'500 Franken pro Hektare mehr als der dreifache Öko-Beitrag bezahlt im Vergleich zu den Bergzonen III und IV mit 450 Franken pro Hektare. Diese starke Degression ist sachlich unbegründet und bietet in höheren Lagen und bei schlechter Erschliessung einen zu geringen Anreiz für die angestrebte extensive Mähnutzung. Deshalb lassen sich solche Flächen derzeit – wenn überhaupt – erst nach einer guten Erschliessung kostendeckend mähen. Dies führt dazu, dass im Rahmen von Meliorationen Erschliessungen geplant und erstellt werden. Wird dagegen die Beitragshöhe an den Erschliessungsgrad gekoppelt und auch für schlecht erschlossene Flächen attraktiv gestaltet, würden Erschliessungen und damit problematische Eingriffe in die Landschaft unattraktiv. Untersuchungen zeigen, dass diese Lösung oft auch volkswirtschaftlich günstiger und zugleich für die Bewirtschafter attraktiver ist (Bosshard et al. 2004).

Regelung in Szenario IV: Erhöhung der Beiträge für Extensivwiesen einheitlich für alle Bergzonen auf 900 Franken pro Hektare; Erschwerniskomponente für Öko-Wiesen mit mehr als 35 % Neigung (1'000 Fr./ha); bei zweimal im Jahr gemähten Wiesen mit ÖQV-Qualität: 1'500 Franken pro Hektare; mehr als 30 Hindernisse pro Hektare: 1'000 Franken pro Hektare; Tragen des Heus von Hand bzw. keine Zufahrtsmöglichkeit mit Ladewagen bzw. mehr als 60 % Neigung: 1'000 Franken pro Hektare. Alle Punkte in Anlehnung an kantonale Regelungen in Naturschutzgebieten.

c) Erhöhung der ÖQV-Beiträge

Defizit der jetzigen Regelung: Die derzeitigen ÖQV-Beiträge haben – wie dies beispielsweise vom «Nationalen Forum für den ökologischen Ausgleich» kritisiert wurde – einen zu geringen Anreiz für die Bewirtschafter, gezielt neue Öko-Flächen anzulegen oder die bestehenden Öko-Flächen qualitativ aufzuwerten. Entsprechend scheinen bisher vorwiegend ohnehin vorhandene Öko-Flächen für die Beiträge angemeldet worden zu sein.

Regelung in Szenario IV: Die ÖQV-Beiträge werden von derzeit 500 Franken pro Hektare auf 1'500 Franken pro Hektare für Qualität und 1'000 Franken pro Hektare für Vernetzung erhöht. Aufgrund der bisher entstandenen Probleme bei der Mitfinanzierung der ÖQV durch die Kantone übernimmt der Bund neu generell 90 % der ÖQV-Beiträge.

d) Anpassungen bei der Förderung von Hecken und anderen kleinräumigen Strukturelementen in der Landschaft

Defizit der jetzigen Regelung: Die Öko-Beiträge für Hecken entsprechen derzeit denjenigen von Extensivwiesen. Sie sind weit davon entfernt, die Kosten für die Heckenpflege angemessen abzugelten. Aufgrund der degressiven Beitragshöhen mit zunehmender Bergzone gilt dies vor allem für Hecken in schlecht erschlossenen und höheren Lagen. Für andere lineare oder punktuelle Strukturelemente wie Trockensteinmauern oder Tümpel werden überhaupt keine Öko-Beiträge gewährt. Da der Arbeitsaufwand bei kleinflächigen Elementen viel stärker von anderen Faktoren als von der Flächenausdehnung abhängt, ist der Ansatz der Flächenbeiträge bei solchen Objekten nicht geeignet für eine angemessene, anreizorientierte oder kostendeckende Leistungsentschädigung. Bei den Heckenbeiträgen ist zudem die bisherige Anforderung problematisch, dass sie mit einem Krautsaum kombiniert sein müssen, weil dies die Förderung von Hecken in Weiden verhindert.

Regelung in Szenario IV: Die Kantone erstellen eine Liste von linearen und punktuellen landschaftlichen Strukturelementen, die beitragsberechtigt sind, und definieren die Pflege- und Qualitätsanforderungen. Zusätzlich zum bisherigen Grundbeitrag werden kostendeckende Erstellungs-, Unterhalts- und Pflegebeiträge nach einem einheitlichen, vom Bund definierten Schema gewährt und vom Kanton zu 10 % mitfinanziert.

e) Verringerung der Beiträge und Anpassung der Anforderungen für wenig intensiv genutzte Wiesen

Defizit der jetzigen Regelung: Wie von verschiedener Seite, beispielsweise vom «Nationalen Forum für den ökologischen Ausgleich» kritisiert, sind die Beiträge für wenig intensiv genutzte Wiesen im Verhältnis zu den extensiv genutzten zu hoch. Trotzdem fehlt es gleichzeitig an Anreizen, artenreiche, wenig intensiv genutzte Wiesen (v.a. Fromental-/Goldhaferwiesen) zu erhalten. Entsprechende Anpassungen sollen im Jahr 2008 eingeführt werden.

Regelung in Szenario IV: Wir gehen im Szenario IV von einem reduzierten Grundbeitrag, einem erhöhten Qualitätsbeitrag und einer flexibleren Schnittzeitpunktregelung aus. Der Beitrag wird, wie in der AP 2011 vorgeschlagen, auf generell 300 Franken pro Hektare reduziert (bisher 650 Fr./ha im Talgebiet, 450 Fr./ha in den Bergzonen I und II, 300 Fr./ha in den Bergzonen III und IV). Der bisher festgelegte erste Schnittzeitpunkt wird gemäss Vorschlag der vom Bundesamt für Landwirtschaft eingesetzten Expertengruppe «Öko-Ausgleich im Grünland» unter bestimmten Bedingungen freigegeben (Bosshard und Stähli 2004). Die Schnittzeitpunktflexibilisierung ermöglicht eine bessere, an die individuellen Reifezeitpunkte einzelner Wiesen angepasste Nutzung. Sie kann zudem eine gezielte Ausmagerung von zu nährstoffreichen Beständen durch einen früheren Schnitt ermöglichen. Damit ist im Berggebiet relativ rasch und ohne zusätzliche Massnahmen eine Rückführung in artenreiche Bestände mit ÖQV-Qualität möglich (Bosshard 2000b).

f) Streichung von Grenzwerten und der Degression von Direktzahlungen

Defizit der jetzigen Regelung: Direktzahlungen sind Bewirtschaftern von Landwirtschaftsbetrieben mit einem Arbeitsbedarf von mindestens 0,25 Standardarbeitskräften und nur bis zum 65. Altersjahr vorbehalten. Ab einer bestimmten Grösse des Betriebes, einer bestimmten Gesamttierzahl, einem bestimmten Vermögen oder einem bestimmten Einkommen werden die Direktzahlungen gekürzt (Degression). Diese Einschränkungen waren notwendig, weil die jetzigen Direktzahlungen zu einem grossen Teil nicht Leistungen abgelten, sondern eine an die Fläche und Tierzahl gebundene Rente darstellen (Kap. 5.6.1). Je mehr Tiere oder Fläche pro Arbeitskraft auf dem Betrieb angemeldet werden können, desto grösser wird die bezogene staatliche Rente. Bei einem System mit konsequenter Leistungsabgeltung wird dagegen das bezahlt, was geleistet wird, also Kosten und Arbeit verursacht. Unter diesen Bedingungen ist es unerheblich, wer die gewünschten Leistungen erbringt.

Regelung Szenario IV: Die genannte Degression der Direktzahlungen fällt weg, ebenso die Bedingung eines Mindest-Arbeitsbedarfs pro Betrieb und eines Maximalalters. Um einen unverhältnismässigen administrativen Aufwand für Kleinstbewirtschafter zu vermeiden, bleibt die Anforderung einer Mindestnutzfläche (30–100 Aren) erhalten. Ausnahmen von den bestehenden Anforderungen an die Ausbildung werden dort toleriert, wo sich keine entsprechenden Anwärter für die Aufrechterhaltung einer Zielnutzung finden (Rodewald und Neff 2001).

g) Erhöhung der Sömmerungsbeiträge und Anpassung der Anforderungen

Defizit der jetzigen Regelung: Das Sömmerungsgebiet ist am weitaus stärksten von der Flächenaufgabe und der Einwaldung betroffen (Kap. 2). Gleichzeitig werden derzeit für eine Gesamtfläche, die grösser ist als die halbe landwirtschaftliche Nutzfläche in der Schweiz, lediglich 3,6 % der Direktzahlungen ausgerichtet. Entsprechend gering sind die Leistungsanforderungen. Das Sömmerungsgebiet hat aber eine sehr hohe landschaftlich-kulturelle und insbesondere auch biotische Qualität (Kap. 3). Dies rechtfertigt eine spezifische Förderung analog zur landwirtschaftlichen Nutzfläche. Für die Erhaltung der Artenvielfalt und im Hinblick auf die Grossraubtierproblematik (v.a. Wolf) besonders geeignet sind behirtete Haltungsformen, die noch zu wenig gefördert werden. Ein besonderes Problem stellt zudem die seit langem praktizierte Doppelsubventionierung von Erschliessungen und Bewirtschaftung dar (Rodewald 1997).

Regelung in Szenario IV: Die bisherige, je nach Weidesystem, Weidedauer, Tierart und Milchproduktion erfolgende Abstufung der Beiträge und die Bindung an den Normalbesatz wird beibehalten (Sömmerungsbeitragsverordnung Art. 3–8), ebenso die Anforderungen der Verordnung über die Bewirtschaftung für Sömmerungsbetriebe. Für Flächen unterhalb der Waldgrenze werden die bisherigen Beiträge um 50 % erhöht (Weidepflegeaufwand). Die Beiträge für behirtete, nicht gemolkene Raufutterverzehrer werden von 300 auf 380 Franken pro Grossvieheinheit erhöht, diejenigen für nicht behirtete oder in Umtriebsweiden gehaltene nicht gemolkene Schafe von 120 auf 60 Franken reduziert. Die bisherigen Grundanforderungen zur Ausrichtung der Beiträge werden im Sinne eines ökologischen Leistungsnachweises ergänzt durch Einschränkungen des Kraftfuttereinsatzes, der bisher noch zugelassenen nicht-alpeigenen Dünger und des ökologisch problematischen Medikamenteneinsatzes (Entwurmungsmittel) sowie durch einen Schutz- und Pflegeplan, der eine Mindest-Weidepflege sowie die Pflege und Mähnutzung von Mähdern und Streuwiesen einschliesst. Der erhebliche Mehraufwand der Bewirtschaftung von nicht oder nicht mit einer Zufahrt erschlossenen Alpen wird ausgeglichen über eine Erhöhung der bisherigen Beitragssätze um maximal 100 % gemäss den Empfehlungen in Rodewald (1997).

h) Ausweitung der Leistungsangebote auf das Sömmerungsgebiet

Defizit der jetzigen Regelung: Bisher war es nicht möglich, im Rahmen der Direktzahlungsverordnung das Sömmerungsgebiet für spezifische Leistungen zu entschädigen. Weil das Sömmerungsgebiet von den tiefsten Tallagen bis auf die höchsten Berggipfel reicht (im Misox beispielsweise auf engem Raum von 350 bis 2'800 Meter ü.M.) und auch bezüglich der Nutzungstraditionen äusserst vielgestaltig ist, ist es im Sömmerungsgebiet mindestens so wichtig wie in der landwirtschaftlichen Nutzfläche, regional differenzierte Programme anzubieten, die an definierte Leistungsanforderungen gebunden sind (vgl. Rodewald und Neff 2001).

Regelung in Szenario IV: Die unten erläuterten Programme j), l), m) und n) sind auch für das Sömmerungsgebiet zugänglich. Für traditionelle Heuwiesen im Sömmerungsgebiet und Flächen, die ökologischen Ausgleichsflächen in der landwirtschaftlichen Nutzfläche entsprechen (ausser Weiden), werden dieselben Beiträge gewährt wie auf der landwirtschaftlichen Nutzfläche in der entsprechenden bzw. nächstgelegenen Zone.

Abbildung 5-8
Restaurierte Trockensteinmauern in einer Kastanienselve
Berglandschaften leben von lokaltypischen, einzigartigen Kulturelementen.

Foto: Andreas Bosshard.

Einführung neuer Instrumente
Szenario IV geht davon aus, dass eine Anpassung der bestehenden Instrumente nicht genügt, um eine Trendumkehr der landwirtschaftlichen Auswirkungen auf Landschaft und Biodiversität zu bewirken. Es beinhaltet deshalb die Einführung folgender neuer Instrumente im Rahmen der Direktzahlungsverordnung:

i) Einführung eines Qualitätsbeitrags für artenreiche, extensiv genutzte Weiden

Defizit der jetzigen Situation: Extensive Weiden erhielten bisher keine Öko-Beiträge. Sie können aber sehr artenreich sein. Ein Qualitäts-Beitrag für artenreiche Weiden im Rahmen der Öko-Qualitätsverordnung ist bereits in Ausarbeitung, eine Einführung ist für das Jahr 2008 vorgesehen.
Regelung in Szenario IV: Der Qualitätsbeitrag für Weiden beträgt 500 Franken pro Hektare.

j) Einführung eines Waldrandpflegebeitrages

Defizit der jetzigen Situation: In Bergregionen, in denen eine enge Verzahnung zwischen Wiesland und Wald besteht, ist das Zurückhalten des Waldes mit einem beträchtlichen Aufwand verbunden. Dies hat zur Folge, dass Parzellen, die bereits an Wald angrenzen, rascher einwalden (Baur et al. 2006, WASALP). Gleichzeitig hat der Waldrand ein hohes ökologisches Potenzial, das nur bei richtiger Pflege (gestufter Waldrand) ausgeschöpft werden kann. Einige Kantone haben deshalb im Rahmen des Forstgesetzes Programme zur Unterstützung der Waldrandpflege lanciert. Sie wurden in den letzten Jahren im Zuge der Sparmassnahmen aber wieder stark reduziert oder ganz gestrichen.
Regelung in Szenario IV: Beitrag an die ungedeckten Kosten einer Waldrandstufung und der nachfolgenden Pflege aus dem Agrarbudget in derselben Höhe wie die von den Kantonen und dem Bund aus dem Forstbudget beigesteuerten Waldrand-Beiträge. Diese Regelung gilt nur für Waldränder, die an Öko-Flächen angrenzen.

k) Einführung eines gesamtbetrieblichen «Leistungsbeitrages Natur und Landschaft»

Defizit der jetzigen Situation: Das jetzige Anreizsystem im «Ökologischen Ausgleich» ist durch «Mitnahmeeffekte» charakterisiert: Der grösste Teil der angemeldeten Öko-Flächen im Berggebiet war bereits als entsprechend genutzte Flächen vorhanden. Aufwertungen, die eine zusätzliche Artenvielfalt bringen, wurden bisher nur in geringem Umfang realisiert (Herzog und Walter 2005). Zudem besteht im gegenwärtigen System für Betriebe nur ein sehr geringer Anreiz, gezielt die ökologisch und landschaftlich wichtigsten Flächen als Öko-Flächen zu nutzen. Oft werden die Flächen nach anderen Gesichtspunkten ausgewählt. Im Gegensatz zu den bisher anerkannten Betriebszweigen der Landwirtschaft ist die Spezialisierung im Bereich Ökologie kaum ein Thema, was sich entsprechend negativ auf die erbrachten Leistungen auswirkt.
Regelung in Szenario IV: Betriebe, die auf ihrer gesamten Nutzfläche relativ hohe, gesamtbetrieblich definierte Minimalanforderungen erfüllen, erhalten einen Beitrag von 3'000 Franken pro Arbeitskraft sowie nach einem einfachen Punktesystem definierte Zusatzbeiträge für spezifische Leistungen. Die Grundanforderungen enthalten unter anderem einen nach Zonen abgestuften Mindestanteil an ökologisch wertvollen Öko-Flächen, den Verzicht auf Silagenutzung, Kreiselmäher und Futteraufbereiter in Öko-Flächen und die Pflicht, jährlich bestimmte Aufwertungen zu realisieren (Vorschläge gemäss Projekt ÖQV-Plus). Einen gesamtbetrieblichen Beitrag erhält also nur, wer im gesamten Betrieb konsequent gesamtlandschaftliche Ziele und Prioritäten berücksichtigt. Der Beitrag unterstützt Betriebe, die einen «Betriebszweig Natur und Landschaft» aufbauen und sich entsprechend spezialisieren möchten.

l) Einbezug des in der AP 2011 vorgeschlagenen Artikels 77a LWG

Dieser neue Artikel bezweckt die Förderung von Verbesserungen in der nachhaltigen Ressourcennutzung, die über die bestehenden Anforderungen und Möglichkeiten

(«Ökologischer Leistungsnachweis»), ökologische Direktzahlungen) hinausgehen. Unterstützt werden regionale und branchenspezifische Projekte, die entsprechende technische, organisatorische oder strukturelle Neuerungen einführen (BLW 2005).

m) Artenförderungsprogramm

Defizit der jetzigen Situation: Für einige Tier- und Pflanzenarten reichen die heute in der Naturschutzpraxis üblichen Instrumente des Habitats- und Gebietsschutzes allein nicht aus, um ihr Überleben zu sichern. Diese Arten sind auf spezifische Artenförderungsprogramme angewiesen. Dazu müssen zusätzliche Mittel zur Verfügung stehen. Der Anteil der Massnahmen, der durch die Landwirtschaft geleistet werden kann, sollte durch das Agrarbudget finanziert werden, weil es sich bei der Erhaltung gefährdeter Kulturlandschaftsarten um ein nicht-marktfähiges «Premium-Produkt» der Landwirtschaft handelt.

Regelung Szenario IV: Für spezifische, im Rahmen definierter regionaler oder nationaler Programme erbrachte Massnahmen oder Leistungen, welche die Landwirtschaft für die Erhaltung oder Förderung seltener oder gefährdeter Arten der Kulturlandschaft erbringt, werden in Ergänzung zum laufenden Programm zur Erhaltung der tier- und pflanzengenetischen Ressourcen Beiträge in der Höhe einer angemessenen Leistungsentschädigung entrichtet. Die Programme werden vom Bund, von Kantonen, Nichtregierungsorganisationen und weiteren Interessengruppen entwickelt. Die Beitragshöhen sind projektspezifisch zu begründen. Die Kantone leisten eine Kostenbeteiligung von 10 %. Ein Beispiel für ein Artenschutzprojekt ist die Förderung einer gefährdeten Tagfalterart in der Region Leuk.

n) Landschaftsprogramme

Defizit der jetzigen Situation: Leistungen im Bereich Agrarkultur und Landschaftsqualität wurden bisher im Rahmen der Agrarzahlungen nicht unterstützt. In gesellschaftlicher und wirtschaftlicher (Tourismus) Hinsicht sind sie aber von grosser Bedeutung. Landschaftsprogramme können Lücken in einem ganzheitlichen Agrarleistungsmodell schliessen, wie die zahlreichen Projekte des Fonds Landschaft Schweiz und die Vorschläge zur Erhaltung alpiner Terrassenlandschaften zeigen (Rodewald 2006).

Regelung Szenario IV: Entsprechend den Artenschutzprogrammen werden für spezifische Leistungen im Bereich landwirtschaftlicher Kultur und Landschaftsqualität neue, regional ausgerichtete Programme entwickelt und eingeführt. Die Beitragshöhen sind projektspezifisch zu begründen. Unterstützt werden können Bewirtschaftungsformen oder Massnahmen wie die Erstellung, die Restaurierung und der Unterhalt von traditionellen Terrassenlandschaften, von Schindel- und Steindächern, von traditionellen Zauntypen und von Trockenmauern (vgl. Abteilung für Landschafts- und Naturschutz der Autonomen Provinz Bozen 1995). Die Programme werden teils von Bund, Kantonen und gegebenenfalls Gemeinden, Nichtregierungsorganisationen und weiteren Interessengruppen entwickelt, teils werden sie aufgrund von Ausschreibungen ausgewählt. Die Beitragshöhen sind projektspezifisch zu begründen. Die Kantone leisten eine Kostenbeteiligung von 10 %.

o) Beitrag für die Haltung gefährdeter oder traditioneller, an die alpinen Verhältnisse besonders angepasster Nutztierrassen

Defizit der jetzigen Situation: Die früher gehaltenen Tierrassen sind nicht nur im Hinblick auf eine Erhaltung der genetischen Ressourcen wichtig, sondern aufgrund ihres im Vergleich zu Hochleistungsrassen geringen Gewichts oft auch optimal an die alpinen Bedingungen angepasst (z.B. Beweidung steiler Flächen). Mit ihren geringeren Ansprüchen (z.B. Verwertung von Heu aus Magerwiesen oder ungedüngten Weiden) sind sie zudem besser für die Graslandnutzung im Berggebiet geeignet als Hochleistungsrassen. Die Rassen sind allerdings nur mit entsprechenden Beiträgen konkurrenzfähig.

Regelung Szenario IV: Landwirtschaftliche Nutztierrassen, die auf einer regional spezifizierten Liste aufgeführt sind, werden mit 300 Franken pro RGVE und Jahr gefördert.

Das Programm ergänzt das laufende Aktionsprogramm des Bundesamtes für Landwirtschaft zur Erhaltung der pflanzen- und tiergenetischen Ressourcen.

Weitere Anpassungen
Um auch ausserhalb der Direktzahlungen eine Optimierung der Leistungen zugunsten von Natur und Landschaft zu erreichen, um Synergien nutzen zu können und die Landwirte bei der Umsetzung der neuen Anforderungen unterstützen zu können, geht Szenario IV von weiteren Anpassungen aus:

p) Nutzung von Synergien zwischen den erbrachten nichtmarktfähigen Leistungen der Landwirtschaft und der Erbringung von martkfähigen Leistungen. Die erfolgreiche Vermarktung von Schweizer Emmer-Einkorn-Spezialitäten, verknüpft mit zusätzlichen ökologischen Bewirtschaftungsanforderungen, oder die Lancierung lokaler, vom Aussterben bedrohter Hochstamm-Obstsorten als Premium-Produkt im Domleschg/GR sind gute Beispiele für die Nutzung von Synergien.

q) Die ausserlandwirtschaftlichen Massnahmen der Artenschutzprogramme wie Planungs- oder Renaturierungskosten werden über das Natur- und Heimatschutzgesetz geregelt und finanziert.

r) Ausbildung, Weiterbildung und individuelle Beratungsangebote für die Landwirte werden den neuen Erfordernissen angepasst. Statt auf Produktionsaspekte werden die Schwergewichte auf die multifunktionalen Leistungen der Landwirtschaft gelegt.

s) Wir gehen in unseren Szenarien davon aus, dass die vom Steuerzahler entschädigten Leistungen tatsächlich durchgeführt werden und wirksam sind. In der Praxis erfordert dies eine Beobachtung und Überprüfung. Das gegenwärtige Kontrollwesen, das sich in vielerlei Hinsicht bewährt hat, weist bei den ökologischen Leistungen einen Verbesserungsbedarf auf. Dies ist aber nicht Gegenstand dieser Synthese und wird hier nicht näher behandelt.

t) Die Tourismusbranche und die Berglandwirtschaft gehen Allianzen ein, um die Entwicklung von landschaftsbezogenen Labels und deren lokale Vermarktung zu fördern.

u) Waldweiden, die bei einer geregelten Weideführung geeignet sind, eine besonders hohe Biodiversität und hohe Landschaftswerte zu schaffen, werden von den Kantonen nicht mehr a priori als nachteilige Nutzung klassifiziert, sondern im Rahmen der Waldentwicklungspläne unter definierten Bedingungen aktiv gefördert. Waldweiden können neu in regional limitiertem Umfang der landwirtschaftlichen Nutzfläche zugerechnet werden, sofern ihre Nutzung verbindlich geregelt wird (z.B. im Rahmen von Sonderwaldreservaten).

v) Der Raumbedarf der Fliessgewässer wird über die Raumplanung unter Einbezug der Pflege dieser Flächen durch die Landwirtschaft mit aufwandbezogener Entschädigung besser berücksichtigt.

w) Meliorationen werden generell nur noch in Verbindung mit Vernetzungsprojekten, Landschaftsentwicklungskonzepten oder Artenschutz- und Landschaftsprogrammen durchgeführt. Anstelle von neuen Erschliessungen werden Erschwernisse bei der Nutzung von wenig erschlossenen Flächen finanziell abgegolten.

Abbildung 5-9
Attraktive Landschaft
Biodiversität und Landschaftsqualität beruhen auf einem gewachsenen Miteinander von natürlichen Elementen und verschiedenen Landnutzungstypen und -intensitäten.

Foto: Markus Jenny.

5.7.4 Auswirkungen auf Einkommen, Betriebsstrukturen und Administration

In den Bergzonen gehen infolge des Wegfalls eines Teils der Flächenbeiträge und der Tierhaltungsbeiträge bei Szenario IV einerseits Direktzahlungen von 567 Millionen Franken verloren. Diesem Wegfall stehen gemäss Tabelle 5-10 zusätzliche, leistungsorientierte Beiträge von 1,24 Milliarden Franken gegenüber. Die Unterstützung des Bundes für die Berglandwirtschaft nimmt damit von heute 1,2 um 677 Millionen Franken auf 1,9 Milliarden Franken zu (Bergzonen I bis IV und Sömmerungsgebiet), wovon schätzungsweise 100 Millionen Franken gemäss Agrarpolitik 2011 des Bundesrates aus der reduzierten Marktstützung ohnehin in Direktzahlungen für die genannten Zonen umgelagert würden. Damit sind zur Realisierung von Szenario IV rund 580 Millionen Franken aus den in Kapitel 5.7.2 genannten Quellen nötig. Diese Zusatzkosten machen aber gemäss Kap. 5.7.2 und unter Berücksichtigung der Annahme, dass durch die Umsetzung der im Szenario IV genannten Programme in der Tal- und Hügelregion 200 bis 300 Millionen Franken neue Kosten entstehen, nur knapp 50 % der gesamtschweizerisch aufgrund der Änderungen bei den Flächen- und Tierbeiträgen frei werdenden Mittel aus. Damit besteht genügend finanzieller Spielraum, um auch die neuen Programme p), r), u) und v) sowie die zusätzlichen Umsetzungskosten für die Programme l), m) und n) (Planung, Begleitung, Beratung, Monitoring) aus Agrarmitteln bisherigen Umfangs (mit)zufinanzieren.

Angenommen, maximal 30 % dieser Beiträge, die gemäss Szenario IV neu ins Berggebiet fliessen, werden zur Deckung erhöhter Direktkosten oder verminderter Produkteerlöse benötigt, verbleiben der Berglandwirtschaft 400 Millionen Franken Direktzahlungen jährlich als zusätzliches Einkommen – das ist gut ein Drittel mehr im Vergleich zu den bisherigen Direktzahlungen. Die Abhängigkeit von den Direktzahlungen dürfte bei erfolgreichen Vermarktungsbemühungen dadurch aber nicht zunehmen.

Durch die zonenbezogenen Umlagerungen nimmt dagegen das Einkommen der Talbetriebe zunächst ab. Die neuen Rahmenbedingungen werden in der Landwirtschaft des Talgebietes zu einem starken Strukturwandel führen. Allein die Umlagerung der hohen, direkt oder indirekt an die Fläche gebundenen Renten in Leistungsbeiträge wird die bisher weitgehend blockierten Pacht- und Besitzstrukturen beim Landwirtschaftsland zugunsten wachstumswilliger, professioneller Vollerwerbsbetriebe lockern. Trotz geringerer Kosten für die öffentliche Hand werden die ökologischen Leistungen bedeutend attraktiver, weil das «Konkurrenzprogramm» der allgemeinen, eine intensive Nutzung fördernden Direktzahlungen wegfällt (Schläpfer 2006). Die Ökoflächen und deren Qualität nehmen aufgrund stark erhöhter Anreize markant zu, sodass das lediglich zu 10 bis 20 % erreichte Ziel des Landschaftskonzeptes Schweiz von 65'000 Hektaren qualitativ guter, vernetzter Öko-Flächen bereits wenige Jahre nach Einführung der Neuerungen übertroffen werden dürfte.

Damit sich die Landwirtschaft im Tal- und im Berggebiet sowohl in sozialer als auch in wirtschaftlicher Hinsicht an die veränderten Rahmenbedingungen anpassen kann, werden genügend lange Übergangsfristen vorgesehen. Grosses Gewicht wird auf den Aufbau eines Beratungs- und Fortbildungsangebotes gelegt, um die Landwirte bei den nötigen Anpassungen wirksam zu unterstützen.

Aus den Anpassungen für Szenario IV resultiert eine administrative und inhaltliche Vereinfachung der Direktzahlungsverordnung: 17 Artikel (Nr. 18 bis 34) fallen weg, die übrigen 57 Artikel erfahren teilweise leichte Anpassungen. Allerdings kommen einige neue Artikel hinzu, welche die Bedingungen für die neuen Programme umschreiben. Dennoch fällt die Verordnung schlanker und einfacher aus. In der Öko-Qualitätsverordnung kommt, wie bereits vom BLW vorgesehen, neu Punkt i) dazu. In der Sömmerungsbeitragsverordnung werden neu ein ökologischer Leistungsnachweis gemäss Punkt g) sowie die Anforderungen für die Öko-Sömmerungsbeiträge definiert. Das Landwirtschaftsgesetz wird durch Artikel 77a ergänzt. Für die neuen Programme ist die Ausarbeitung neuer Verordnungen auf nationaler und kantonaler Ebene nötig (Programme j), k), m), n), o)). Zudem ergeben sich neue Prioritäten bei Ausbildung und Beratung.

Die Umsetzung aller Anpassungen kann aufgrund bereits vorhandener Daten oder mit einfachen Zusatzangaben des Bewirtschafters ohne grossen administrativen Aufwand realisiert werden. Ausnahmen bilden die Änderungen im Sömmerungsgebiet, wo eine Abgrenzung zwischen Flächen unterhalb und oberhalb der Baumgrenze nötig wird.

Alternativszenario «Beibehaltung der Direktzahlungssumme im Berggebiet»
Würde auf die im Szenario IV implizit angenommene, leistungsbezogene Umverteilung von Direktzahlungen aus dem Tal zugunsten des Berggebietes verzichtet und lediglich die derzeit ins Berggebiet fliessenden Direktzahlungen in leistungsorientierte Programme umgelagert (vgl. Kap. 5.7.1), stünde dort nur die Hälfte, nämlich 564 Millionen Franken, zusätzlich für leistungsorientierte Programme zur Verfügung (Tab. 5-10). Falls mit diesen Zahlungen erstmals auch das Sömmerungsgebiet in grösserem Umfang für ökologische und landschaftliche Leistungen unterstützt werden soll, würde dies zu entsprechend geringeren Direktzahlungen an die Landwirtschaftsbetriebe im Berggebiet führen. Aber auch wenn die Direktzahlungen für die Bergbetriebe insgesamt konstant blieben, käme dies wirtschaftlich einer Schlechterstellung gegenüber heute gleich, weil als Folge der programmbedingt geforderten Extensivierungen geringere

Produkteerlöse resultieren. Gleichzeitig müssten zur Erfüllung der neuen Programme zusätzliche, mit mehr Arbeitsaufwand und eventuell zusätzlichen Kosten verbundene Leistungen erbracht werden.

Als Folge davon käme es zu einem deutlich verstärkten Rückgang der Landwirtschaft und – trotz der besseren Anreize für Öko-Flächen – unvermeidlich auch zu einer zunehmenden Nutzungsaufgabe ökologisch wertvoller Standorte (Lauber 2006, SULAPS). Betriebe mit Flächen in Gunstlagen könnten sich dagegen von den Öko-Programmen abkoppeln und den Einkommensausfall über eine Intensivierung und Betriebsvergrösserung wett machen, eventuell auch über eine Arbeitsextensivierung mit zunehmender Weidewirtschaft mit gleichzeitigem Ausbau des nicht landwirtschaftlichen Einkommens (vgl. Flury et al. 2004a). Beide Reaktionen wirken sich ökologisch negativ aus.

Im Gegensatz zum Mittelland, wo gänzlich andere Voraussetzungen herrschen und allein von einem Abbau der «Allgemeinen Direktzahlungen» (ohne Umlagerungen in ökologische Leistungszahlungen) bereits eine Verbesserung der jetzigen ökologisch-landschaftlichen Situation resultieren würde (Economiesuisse 2006), hätte also ein Abbau des Zahlungsumfangs oder eine wesentliche Erhöhung der Anforderungen im Berggebiet einen Abbau landschaftsökologischer Leistungen zur Folge. Angesichts der kritischen wirtschaftlichen Situation vieler Bergbetriebe und der bestehenden grossen Differenzen zum landwirtschaftlichen Einkommen im Talgebiet kommt die Umsetzung eines solchen Szenarios auch aus sozialen und politischen Gründen kaum in Betracht.

5.7.5 Auswirkungen auf die übrigen Zielbereiche der Agrarpolitik

Die verschiedenen Massnahmen dürften sich auf die abiotische Umwelt (Kap. 5.7.1) positiv auswirken. So werden aufgrund der Extensivierung Gewässerschutzprobleme als Folge einer Überdüngung abnehmen. Durch die verbesserten Einkommensmöglichkeiten wirkt sich der Systemwechsel auch positiv auf die Erhaltung der dezentralen Besiedlung und der flächendeckenden Nutzung aus. Einzig bei der Produktion ist von einer quantitativen Abnahme auszugehen. Die Qualität der Produkte dürfte aber steigen und könnte sich in höheren Produzentenpreisen niederschlagen, wenn die Mehrleistungen im Bereich Natur und Landschaft beispielsweise über entsprechende Label als Marketinginstrument eingesetzt würden. Infolge einer weiterhin flächendeckenden und zudem bodenschonenden Nutzung dürfte Szenario IV auch den Verfassungsauftrag der Aufrechterhaltung der Produktionskapazität der Schweizer Landwirtschaft am besten erfüllen.

5.7.6 Bilanz für Landschaften und Lebensräume der Alpen

Bei allen wichtigen Nutzungsfaktoren ist von Szenario IV eine gegenüber dem Jetzt-Zustand klar positive Entwicklung für die Landschaften und Lebensräume der Alpen zu erwarten (Tab. 5-11). Durch die Landschaftsprogramme können erstmals auch umfassende landschaftsästhetische und agrokulturelle Aufwertungen durch die Landwirte finanziert werden. Die starke Gewichtung der Regionalisierung und der Subsidiarität fördert zudem regionaltypische, lokal angepasste Massnahmen, was gegenüber den heute weitgehend zentral gesteuerten Massnahmen mit ihrer Gefahr einer Uniformierung von Lebensräumen und Landschaften eine Trendumkehr bedeutet.

Szenario IV ist damit ein konkreter Beitrag zur Realisierung der vom Bundesamt für Landwirtschaft für den ökologischen Ausgleich geforderten und mit der gegenwärtigen Politik (Szenario I) nicht zu erreichenden Ziele wie die Förderung der Artenvielfalt. Ebenso unterstützt das Szenario die im Landschaftskonzept Schweiz enthaltenen Landschaftsziele.

Tabelle 5-10

Veränderungen der Direktzahlungen für die Bergzonen sowie für das Sömmerungsgebiet im Jahr 2017 gegenüber heute (in Millionen Franken)

Annahme: Ökowiesen machen 25 % der landwirtschaftlichen Nutzfläche aus, Weiden mit Öko-Qualität 10 %; weitere Erläuterungen siehe Text.

	Zahlungen 2004	Differenz	Zahlungen 2017
Neue oder ausgebaute Direktzahlungs-Programme			
b) Progressive Höhenabstufung und Erschwerniszuschläge Öko-Wiesenbeiträge	0	+105	105
c) Erhöhte ÖQV-Beiträge	12	+191	203
d) Erhöhte Beiträge für Hecken u.a. lineare/punktuelle Öko-/Landschaftselemente	0,4	+4	4
e) Verringerung der Beiträge für wenig intensiv genutzte Wiesen	8	-1	7
g) Erhöhte Sömmerungsbeiträge und ökologischer Leistungsnachweis	91	+210	301
h) Ausweitung der Leistungsanreize e), f), k), l) und m) auf das Sömmerungsgebiet	0	+200	200
i) Einführung Qualitätsbeitrag extensiv genutzte Weiden	0	+20	20
j) Einführung Waldrandpflegebeitrag	0	+15	15
k) Gesamtbetrieblicher Leistungsbeitrag Natur und Landschaft	0	+100	100
l) Einführung Programm Ressourcennutzung	0	+30	30
m) Einführung Programm Artenförderung	0	+170	170
n) Einführung Programm Landschaftsqualität	0	+100	100
o) Einführung von Beiträgen für die Haltung gefährdeter oder seltener Nutztierrassen	0	+100	100
Zwischentotal	**111**	**+1'244**	**1'355**
Übrige Programme			
Flächenbeiträge	485	-190	295
Hangbeiträge	78	+2	80
Tierhalterbeiträge	420	-420	0
Ökologischer Ausgleich (ohne oben bereits genannte Zahlungen)	23	+29	52
Biologischer Landbau	17	+3	20
Besonders tierfreundliche Nutztierhaltung	71	+9	80
Zwischentotal	**1'094**	**-567**	**527**
Gesamttotal Direktzahlungen Bergzonen I bis IV und Sömmerungsgebiet	**1'205**	**+677**	**1'882**

Tabelle 5-11a
Bilanz des Szenarios IV («Multifunktionales Agrarleistungsmodell»)
a) Landschaften, Lebensräume und Artenvielfalt

Auswirkungen der wesentlichen Einflussfaktoren der Landnutzung gemäss Kap. 5.3 auf die Landschaftsqualität (blaue Pfeile), die Artenvielfalt (schwarze Pfeile) und die Ausdehnung artenreicher Flächen (quantitative Angaben; Definition «artenreiche Fläche» siehe Kapitel 5.3). Pfeile nach unten bzw. ein negatives Vorzeichen bedeuten eine Abnahme der Landschaftsqualität bzw. der artenreichen Flächen, Pfeile nach oben bzw. ein positives Vorzeichen bedeuten eine Zunahme. Die Anzahl der Pfeile (1-4) gibt die Stärke der Tendenz an. Um die Veränderungen einordnen zu können, wurde zusätzlich der bisherige Trend angegeben. Die Angaben beruhen auf dem in Kapitel 5.3 beschriebenen Prognoseverfahren. Der Einflussfaktor «Diversität der Graslandnutzung in der Landschaft» wirkt sich nur qualitativ aus und hat keine Auswirkungen auf die Ausdehnung artenreicher Flächen.

Einflussfaktor	Auswirkung auf Landschaftsqualität (blaue Pfeile) und Artenvielfalt (schwarze Pfeile)		Bewirkte Veränderung artenreicher Flächen bis 2017
	Bisheriger Trend (2002–2004)	Zukünftiger Trend bis 2017	(%)
Verbrachung und Einwaldung von Grasland infolge Nutzungsaufgabe	↘ ↘ ↘	↗ ↗	0
Extensive Mähnutzung	→ →	↗ ↗	+5
Wenig intensive Fromental- und Goldhaferwiesennutzung anstelle intensiverer Nutzung	↘ ↘	↗ ↗	+5
Erhaltung und Pflege von strukturreichen Flächen im Offenland	↘ ↘ ↘	↗ ↗ ↗ ↗	+4
Mähnutzung anstelle von Nutzung als Dauerweide	→ ↘	→ →	+3
Diversität der Graslandnutzung	→ →	→ ↗	–
Gesamtbilanz	↘ ↘ ↘ ↘	↗ ↗ ↗ ↗	**+17**

Tabelle 5-11b
Bilanz des Szenarios IV
b) **Besondere landschaftliche und agrarpolitische Auswirkungen**

Pfeile nach unten bedeuten eine negative Wirkung auf das Landschaftsmerkmal bzw. das agrarpolitische Ziel, Pfeile nach oben bedeuten eine positive Wirkung. Die Anzahl der Pfeile gibt die Stärke der Tendenz an.

Einflussfaktor	Auswirkung	
	Bisheriger Trend (2002–2004)	Zukünftiger Trend bis 2017
Wildnis als landschaftliche Besonderheit	→	→
Begehbarkeit der Landschaft	→	→
Durch Strassen nicht erschlossene Landschaftsräume (im Zusammenhang mit landwirtschaftlichen Meliorationen)	↘	↗
Landwirtschaftliches Einkommen	↘ ↘	↗ ↗
Dezentrale Besiedlung	↘	↗

5.8 Schlussfolgerungen

Die Abnahme der Biodiversität und der Landschaftsqualität im Alpenraum muss gestoppt werden. Durch die geplante Agrarpolitik 2011 (Szenario I) wird dieses Ziel nicht erreicht. Die Szenarien II und III, bei welchen entweder die Leistungsanforderungen verringert oder die Unterstützung für die Landwirtschaft reduziert wird, verstärken den negativen Trend sogar. Szenario IV zeigt dagegen auf, dass es durch Kombination geeigneter Massnahmen möglich ist, die noch bestehende Qualität alpiner Landschaften und ihre biologische Vielfalt zu erhalten und längerfristig zu verbessern.

6 Handlungsempfehlungen zur Erhaltung der vielfältigen Alpenlandschaft und ihrer Biodiversität

6 Handlungsempfehlungen zur Erhaltung der vielfältigen Alpenlandschaft und ihrer Biodiversität

Im Rahmen des NFP 48 haben Wissenschaftlerinnen und Wissenschaftler Veränderungen der landschaftlichen Vielfalt und der Biodiversität im Alpenraum untersucht. Die Projekte haben deutliche Resultate geliefert. Der Übergang zur modernen Landbewirtschaftung sowie die Nutzungsaufgabe von schwierig zu bewirtschaftenden Flächen haben einen beträchtlichen Verlust an Landschaftsvielfalt, Lebensräumen, Arten und Kulturrassen verursacht. Zu grossen landschaftlichen Umwälzungen haben auch die Verstädterung mancher Alpentäler und die Zersiedelung in touristisch gut erschlossenen Lagen beigetragen. Gleichzeitig sind andere Alpentäler mit einer Abwanderung der Bevölkerung konfrontiert.

Der Landschaftswandel und der Verlust an Biodiversität im Alpenraum gehen täglich und kontinuierlich weiter: Wiesen in Gunstlagen werden immer intensiver bewirtschaftet, Mähwiesen werden zu Weiden umgenutzt und ökologisch wertvolle Flächen an steilen und abgelegenen Lagen werden zunehmend aufgegeben und walden ein. Der Flächenverbrauch für neuen Siedlungsraum und Infrastruktur ist ungebrochen.

Die beobachteten Veränderungen werden nicht nur von den meisten Bevölkerungsgruppen als negativ wahrgenommen, sondern stehen auch im Widerspruch zu erklärten Zielvorstellungen des Bundes, zur Verfassung, zur nationalen Gesetzgebung sowie zu internationalen Verpflichtungen der Schweiz. Es gibt aber Möglichkeiten, diesen Widersprüchen und Zielkonflikten zu begegnen und den negativen Trend der Abnahme der Vielfalt zu brechen. So wurde im Rahmen der NFP 48-Synthese IV («Wertschöpfung und Raumnutzung», Simmen et al. 2006) gezeigt, dass die Entwicklung des Alpenraums durch die Regional-, Raum-, Naturschutz- und Landwirtschaftspolitik sowie durch weitere Politikfelder beeinflusst werden kann. In der vorliegenden Synthese steht die Rolle der land- und forstwirtschaftlichen Nutzungen der alpinen Landschaft und ihrer Lebensräume im Zentrum. Basierend auf Forschungsresultaten leiten wir in diesem Kapitel Handlungsempfehlungen ab und stellen sie in einen grösseren Rahmen. Die Schlussfolgerung ist erfreulich: Wir wissen, was zu tun wäre! Es braucht nun gemeinsame Anstrengungen aller an der Entwicklung des Berggebiets beteiligten Akteure, und auch die Bereitschaft, einige bisher wohlgehütete Tabus offen zu diskutieren.

Abbildung 6-1

Direktzahlungen in Milliardenhöhe lassen sich in Zukunft nur rechtfertigen, wenn solche Landschaften erhalten bleiben

Foto: Andreas Bosshard.

6.1 Landwirtschaft

Die Landwirtschaft – und damit auch die Landwirtschaftspolitik – ist für die Erhaltung der Artenvielfalt und der Landschaftsqualität von zentraler Bedeutung (Kap. 2 und 3). Allerdings haben die Resultate des NFP 48 deutlich vor Augen geführt, dass eine landwirtschaftliche Nutzung nicht per se Landschaftsqualität und Artenvielfalt bedeuten. Die Intensivierung und Homogenisierung der Nutzung in Gunstlagen, wie sie zurzeit beobachtet wird, führt zu einer starken Abnahme der Arten- und Lebensraumvielfalt sowie von Landschaftselementen. Gleichzeitig werden Gebiete in schwierig zu bewirtschaftenden Lagen aus der landwirtschaftlichen Nutzung entlassen. Viele dieser Flächen, die sich der Wald zurückholt, sind artenreich und ökologisch wertvoll. Inwieweit die Attraktivität grossräumiger Waldflächen in einzelnen Alpentälern den Verlust offener Landschaften kompensieren kann, ist eine Frage der Werthaltungen. Tatsache ist aber, dass es in den betroffenen Gebieten zu einem Verlust der Landschafts- und Lebensraumvielfalt und einem Aussterben von Arten kommt.

Problematisch wären auch der Verlust der Begehbarkeit der Landschaft und die Aufgabe von bäuerlich geprägten, Jahrhunderte alten Kulturen mit ihrem ortsbezogenen Wissen. Ein Rückzug aus der Landnutzung (vgl. Szenario II, Kap. 5.5), wie sie vereinzelt diskutiert wird, würde damit eine der wichtigsten Ressourcen der Schweiz aufs Spiel setzen: die weltweit berühmte und für die Lebensqualität und touristische Attraktivität der Schweiz wichtige Kulturlandschaft der Alpen.

Offenbar bedeutet Berglandwirtschaft weit mehr als die Nahrungsmittelproduktion unter benachteiligten Bedingungen. Vor allem in den Alpen wird eine multifunktional ausgerichtete Landwirtschaft benötigt, die im Dienste der Gesellschaft auch kulturelle, ästhetische und vor allem ökologische Leistungen erbringt. Nur so lassen sich die Direktzahlungen in Milliardenhöhe in Zukunft rechtfertigen. Es ist Aufgabe der Politik und von Verbänden, Rahmenbedingungen zu schaffen, die es der Landwirtschaft ermöglichen, diese Leistungen in einem öffentlichen Markt effizient und zielorientiert zu erbringen.

6.1.1 Direktzahlungen müssen öffentliche, nicht marktfähige Leistungen entschädigen

Die Direktzahlungen sind die wichtigste ökonomische Basis der Berglandwirtschaft. Das in Kapitel 5.5 diskutierte Szenario II («Verzicht auf Steuerung») weist denn auch auf ein grossflächiges Zusammenbrechen der Berglandwirtschaft hin, würden die Direktzahlungen gestrichen.

Die Agrarpolitik unterstützt seit ihrer Neuorientierung weg von Marktstützungen hin zu Direktzahlungen zwar die Erhaltung wertvoller Lebensräume; dennoch konnte der Rückgang artenreicher Flächen nicht gestoppt werden. Daran wird sich – wie Szenario I (Kap. 5.4) gezeigt hat – auch mit den vorgesehenen Anpassungen der Landwirtschaftspolitik im Rahmen der AP 2011 wenig ändern.

Ein Blick in die komplexe Materie des Schweizer Direktzahlungssystems macht deutlich, dass heute nur verschwindend kleine Anteile der Direktzahlungen gezielt landschaftliche oder ökologische Leistungen entschädigen (siehe Kap. 5). Über 90 % der Zahlungen sind – ohne spezifische ökologische Anforderungen – an die bewirtschaftete Fläche und die Zahl der gehaltenen Tiere gebunden («Allgemeine Direktzahlungen») und konkurrieren dadurch die Bemühungen, die Bewirtschaftungsweise auf Landschaftsqualität und Artenvielfalt auszurichten. Hinzu kommt, dass die Leistungen der Berglandwirtschaft zugunsten von Landschaft und Artenvielfalt im Verhältnis zum dafür notwendigen Aufwand auch pro Fläche um ein Vielfaches schlechter abgegolten werden als im Talgebiet – obwohl im Talgebiet ein Bruchteil der Direktzahlungen genügen würde, um die Landwirtschaft und ihre von der Gesellschaft gewünschten öffentlichen Leistungen zu erhalten.

Die Herausforderung der nächsten Jahre für Politik, Wissenschaft und Nichtregierungsorganisationen wird es denn auch sein, Vorschläge zu entwickeln, wie die rund 2 Milliarden Franken, die derzeit jedes Jahr ohne konkrete

Leistungsbindung an die Landwirtschaft fliessen, in zielgerichtete Instrumente überführt werden können. Dabei wird es nicht allein genügen, die bisher für «Allgemeine Direktzahlungen» aufgewendeten Mittel in ökologische Ausgleichszahlungen umzulagern. Vielmehr werden neue konzeptionelle Ansätze benötigt, neue Instrumente und ein Überdenken der gegenwärtigen Verteilung der Direktzahlungen zwischen Tal- und Bergregionen.

Wichtige Grundsätze und konkrete Handlungsmöglichkeiten für eine konsequente Leistungsorientierung der Agrarpolitik wurden im Szenario IV (Kap. 5.7) ausführlich dargestellt. Diese berücksichtigen erstmals auch das Sömmerungsgebiet, das trotz seiner ausgesprochen grossen landschaftlichen Qualität und seiner vielen artenreichen Flächen bisher von den Direktzahlungen praktisch ausgeschlossen ist. Die im Szenario IV vorgeschlagenen Änderungen des Direktzahlungssystems lassen nicht nur eine Verbesserung der Landschaftsqualität und eine Erhöhung der Biodiversität und damit eine eigentliche Trendumkehr erwarten, sondern auch eine Verbesserung der wirtschaftlichen Situation der Berglandwirtschaft (siehe Tab. 4-14) – obwohl das Szenario nicht von einer Erhöhung des Agrarbudgets ausgeht, sondern lediglich von einer wirkungsorientierten Umlagerung der gegenwärtigen Mittel. Aufgrund dieser Erkenntnisse machen wir folgende Empfehlungen:

- Das Instrument der Direktzahlungen soll konsequent in Richtung einer ergebnisorientierten Abgeltung und Förderung gemeinwirtschaftlicher, nicht marktfähiger Leistungen weiter entwickelt werden. Wir schlagen einerseits eine Streichung bzw. Kürzung der «Allgemeinen Direktzahlungen» vor. Dies betrifft sowohl die derzeit leistungsunabhängigen Flächenbeiträge als auch die tiergebundenen Beiträge, die sowohl unerwünschte Markteffekte als auch unerwünschte ökologische Effekte haben. Andererseits schlagen wir in Anlehnung an Szenario IV (siehe Kap. 5.7.2) nachfolgende Anpassungen und Ergänzungen bei den leistungsorientierten Programmen vor.
- Die Bewirtschaftungsanreize für «Extensiv genutzte Wiesen» sowie für artenreiche «Wenig intensiv genutzte Wiesen» sollten in Abhängigkeit vom Bewirtschaftungsaufwand erhöht werden.
- Pflegemassnahmen für Landschaftselemente wie Hecken oder Trockensteinmauern sollten in Abhängigkeit vom Aufwand entschädigt werden.
- Die derzeit geringen Beiträge der Öko-Qualitätsverordnung sollten erhöht werden, um einen tatsächlichen Anreiz für ökologische Qualität und Vernetzung zu geben.
- Ein neuer Qualitätsbeitrag für artenreiche, extensiv genutzte Weiden, wie er durch das Bundesamt für Landwirtschaft vorbereitet wird, ist zu begrüssen.
- Wir schlagen die Schaffung neuer Programme für den Arten- und Landschaftsschutz vor sowie für die Förderung von Nutztierrassen und Pflanzensorten, die an die naturräumlichen Bedingungen der Alpen angepasst sind.
- Ökologische Leistungen im Sömmerungsgebiet sollten definiert und gezielt abgegolten werden (analog zur landwirtschaftlichen Nutzfläche).
- Wir schlagen die Einführung eines gesamtbetrieblichen Leistungsbeitrages «Natur und Landschaft» vor. Damit wird auf einfache Weise verhindert, dass die Betriebe (wie dies bei Systemen aus Einzelanreizen der Fall ist) nur auf diejenigen Angebote reagieren, bei denen sie keinen Zusatzaufwand haben oder nichts verändern müssen.
- Wesentliche Anteile der Direktzahlungen sollten regionalisiert werden, um ökologische Leistungen gemäss den lokalen Verhältnissen abgelten zu können (Kap. 6.1.2.)
- Durch die empfohlenen Anpassungen verliert der ökologische Leistungsnachweis, der als Rechtfertigung für die unspezifischen «Allgemeinen Direktzahlungen» dient, zum Teil seine Bedeutung. Er könnte deshalb vereinfacht werden, sodass der administrative Aufwand für die Bauern reduziert wird. Da in Zukunft entsprechend unseren Empfehlungen konsequent Leistungen abgegolten werden sollten, werden einkommens- und betriebsgrössenabhängige Degressions- und Ausschlusskriterien für Direktzahlungen hinfällig.

Nutzungsentscheidungen im Grasland

Wiesen und Weiden beherbergen die weitaus grösste Artenvielfalt im Alpenraum (Kap. 3). Diese Vielfalt kann nur erhalten werden, wenn die verbliebenen Reste der Magerwiesen und traditionell genutzten Fettwiesen (Fromental-/Glatthaferwiesen und Goldhaferwiesen) bewahrt und die Ausdehnung solcher Wiesentypen gefördert wird. Dazu muss die Umwandlung artenreicher Mähwiesen in artenarme Wiesen und Weiden verhindert werden; gleichzeitig muss die Vielfalt der Nutzungstypen auf Betriebs- und Gemeindeebene gefördert werden (abgestufte Nutzungskonzepte).

Die Forschungsresultate des NFP 48 haben gezeigt, dass sich die charakteristischen Pflanzengesellschaften von traditionellen Mähwiesen nur durch eine Mähnutzung erhalten lassen (Kap. 3.2). Viele dieser Wiesen finden sich heute nur noch in steileren oder schlecht erschlossenen Lagen. Weil das Mähen mit einem hohen Arbeitsaufwand verbunden ist, werden sie zunehmend durch eine viel weniger aufwändige Beweidung ersetzt. Die derzeitigen Anreize für artenreiche Mähwiesen reichen nicht aus, um diesen Trend zu stoppen und sollten deshalb abhängig vom Bewirtschaftungsaufwand deutlich erhöht werden.

Allerdings ist eine Beweidung für die Erhaltung der Artenvielfalt meist die im Vergleich zur Nutzungsaufgabe bessere Alternative. Dabei spielt die Art der Beweidung eine entscheidende Rolle (Kap. 3.1.5). Auch in extensiven, ungedüngten Weiden kann es (oft in Verbindung mit gravierenden Erosionsproblemen) innerhalb weniger Jahre zu einem weit gehenden Verlust der ursprünglichen Artenvielfalt kommen, beispielsweise in Schaf-Standweiden mit langen Bestossungszeiten. Auch frei weidende Schafherden oberhalb der Waldgrenze führen regelmässig zu starken Schäden an der Vegetation. Mit einem gut geführten Weidemanagement können dagegen viele Pflanzenarten der mageren Mähwiesen erhalten werden. Für die Fauna sind Weiden unter bestimmten Bedingungen sogar attraktiver als Mähwiesen (Kap. 3.1.5).

Um die Gefahren einer falschen Beweidung für Landschaften und Lebensräume einzudämmen und das Potenzial gut geführter Weiden vermehrt zu nutzen, sollten Beiträge zunehmend an Bedingungen geknüpft werden. Eine für Landschaften und Lebensräume besonders günstige Weideform für grosse Weidegebiete sowohl oberhalb als auch unterhalb der Baumgrenze sind behirtete, nach einem Beweidungsplan geführte Herden. Ein weiteres wichtiges Potenzial liegt in der Haltung von lokalen und an die naturräumlichen Bedingungen der Berggebiete angepassten Tierrassen, da diese das Futter von artenreichen Wiesen besser verwerten können, die Weiden besser pflegen und weniger Trittschäden verursachen als Hochleistungsrassen.

6.1.2 Regionalisierung der Agrarpolitik

Das NFP 48 hat gezeigt, dass regionale, kulturelle und wirtschaftliche Unterschiede einen grossen Einfluss auf die Betriebsstrukturen, Nutzungsformen und damit auf die Qualität von Landschaften und Lebensräumen in den Alpen haben. Um dieser Vielfalt angemessen Rechnung zu tragen, sind regionale Konzepte unumgänglich. Die heutige Agrarpolitik ist allerdings weitgehend zentralistisch organisiert. Instrumente, die in einer Region der Alpen oder in einem Betrieb richtig sein mögen, können sich anderswo als kontraproduktiv erweisen.

Kompetenzen und Verantwortlichkeiten für die Förderung und Abgeltung öffentlicher Leistungen sollten deshalb nach dem Prinzip der Subsidiarität verstärkt auf Kantons- und Gemeindestufe delegiert werden. Erste und weit gehend gute Erfahrungen mit einer subsidiären Verteilung der Aufgaben zwischen Bund und Kantonen konnten mit der Öko-Qualitätsverordnung (ÖQV) gesammelt werden (Oppermann und Gujer 2003). Wie sich gezeigt hat, besteht eine der Herausforderungen darin, die Effizienz und eine einheitliche Qualität von subsidiär durchgeführten Programmen aufgrund einheitlicher (bei der ÖQV noch weit gehend fehlender) Beurteilungskriterien und Erfolgskontrollen sicherzustellen. Weil subsidiäre Programme unter geeigneten Rahmenbedingungen effizienter sind als zentralistische, empfehlen wir, mindestens ein Drittel der Direktzahlungen für regional differenzierte Förderungsinstrumente einzusetzen, insbesondere im Bereich Landschaftsqualität, Artenförderung oder Haltung traditioneller, standortangepasster Nutztierrassen. Konkrete Vorschläge für entsprechende Programme finden sich in Kapitel 5.7 (Szenario IV, «Multifunktionales Agrarleistungsmodell»).

6.1.3 Förderung von Unternehmertum, Innovation und Wettbewerbsfähigkeit in der Berglandwirtschaft

Die Förderung der unternehmerischen Verantwortung der Landwirte ist ein Dauerthema. Mit einem Abbau der Direktzahlungen, wie sie beispielsweise in Rentsch (2006) gefordert wird, können mehr Unternehmertum und eine bessere Wettbewerbsfähigkeit im Berggebiet aber nicht erreicht werden. Unter den erschwerten naturräumlichen Bedingungen ist die Nahrungsmittelproduktion der Berglandwirtschaft nämlich weder mit der Tal- noch mit der europäischen Landwirtschaft konkurrenz- und damit überlebensfähig. Der bei einem Stützungsabbau zu erwartende grossflächige Rückzug der Landwirtschaft – insbesondere aus den extensiver genutzten, artenreicheren und vielfältigeren Flächen – würde sich auf die Qualität von Landschaften und auf die Biodiversität im Alpenraum stark negativ auswirken (siehe Szenario II, Kap. 5.5). Die von uns empfohlene konsequente Umlagerung der «Allgemeinen Direktzahlungen» in Richtung einer Abgeltung öffentlicher, nicht marktfähiger Leistungen hat demgegenüber positive Auswirkungen für Lebensräume und Biodiversität und fördert gleichzeitig die unternehmerische Selbstständigkeit der Landwirte in einem öffentlichen Markt, weil die Direktzahlungen im Gegensatz zu heute mit klar definierten Leistungszielen verknüpft werden (Kap. 5.7). Je nach Bereich können gemeinwirtschaftliche Leistungen mit fixen Beiträgen entschädigt oder nachgefragte Leistungen ausgeschrieben werden.

Zudem bestehen zwischen den nicht-marktfähigen Leistungen der Landwirtschaft und den marktfähigen Leistungen Synergiemöglichkeiten. Im Rahmen regionaler Wirtschaftsförderung («Milch, Käse, Fleisch, Obst und Bier von hier») kann die Vermarktung von Premiumprodukten (z.B. Milch- und Fleischprodukte seltener Haustierrassen oder bedrohter Obstsorten) gefördert werden. Im Alpenraum existieren zahlreiche Beispiele dafür, dass Labelprodukte der lokalen Landwirtschaft beim Publikum einen hohen emotionalen Stellenwert haben (Boesch 2006, FUNALPIN). Durch Allianzen zwischen Landwirtschaft, lokalem Gewerbe und Tourismus lassen sich die regionale Wertschöpfung und die Direktvermarktung vor Ort steigern. Solche Allianzen spielen für Nebenerwerbsbetriebe im Berggebiet eine immer wichtigere Rolle. Regionale, naturräumliche, kulturelle sowie land- und forstwirtschaftliche Besonderheiten, die zur landschaftlichen Schönheit, zur Vielfalt von Lebensräumen und zur Biodiversität beitragen, sollten dabei differenziert und identitätsstiftend dargestellt werden.

6.1.4 Neue Prioritäten in Ausbildung und Beratung

Der Erfolg ökologischer Programme in der Landwirtschaft hängt in hohem Masse von einer guten Ausbildung und Beratung der Bäuerinnen und Bauern ab (van Elsen 2005, Bosshard 2005). Der ökologische und landschaftliche Auftrag an die Landwirte ist besonders anspruchsvoll, weil es weniger als in anderen Bereichen der Landwirtschaft allgemeingültige Regeln gibt. Doch die Kompetenzen der Bäuerinnen und Bauern liegen noch viel zu wenig im Bereich Ökologie. Die Landwirtschaftsausbildung hat bisher das notwendige Wissen – wenn überhaupt – nur ganz am Rande vermittelt. Die Aus- und Weiterbildung sollte gezielter auf den ökologischen Leistungsauftrag ausgerichtet werden. Landwirte, die artenreiche Lebensräume fördern und Landschaftsqualität produzieren wollen, brauchen mindestens so spezifische und professionelle Kenntnisse, wie sie für die Produktion von Milch oder die Wartung von Maschinen nötig sind.

Die Beratung im Bereich Natur und Landschaft sollte in Zukunft prioritär auf den Einzelbetrieb fokussiert sein und kann durch Gruppenberatung wirksam ergänzt werden. Nur lokal angepasste, individuell in den Gesamtbetrieb integrierte Lösungen sind nachhaltig und motivieren die Landwirte, entsprechend zu handeln. In einigen Kantonen der Schweiz, in denen einzelbetriebliche, ökologisch-landschaftlich orientierte Programme existieren (z.B. BL, AG, GR), sowie in einigen europäischen Staaten (z.B. Österreich, England, Deutschland) wurden mit dem einzelbetrieblichen Ansatz positive Erfahrungen gesammelt (van Elsen 2005). Die einzelbetriebliche Beratung setzt auch Umdenkprozesse in Gang, die zu einer grösseren Wertschätzung der Natur und der Artenvielfalt beitragen.

6.1.5 Nutzung von Synergien

Die Agrarpolitik wird oft isoliert von anderen Förder- und Entwicklungsinstrumenten betrachtet und umgesetzt. Wie in Kapitel 5 gezeigt wurde, bestehen zahlreiche weitere Steuerungsmöglichkeiten für eine nachhaltige Entwicklung der Landwirtschaft im Berggebiet (Tab. 5-2). Wir empfehlen, jenseits der Sektoralpolitiken vermehrt nach Synergieeffekten zu suchen und diese auszunutzen.

Im Rahmen eines raumplanerisch optimierten Meliorationswesens sollen nur noch in jenen Fällen zusätzliche Erschliessungsmassnahmen ins Auge gefasst werden, bei denen wirkungsorientierte Subventionen nicht zum Ziel führen. Anstelle von teuren Erschliessungsbauten, Ent- und Bewässerungen oder anderen Infrastrukturmassnahmen ist es besser, Nutzungserschwernisse und Ertragseinbussen gezielt abzugelten. Diese Vorgehensweise ist in der Regel volkswirtschaftlich günstiger und für die Erhaltung der Landschaftsqualität und der Lebensräume der Alpen vorteilhafter (Bosshard et al. 2004).

Die landschafts- und biodiversitätsrelevanten Tätigkeiten der Landwirte sind nicht auf die landwirtschaftliche Nutzfläche beschränkt. So gehören Landwirtschaftsbetriebe zu den wichtigsten Nutzern und Pflegern des Waldes, oder sie erbringen Pflegeleistungen beim Gewässerunterhalt. Diese Leistungen könnten qualitativ und quantitativ ausgebaut werden. Ein grosses ökologisches Potenzial haben Waldweiden, die bei einer geregelten Weideführung geeignet sind, eine hohe Biodiversität und hohe Landschaftswerte zu schaffen. Sie sollten deshalb unter definierten Bedingungen von Bund und Kantonen aktiv gefördert werden (siehe auch Kap. 6.2.1).

Abbildung 6-2

Weiterbildung im Bereich Natur und Landschaft ist eine Voraussetzung dafür, dass ökologische Leistungen professionell erbracht werden können

Foto: Andreas Bosshard.

6.2 Forstwirtschaft

Für die Vielfalt und Schönheit der Natur und Landschaft im Alpenraum spielen die Waldgebiete eine wichtige Rolle. Die Art der Waldnutzung beeinflusst die Biodiversität und die Schutzfunktion des Bergwaldes. Die geplante Revision des Waldgesetzes muss deshalb ausreichend Kriterien zur Sicherung der Biodiversität und der Landschaftsqualität vorschreiben.

6.2.1 Biodiversität im Gebirgswald erhalten und fördern

Die meisten seltenen oder gefährdeten Tier- und Pflanzenarten des Waldes sind entweder auf alt- und totholzreiche Bestände angewiesen oder sie sind typische Arten des offenen, lückigen Waldes mit geringem Holzvorrat. Bei der Steigerung der Holznutzung, wie sie für die nächsten Jahre prognostiziert wird, muss deshalb darauf geachtet werden, dass genügend stehendes Totholz im Wald verbleibt, dass alte Bestände in ausreichender Anzahl stehengelassen werden und dass grossflächig homogene Bestände vermieden werden (Mollet et al. 2005). Zudem sollten Sonderwaldreservate mit besonders lichten Wäldern geschaffen werden, in denen Naturschutzanliegen im Vordergrund stehen. Für sehr seltene Arten sind Förderprogramme auch ausserhalb dieser Reservate nötig.

Lichte Wälder im Gebirge können auch über die Waldweide geschaffen werden. In der Schweiz werden noch 15 % des Gebirgswaldes in den Alpen beweidet (Mayer und Stöckli 2004). Momentan wird die Waldweide im Alpenraum aber vielerorts abgeschafft – obwohl die Waldweide mit Rindern bei angepasster Viehdichte ein Weidesystem ist, das die Waldverjüngung und die Schutzwirkung der Gebirgswälder nicht wesentlich einschränkt. Mayer und Stöckli (2004) halten es in Bezug auf die Lawinengefahr sogar für vorteilhafter, Wald und Weide eng zu verzahnen, anstatt neben dem klar abgegrenzten Wald grössere zusammenhängende Offenweideflächen zu schaffen. Wir empfehlen, kantonale Einschränkungen der Waldweide aufzuheben und unter geregelten Bedingungen im Rahmen von Waldentwicklungsplänen zu fördern.

Leider fällt die aus Biodiversitätssicht oft günstige Mischnutzung von Wald- und Landwirtschaft, die für viele Arten günstige, offene und lückige Strukturen mit geringem Holzvorrat fördert, rechtlich und politisch zwischen Stuhl und Bank. Waldweide gilt nämlich als Wald, der nur ausnahmsweise eingezäunt und beweidet werden darf. Es werden aber keine Landwirtschaftsbeiträge entrichtet, weil es sich um Waldflächen handelt. Diese Situation ist unbefriedigend, weil die Übergänge zwischen bestockten Weiden und Waldweiden fliessend sind, aber nur für die Weiden als Landwirtschaftsflächen Beiträge ausbezahlt werden.

Aus Sicht des Biodiversitätsschutzes hat der forst- und landwirtschaftlich genutzte Wald gegenüber dem Naturwald aber auch Defizite, weil Alters- und Zerfallsphasen fehlen und die Jungwaldphase stark verkürzt ist. Zurzeit sind nur 2,6 % der Schweizer Waldfläche als Naturwaldreservate ausgeschieden. Dieser Prozentsatz sollte in den kommenden Jahren erhöht werden.

6.2.2 Schutzwald zumindest minimal pflegen

Zurzeit investiert der Bund jährlich rund 50 Millionen Franken in die Erhaltung und die Verbesserung der Schutzwirkung des Waldes. Um diese Gelder zielgerichtet einzusetzen, hat das Bundesamt für Umwelt Qualitätsstandards für die Schutzwaldpflege erarbeitet (Wasser und Frehner 1996) und diese im Projekt NaiS («Nachhaltigkeit im Schutzwald») weiter verbessert. Das Endprodukt ist die «Wegleitung Nachhaltigkeit und Erfolgskontrolle im Schutzwald» (Frehner et al. 2005), die das aktuelle Wissen zusammenfasst. Da der Waldzustand über die Schutzwirkung gegen Naturgefahren entscheidet, wurden für verschiedene Standorte minimale Anforderungen an die Waldbestockung formuliert.

Dieses Umsetzungsinstrument gilt als richtungsweisend. Verlangt wird, dass Eingriffe in den Schutzwald moderat sind und fachgerecht geplant werden. Zum gleichen Schluss gelangte auch das Schutzwaldprojekt im NFP 48

(Brang et al. 2006, SCHUTZWALD). Weil bei solchen Eingriffen die natürliche Waldentwicklung ausgenutzt wird, anfallendes Holz meist vor Ort verbaut wird oder liegen bleibt und dennoch genügend Licht zum Boden gelangt, ist diese Art der Schutzwaldbewirtschaftung auch für die Biodiversität zumindest nicht von Nachteil.

6.2.3 Erhaltung der Waldfläche flexibler gestalten

1998 hat das damalige Bundesamt für Umwelt, Wald und Landschaft (BUWAL) ein internationales Expertenteam beauftragt, die Schweizer Forstpolitik einer systematischen und kritischen Analyse zu unterziehen (Kübler et al. 2001). In Bezug auf die Veränderung der Waldfläche kommen die Experten zum Schluss, dass die gegenwärtigen Instrumente zur Erhaltung der Waldfläche Züge einer «negativen Planung» angenommen haben, die darauf angelegt ist, eine vielseitige Bedrohung des Waldes abzuwehren und Waldbestände zu erhalten, wo auch immer sie sich befinden oder aufwachsen. Das führt dazu, dass einwachsendes Landwirtschaftsland als Wald deklariert wird. Die Wiederaufnahme einer landwirtschaftlichen Nutzung in der Zukunft ist damit rechtlich extrem schwierig.

Doch der Druck auf die Gebirgswälder ist heute im Vergleich zum 19. Jahrhundert gering – im Gegenteil: Die Waldfläche nimmt im Alpenraum rasch und unkontrolliert zu. Es sollten deshalb neue Instrumente entwickelt werden, die eine «positive Planung» der Waldflächenzunahme erlauben. Dazu gehören Zielvorstellungen für die geographische Verteilung und den ökologischen Zustand des Schweizer Waldes. Das bestehende Gebot einer strikten Walderhaltung sollte zu Gunsten einer flexibleren, Sektoren übergreifenden Landnutzungspolitik gelockert werden.

> **Erarbeitung einer nationalen Biodiversitätsstrategie**
>
> In der Schweiz fehlen klar formulierte Ziele, Leitbilder und Strategien zur Entwicklung von Landschaften und Biodiversität. Eine in vieler Hinsicht elegante Lösung wäre es, die in dieser Synthese enthaltenen und die Alpen betreffenden Zielvorstellungen, Steuerungsmöglichkeiten und Handlungsempfehlungen als Bestandteile in eine nationale Biodiversitätsstrategie zu integrieren. Die Biodiversitätskonvention, die 1992 in Rio de Janeiro verabschiedet wurde, verpflichtet ihre Mitgliedstaaten zur Erarbeitung einer solchen Strategie mit konkreten Aktionsplänen. Seit 1994 ist die Schweiz Mitglied der Biodiversitätskonvention. Dennoch hat der Bundesrat 2005 ein entsprechendes Postulat abgelehnt, das Schritte in Richtung einer nationalen Strategie zur Erhaltung der Biodiversität gefordert hat. Begründet wurde diese Entscheidung damit, dass dies eine neue Bundesaufgabe sei, für die keine Mittel zur Verfügung stünden.
>
> Ein wichtiger Leitgedanke einer Biodiversitätsstrategie ist die Integration von Biodiversitätsaspekten in alle Politikbereiche. Dadurch können Zielkonflikte und Doppelspurigkeiten vermieden und die begrenzten finanziellen Mittel wirkungsorientierter und effizienter eingesetzt werden. Zu den Bereichen, die davon am meisten betroffen sind, zählen im Alpenraum die Landwirtschaft, die Forstwirtschaft, Energie und Verkehr, die Regionalpolitik, die Wirtschaft, die Raumplanung und der Tourismus. Es sollten aber nicht nur die Politikbereiche innerhalb und zwischen den einzelnen Bundesämtern abgestimmt werden, sondern auch die Aufgabenteilung zwischen Bund, Kantonen, Regionen und Gemeinden. Eine Biodiversitätsstrategie könnte zeigen, wo auf nationaler und regionaler Ebene welche Biodiversität geschützt und gefördert werden soll. Hier liegt für den Alpenraum mit seiner grossen räumlichen Vielfalt eine grosse Chance, weil Ziel- und Sollwerte in Bezug auf die Wiederbewaldung, die Artenvielfalt im Kulturland und im Gebirgswald sowie für die Vielfalt der Nutztierrassen und Pflanzensorten formuliert werden könnten.

6.3 Empfehlungen an weitere Akteure

6.3.1 Tourismus

Der Tourismus profitiert direkt und indirekt von den öffentlichen Leistungen der Landwirtschaft. Es wäre deshalb nahe liegend, wenn sich der Tourismus an den Kosten dieser Leistungen beteiligen würde. Dafür könnte das bewährte Instrument der Kurtaxe ausgebaut werden. Eine Koordination der Alpenkantone zur Abstimmung der Anliegen, des Vorgehens und der Höhe eines solchen «Landschaftsrappens» wäre sinnvoll. Möglich wäre auch, dass sich Allianzen von Landwirtschaft, Tourismus und Gewerbe zu regionalspezifischen Werbeträgern («Labelregionen») zusammenschliessen (siehe auch Kap. 6.3.1, Boesch 2006, FUNALPIN).

6.3.2 Verbände und Nichtregierungsorganisationen

Abwanderung und Nutzungsaufgabe von Kulturland in grösserem Umfang würde die Erhaltung von Lebensräumen und der Biodiversität in den betroffenen Regionen in Frage stellen. Deshalb sollten in möglichst vielen Dörfern die kulturelle Eigenart und die Infrastruktur erhalten bleiben. Weil dafür die in Kapitel 6.1.1 vorgeschlagene Abgeltung öffentlicher, nicht marktfähiger Leistungen der Landwirtschaft in Ungunstlagen des Berggebiets eine Voraussetzung ist, empfehlen wir Verbänden und Nichtregierungsorganisationen, sich für entsprechende Anpassungen des Direktzahlungssystems und weitere Optimierungsmöglichkeiten einzusetzen.

Die Veränderungen im Alpenraum legen nahe, dass auf die Einrichtung einer ausreichenden Zahl von Schutzgebieten aller Typen von Bergwald- und Offenland-Lebensräumen hingearbeitet werden muss, wie dies auch vom Netzwerk alpiner Schutzgebiete der Alpenkonvention (ALPARC) oder im Rahmen europäischer Programme (INTERREG III B-Habitalp) vorgeschlagen wird. Lebensräume und Arten können aber nur dann wirklich geschützt werden, wenn auch ausserhalb der eigentlichen Schutzgebiete vielfältige Landschaften und Lebensräume existieren.

6.3.3 Sensibilisierung der Bevölkerung

Das Wissen der Bevölkerung über Landschaften, Lebensräume und Biodiversität im Alpenraum und die Rolle der Berglandwirtschaft sollten durch Bildungsveranstaltungen und Lehrpläne in den Schulen gefördert werden. Durch die Kompetenzen der Kantone im Erziehungsbereich kommt diesen dabei eine Hauptrolle zu. Dabei ist zu berücksichtigen, dass die Wahrnehmung und die Wertschätzung von Natur, Landschaft und Biodiversität in den Städten und auf dem Land sehr verschieden sein können (siehe Kap. 4). Bildungsveranstaltungen wie die Sommeruniversität der Volkshochschule Basel in Davos zum NFP 48 oder Partnerschaften zwischen städtischen Gemeinden und Gemeinden im Berggebiet können dabei eine vermittelnde Rolle spielen.

Die Erhaltung der natürlichen Ressourcen hängt nicht zuletzt auch von der Motivation der Bauern ab, die Landnutzung gezielt auf die Anforderungen der Biodiversität und der Landschaftsqualität auszurichten. Gemeinden oder Regionen könnten durch Wettbewerbe den Stolz der Bauern über die Artenvielfalt auf dem eigenen Land fördern. So wurde im Jahr 2005 im Berner Oberland ein erfolgreicher Kulturlandschaftswettbewerb durchgeführt. Auch die seit vielen Jahren durchgeführte Vorarlberger Wiesenmeisterschaft, bei der die Bewirtschafter der schönsten Wiesen des Landes ausgezeichnet werden, löst jeden Sommer bei der Bevölkerung ein grosses Echo aus und unterstützt das Engagement und die Wertschätzung der Bauern für die nachhaltige Wiesenkultur.

6.4 Fazit

Die Qualität der Landschaft, die Vielfalt an Lebensräumen und die biologische Vielfalt sind durch den Strukturwandel in der Landwirtschaft bedroht und in den letzten Jahrzehnten deutlich zurückgegangen. Ein wichtiges Steuerungsinstrument sind die Direktzahlungen. Die im Kapitel 5 dargestellten Szenarien haben gezeigt, dass weder die Vorschläge für die Agrarpolitik 2011 mit ihrer Mischung aus produktorientierten Subventionen, «Allgemeinen Direktzahlungen» und dem geringen Anteil ökologisch motivierter Direktzahlungen (Szenario I: «Agrarpolitik 2011») noch ein weit gehender landwirtschaftlicher Rückzug aus dem Berggebiet (Szenario II: «Steuerungsverzicht») oder eine Minimierung der Leistungsanforderungen und der Administration der Berglandwirtschaft (Szenario III: «Pauschalzahlungen») den weiteren Rückgang der Vielfalt der Lebensräume und der Biodiversität aufhalten können. Lediglich Szenario IV («Multifunktionales Agrarleistungsmodell»), in dem «Allgemeine Direktzahlungen» und Marktstützungen zugunsten einer zielorientierten Abgeltung öffentlicher und nicht marktfähiger Leistungen umgelagert werden, zeigt einen Weg, wie dieser Rückgang gestoppt werden kann. Die auf der Grundlage dieser Analysen vorgeschlagenen Massnahmen scheinen politisch akzeptabel und volkswirtschaftlich tragbar zu sein. Basierend auf den Erkenntnissen über Veränderungen und deren Ursachen geben wir Empfehlungen, wie Land- und Forstwirtschaft, Tourismus, Verbände und Nichtregierungsorganisationen zur Erhaltung der Landschaften, Lebensräume und der Biodiversität der Schweizer Alpen beitragen können.

Literaturverzeichnis

Abteilung für Landschafts- und Naturschutz der Autonomen Provinz Bozen (Hrsg.) (1995)
  Landschaftspflege in Südtirol. Bozen. 92 S.

Bahn M., Körner C. (2003)
  Recent increases in summit flora caused by warming in the Alps. In: Nagy L., Grabherr G., Körner C., Thompson D.B.A. (eds.). Alpine biodiversity in Europe, pp. 437–441. Springer, Berlin.

Bandurski K. (2003)
  Trittbelastung durch Schafe auf alpine Pflanzengesellschaften. Diplomarbeit, Universität Basel.

Bätzing W. (2003)
  Die Alpen – Geschichte und Zukunft einer europäischen Kulturlandschaft. 2. aktualisierte Auflage, Verlag C. Beck, München.

Bauer N. (2005)
  Für und wider Wildnis. Soziale Dimensionen einer aktuellen gesellschaftlichen Debatte. Bristol-Stiftung, Zürich. Haupt, Bern.

Baur B., Ewald K.C., Freyer B., Erhardt A. (1997)
  Ökologischer Ausgleich und Biodiversität. Birkhäuser Verlag, Basel.

Baur P., Bebi P., Gellrich M., Rutherford G. (2006)
  WASALP – Waldausdehnung im Schweizer Alpenraum: eine quantitative Analyse naturräumlicher und sozioökonomischer Ursachen unter besonderer Berücksichtigung des Agrarstrukturwandels. Schlussbericht zu Handen des Schweizerischen Nationalfonds. Eidg. Forschungsanstalt WSL, Birmensdorf/Schweiz. 64 S. (www.wsl.ch/projects/WaSAlp).

Baur P., Gellrich M., Bebi P. (2005)
  Die Rückkehr des Waldes als Wohlstandsphänomen. Bündnerwald 4, S. 57–61.

Bebi P., Kytzia S., Bieger T., Frey W., Semadeni C. (2005)
  ALPSCAPE: Simulationsmodell für die Raumentwicklung alpiner Regionen. Schlussbericht.

Bernegger U. (1985)
  Die Strukturentwicklung der Berglandwirtschaft am Beispiel des Kantons Graubünden. Ein Modell zur quantitativen Wirkungsanalyse agrarwirtschaftlicher Massnahmen. Diss. ETH Zürich.

Berner D., Blanckenhorn W.U., Körner C. (2005)
  Grasshoppers cope with low host plant quality by compensatory feeding and food selection: N limitation challenged. Oikos 111, pp. 525–533.

BFS (Bundesamt für Statistik) (1999)
  Bodennutzung im Wandel. Arealstatistik Schweiz. Bundesamt für Statistik, Neuchâtel.

BFS (2002)
  Umwelt Schweiz – Statistiken und Analysen. Bundesamt für Statistik, Neuchâtel.

BFS (2005)
  Arealstatistik Schweiz. Zahlen – Fakten – Analysen. Bundesamt für Statistik, Neuchâtel.

BFS (2006)
  Umbrüche in der Landwirtschaft. Beobachtungen aus 100 Jahren landwirtschaftlicher Betriebszählung. Bundesamt für Statistik, Neuchâtel.

Biodiversitätsmonitoring Schweiz (2006)
  Zustand der Biodiversität in der Schweiz – Ergebnisse des Biodiversitätsmonitorings Schweiz (BDM) im Überblick. Bundesamt für Umwelt (Hrsg.), Bern.

Bloetzer G. (2004)
  Walderhaltungspolitik – Entwicklung und Urteil der Fachleute. Schriftenreihe Umwelt Nr. 364. Bundesamt für Umwelt, Wald und Landschaft, Bern.

Blumer P., Diemer M. (1996)
  The occurrence and consequences of grasshopper herbivory in an alpine grassland, Swiss Central Alps. Arctic and Alpine Research 28, pp. 435–440.

BLW (Bundesamt für Landwirtschaft) (2005)
  Agrarpolitik 2011 – Weiterentwicklung der Agrarpolitik. Vernehmlassungsunterlage des Eidgenössischen Volkswirtschaftsdepartementes, Bern.

Bosshard A. (1997)
What does objectivity mean for analysis, valuation and implementation in agricultural landscape planning? A practical and epistemological approach to the search for sustainability in «agri-culture».
Agriculture, Ecosystems and Environment 63, pp. 133–143.

Bosshard A., Eichenberger M. (1998)
Nachhaltige Landnutzung in der Schweiz: Konzeptionelle und inhaltliche Grundlagen für ihre Bewertung, Umsetzung und Evaluation. Schlussbericht zuhanden Bundesamt für Bildung und Wissenschaft.

Bosshard A. (1999)
Renaturierung artenreicher Wiesen auf nährstoffreichen Böden. Dissertation, ETH Zürich.

Bosshard A. (2000)
A methodology and terminology of sustainability assessment and its perspectives for rural planning.
Agriculture, Ecosystems & Environment 77, pp. 29–41.

Bosshard A. (2000)
Blumenreiche Heuwiesen aus Ackerland und Intensiv-Wiesen. Eine Anleitung zur Renaturierung in der landwirtschaftlichen Praxis. Naturschutz und Landschaftsplanung 32/6, pp. 161–171.

Bosshard A., Richter T., Müller P., Afangbedji M. (2000)
Definition of criteria of sustainable land use from the point of view of scientists and local people – results from the research area Glarner Hinterland (Swiss Alps). EU-Project «Sustainable agriculture land use in alpine mountain regions» (SAGRI-ALP), FAIR5 CT97-3798, Regional Report 2. 125 pp.

Bosshard A., Stähli B. (2004)
Vorschläge zur Verbesserung der Bewirtschaftung von extensiv und wenig intensiv genutzten Wiesen des ökologischen Ausgleichs. Abschlussbericht der Arbeitsgruppe Grünland des Nationalen Forums für den Ökologischen Ausgleich. Bundesamt für Landwirtschaft, interner Bericht.

Bosshard A., Vontobel H., Oser P. (2004)
Neues Subventionsmodell: Kosteneffizientere und nachhaltigere Meliorationen.
Schweizer Gemeinde 3/04, S. 18–19.

Bosshard A. (2005)
Implementing biodiversity standards: The need for extension. In: Stolton S., Geier B. (eds.): The Role of Organic Agriculture for Biodiversity – its contribution today and its potential tomorrow. Proceedings of the 3rd International IFOAM/IUCN.

Bosshard, A., Schläpfer F. (2005)
Perspektiven einer wirkungsorientierten Agrarpolitik.
Agrarforschung 12 (2), S. 52–57.

Brändli U.-B. (2000)
Waldzunahme in der Schweiz. Informationsblatt Forschungsbereich Landschaft der Eidg. Forschungsanstalt WSL 45, S. 1–4.

Brang P., Duc P. (2002)
Zu wenig Verjüngung im Schweizer Gebirgswald: Nachweis mit einem neuen Modellansatz. Schweizerische Zeitschrift für Forstwesen 153, S. 219–227.

Brang P., Schönenberger W., Bachofen H., Zingg A., Wehrli A. (2004)
Schutzwalddynamik unter Störungen und Eingriffen: Auf dem Weg zu einer systemischen Sicht. Forum für Wissen 2004, S. 55–66, Eidg. Forschungsanstalt für Wald, Schnee und Landschaft WSL.

Brang P., Wehrli A., Schönenberger W. (2006)
Required levels of tree regeneration in forests protecting against natural hazards: Model-based indicator development. Schlussbericht zuhanden NFP 48.

Brassel P., Brändli U.-B. (Red.) (1999)
Schweizerisches Landesforstinventar. Ergebnisse der Zweitaufnahme 1993–1995. Eidg. Forschungsanstalt für Wald, Schnee und Landschaft WSL.

Breitenmoser U. (1998)
Large predators in the Alps: The fall and rise of man's competitors. Biological Conservation 83, pp. 279–289.

Britschgi A., Spaar R., Arlettaz R. (2006)
Impact of grassland farming intensification on the breeding ecology of an indicator passerine, the Whinchat *Saxicola rubetra*: lessons for overall Alpine meadowland management. Biological Conservation 130, pp. 193–205.

Buchli S., Flury C. (2006)
Vollzugs- und Kontrollkosten der Direktzahlungen.
Agrarforschung 13 (3), S. 114–119.

Bundi M. (2000)
  Zur Geschichte der Flurbewässerung im rätischen Alpengebiet.
  Verlag Bündner Monatsblatt, Chur.

Burga C.A. (2004)
  Schweizer Alpen. In: Burga C. A., Klötzli F., Grabherr G. (eds.).
  Gebirge der Erde, S. 67–83. Ulmer, Stuttgart.

BUWAL (Bundesamt für Umwelt, Wald und Landschaft) et al. (1998)
  Landschaftskonzept Schweiz. Teil I KONZEPT; Teil II BERICHT.
  In der Reihe: Konzepte und Sachpläne (Art. 13 RPG), BRP, Bern.
  Bundesamt für Umwelt, Wald und Landschaft, Bundesamt für
  Raumplanung (Hrsg.), Bern.

BUWAL (1999a)
  Der Schweizer Wald – eine Bilanz. Waldpolitische Interpretation
  zum zweiten Landesforstinventar. Bundesamt für Umwelt, Wald
  und Landschaft (Hrsg.), Bern.

BUWAL (Hrsg.) (1999b)
  Gesellschaftliche Ansprüche an den Schweizer Wald –
  Meinungsumfrage. Schriftenreihe Umwelt Nr. 309.
  Bundesamt für Umwelt, Wald und Landschaft, Bern.

BUWAL (2002a)
  Umwelt Schweiz – Politik und Perspektiven.
  Bundesamt für Umwelt, Wald und Landschaft, Bern.

BUWAL (Hrsg.) (2002b)
  Moore und Moorschutz in der Schweiz.
  Bundesamt für Umwelt, Wald und Landschaft, Bern.

BUWAL (2003a)
  Landschaft 2020 – Leitbild.
  Bundesamt für Umwelt, Wald und Landschaft, Bern.

BUWAL (2003b)
  Landschaft 2020 – Erläuterungen und Programm. Synthese zum
  Leitbild des BUWAL für Natur und Landschaft. Bern.

BUWAL, WSL (2005)
  Waldbericht 2005. Zahlen und Fakten zum Zustand des
  Schweizer Waldes. Bundesamt für Umwelt, Wald und
  Landschaft, Bern; Eidg. Forschungsanstalt für Wald,
  Schnee und Landschaft WSL, Birmensdorf.

Chatelain C., Troxler J. (2005)
  Die ständige Behirtung auf Schafalpen. Forum 5, S. 6–19,
  Verlagsgenossenschaft Caprovis.

Chemini C., Nicolini G. (1998)
  Biologische Vielfalt in mehr als 30'000 Arten. In: Broggi M.F.,
  Tödter U., CIPRA (Hrsg.). 1. Alpenreport, S. 54–57.
  Verlag Paul Haupt, Bern.

Conert H.J. (1998. 14.)
  Poa alpina. In: Conert H.J., Jäger E.J., Kadereit J.W., Schulze-
  Motel W., Wagenitz G., Weber H.E. (eds.). Gustav Hegi:
  Illustrierte Flora von Mitteleuropa, S. 690–693.
  Parey Buchverlag, Berlin.

Daily G.C., Alexander S., Ehrlich P., Goulder L., Lubchenco J., Matson
P.A., Mooney H.A., Postel S., Schneider S.H., Tilman D., Woodwell
G.M. (1997)
  Ecosystem services: benefits supplied to human societies
  by natural ecosystems. Issues in Ecology 2, Ecological Society
  of America, pp. 1–16.

Defila C., Clot B. (2005)
  Phytophenological trends in the Swiss Alps, 1951–2002.
  Meteorologische Zeitschrift 14, pp. 191–196.

Dietschi S., Gehrig Schmidt S., Schwank O., Killer V. (2005)
  Qualität von Mähwiesen im Berggebiet.
  Agrarforschung 12, S. 466–471.

Dobbertin M., Giuggiola A. (2006)
  Baumwachstum und erhöhte Temperaturen. Forum für Wissen
  2006, S. 35–45. Eidg. Forschungsanstalt für Wald, Schnee und
  Landschaft WSL.

Duelli P., Coch T. (2004)
  Biodiversität im Schweizer Wald – Lebensraum für die Hälfte
  aller Arten? Hotspot 9, S. 6–7.

Dullinger S., Dirnböck T., Grabherr G. (2004)
  Modelling climate change-driven treeline shifts: relative
  effects of temperature increase, dispersal and invasibility.
  Journal of Ecology, 92, pp. 241–252.

Economiesuisse (2006)
  Landwirtschaftspolitik. Dossierpolitik 4. September 06.

Eggenberg S., Dalang T., Dipner M., Mayer C. (2001)
  Kartierung und Bewertung der Trockenwiesen und -weiden
  von nationaler Bedeutung. Technischer Bericht.

Eggenberg S., Landolt E. (2006)
Für welche Pflanzenarten hat die Schweiz eine internationale Verantwortung? Botanica Helvetica 116, S. 119–133.

Ellenberg H. (1996)
Vegetation Mitteleuropas mit den Alpen.
5th ed. Verlag Eugen Ulmer, Stuttgart.

Ellenberg H., Klötzli F. (1972)
Waldgesellschaften und Waldstandorte der Schweiz. Eidgenössische Anstalt für das Forstliche Versuchswesen, Birmensdorf.

Erhardt A., Rusterholz H.P. (1997)
Effects of elevated CO_2 on flowering phenology and nectar production. Acta Oecologica 18, S. 249–253.

Felber P. (2005)
Landschaftsveränderung in der Wahrnehmung und Bewertung der Bevölkerung – Eine qualitative Studie in vier Schweizer Gemeinden. Dissertation, Universität Bern.

Fischer M., Wipf S. (2002)
Effect of low-intensity grazing on the species-rich vegetation of traditionally mown subalpine meadows. Biological Conservation 104, pp. 1–11.

Fischer A., Mayer P., Schopf R., Liepold K., Gruppe A., Hahn C., Agerer R. (2003)
Biodiversitätsforschung in ungenutzten und genutzten Wäldern. LWFaktuell 41, S. 4–5.

Fischesser B. (1998)
Die Alpen – Natur- und Kulturerbe von europäischer Bedeutung. In: Internationale Alpenschutz-Kommission CIPRA (Hrsg.). 1. Alpenreport, S. 32–45. Verlag Paul Haupt, Bern.

Fischlin A., Gyalistras D. (1997)
Assessing impacts of climatic change on forests in the Alps. Global Ecology and Biogeography Lettres 6, S. 19–37.

Flury Ch. (2005)
Agrarökologie und Tierwohl 1994–2005. Bundesamt für Landwirtschaft, Bern.

Flury C., Gotsch N., Rieder P. (2004a)
Strukturwandel für eine zukunftsfähige Berglandwirtschaft. Agrarforschung 11, S. 186–191.

Flury C., Gotsch N., Rieder P. (2004b)
Neukonzeption flächenbezogener Direktzahlungen im Berggebiet. Agrarforschung 11, S. 224–229.

Forum Biodiversität Schweiz (Hrsg.) (2004)
Biodiversität in der Schweiz. Zustand – Erhaltung – Perspektiven. Haupt Verlag, Bern.

Frehner M., Wasser B., Schwitter R. (2005)
Nachhaltigkeit und Erfolgskontrolle im Schutzwald. Wegleitung für Pflegemassnahmen in Wäldern mit Schutzfunktion. Bundesamt für Umwelt, Wald und Landschaft, Bern.

Gallandat J.-D., Gobat J.-M., Roulier C. (1993)
Kartierung der Auengebiete von nationaler Bedeutung. Schriftenreihe Umwelt Nr. 199, BUWAL, Bern.

Gantner U. (1991)
Dynamik der landwirtschaftlichen Bodennutzung. Analyse, Gestaltungsvorschläge. Nationales Forschungsprogramm «Boden», Liebefeld-Bern/Institut für Agrarwirtschaft, ETH Zürich.

Gaudenz J. (2004)
Veränderungen der Flora und Landnutzung im nordöstlichen Pilatusgebiet. Diplomarbeit am Institut für Natur-, Landschafts- und Umweltschutz, Universität Basel, und an der Eidg. Forschungsanstalt für Wald, Schnee und Landschaft WSL.

Gehring K. (2006)
Landscape preferences – underlying driving factors and landscape related factors of leisure mobility. A representative survey in Switzerland regarding changes in Alpine landscape. Dissertation, in prep.

Gehring K., Kianicka S., Buchecker M., Hunziker M. (2004)
Wer will welche Landschaft in den Alpen, und wie lässt sich ein Konsens darüber finden? Informationsblatt Forschungsbereich Landschaft 60, S. 1–3. Eidgenössische Forschungsanstalt WSL, Birmensdorf.

Grabherr G. (1998)
Flora des Dachgartens Europas. In: Broggi M.F., Tödter U., CIPRA (Hrsg.) 1. Alpenreport, S. 48–53. Verlag Paul Haupt, Bern.

Grabherr G., Gottfried M., Pauli H. (1994)
Climate effects on mountain plants. Nature 369, S. 448.

LITERATURVERZEICHNIS

Graf Pannatier E. (2005)
Wie steht's um unseren Wald? Haupt Verlag, Bern.

Guex D., Weber G., Musy A., Gobat J.-M. (2003)
Evolution of a Swiss alpine floodplain over the last 150 years: hydrological and pedological considerations. Proceedings of the Conference «Towards Natural Flood Reduction Strategies», Warsaw, Poland, 6.–13. September 2003.

Günter T. (1985)
Landnutzungsänderungen in einem alpinen Tourismusort. Ein integraler Ansatz zur Erfassung von Wechselbeziehungen zwischen raumwirksamen sozio-ökonomischen Prozessen und dem Naturhaushalt, dargestellt am Beispiel Davos. MAB-Schlussbericht Nr. 13, Bundesamt für Umwelt, Wald und Landschaft BUWAL, Bern.

Hahn P., Heynen D., Indermühle M., Mollet P., Birrer S. (2005)
Holznutzung und Naturschutz. Praxishilfe mit waldbaulichen Merkblättern. Vollzug Umwelt. Bundesamt für Umwelt, Wald und Landschaft (BUWAL) und Schweizerische Vogelwarte Sempach. Bern.

Hamele H., Perret J., Bernt D., Siegrist D., Camanni E. (1998)
In: 1. Alpenreport, Internationale Alpenschutzkommission CIPRA (Hrsg.). Haupt Verlag, Bern.

Havlicek E. et al. (in prep.)
The Sarine river modifications over 150 years: an integrated environmental and social analysis.

Herzog F., Walter T. (Hrsg.) (2005)
Evaluation der Ökomassnahmen – Bereich Biodiversität. Schriftenreihe der FAL 56.

Höchtl F., Lehringer S., Konold W. (2005)
Kulturlandschaft oder Wildnis in den Alpen? Fallstudien im Val Grande-Nationalpark und im Stronatal (Piemont/Italien). Bristol-Schriftenreihe 14. Haupt Verlag, Bern.

Hohl M. (2006)
Spatial and temporal variation of grasshopper and butterfly communities in differently managed semi-natural grasslands of the Swiss Alps. Dissertation, ETH Zürich.

Hornung D., Röthlisberger Th. (2005)
Die Bergregionen in der Schweiz. Eidgenössische Volkszählung 2000. Bundesamt für Statistik (Hrsg.), Neuchâtel.

Hunziker M., Gehring K., Buchecker M. (2006)
Welche Landschaft wollen wir? Aufschlussreiche Ergebnisse eines NFP 48-Projektes über den Alpenraum. Heimatschutz Sauvegarde 2/06.

Hunziker M., Kienast F. (1999)
Impacts of changing agricultural activities on scenic beauty – a prototype of an automated rapid assessment technique. Landscape Ecology 14, pp. 161–176.

Jacot K., Junge X., Bosshard A., Luka H. (2005)
Säume als neues ökologisches Ausgleichselement. Hotspot 11, S. 10–11.

Keller V., Zbinden N., Schmid H., Volet B. (2001)
Rote Liste der gefährdeten Brutvogelarten der Schweiz. Hrsg. Bundesamt für Umwelt, Wald und Landschaft, Bern, und Schweizerische Vogelwarte, Sempach. BUWAL-Reihe Vollzug Umwelt.

Keller V., Kéry M., Schmid H., Zbinden N. (2006)
Swiss Bird Index SBI®: Update 2005. Faktenblatt. Schweizerische Vogelwarte, Sempach.

Kianicka S., Buchecker M., Hunziker M., Müller-Böker U. (2006)
Locals' and Tourists' Sense of Place – A Case Study of a Swiss Alpine Village. Mountain Research and Development 26, pp. 55–63.

Kienast F., Wildi O., Brzeziecki B. (1998)
Potential impacts of climate change on species richness in mountain forests – An ecological risk assessment. Biological Conservation 83, pp. 291–305.

Kölliker R., Stadelmann F.J., Reidy B., Nösberger J. (1998)
Fertilization and defoliation frequency affect genetic diversity of *Festuca pratensis* Huds. in permanent grasslands. Molecular Ecology 7, pp. 1557–1567.

Körner C. (2003)
Alpine Plant Life. 2nd ed. Springer Verlag, Berlin.

Körner C. (2005)
The green cover of mountains in a changing environment. In: Huber U.M., Bugmann H.K.M., Reasoner M.A. (eds.). Global change and mountain regions – an overview of current knowledge, pp. 367–375. Springer, Dordrecht.

Körner C., Diemer M., Schäppi B., Niklaus P., Arnone J. (1997)
The responses of alpine grassland to four seasons of CO_2 enrichment: a synthesis. Acta Oecologica 18, pp. 165–175.

Körner C., Diemer M., Schäppi B., Zimmermann L. (1996)
Response of alpine vegetation to elevated CO_2.
In: Koch G.W., Mooney H.A. (eds.). Carbon dioxide and terrestrial ecosystems, pp. 177–196. Academic Press, San Diego.

Körner C., Hiltbrunner E., Bandurski K., Wüthrich K. (2006)
The interactive effect of land use, nitrogen loading and climatic warming on high Alpine biota in the centra Alps. Schlussbericht zuhanden NFP 48.

Körner Ch., Ohsawa M. et al. (2006)
Mountain systems. In: Hassan R., Scholes R., Ash N. (eds). Ecosystem and human well-being: current state and trends, vol. 1, Millennium Ecosystem Assessment, Island Press, Washington, pp. 681–716.

Krippendorf J., Müller H.R. (1986)
Alpsegen Alptraum. Für eine Tourismus-Entwicklung im Einklang mit Mensch und Natur. Kümmerly & Frey, Bern.

Kübler D., Kissling-Näf I., Zimmermann W. (2001)
Wie nachhaltig ist die Schweizer Forstpolitik? Ein Beitrag zur Kriterien- und Indikatorendiskussion. Oekologie & Gesellschaft, Bd. 14, Helbing und Lichtenhahn, Basel.

Laiolo P., Dondero F., Ciliento E., Rolando A. (2004)
Consequences of pastoral abandonment for the structure and diversity of alpine avifauna. Journal of Applied Ecology 41, 294–304.

Laiolo P., Rolando A. (2005)
Forest bird diversity and ski-runs: a case of negative edge effect. Animal Conservation 8, 9–16.

Landolt E. (1984)
Unsere Alpenflora. Verlag Schweizer Alpen-Club, Neuchâtel.

Land Vorarlberg (1992)
Richtlinien über die Abgeltung von Erschwernissen bei Alpen und Vorsässen/Maisässen ohne Wegerschliessung.

Lauber S. (2006)
Agrarstrukturwandel im Berggebiet. Ein agentenbasiertes, räumlich explizites Agrarstruktur- und Landnutzungsmodell für zwei Regionen Mittelbündens. ART-Schriftenreihe Nr. 2, Forschungsanstalt Agroscope Reckenholz-Tänikon ART, Ettenhausen.

Lindemann-Matthies P., Bose E. (2006)
Species richness, structural diversity and species composition in meadows created by visitors of a botanical garden in Switzerland. Landscape and Urban Planning, doi: 10.1016/j.landurbplan.2006.03.007.

Luder W., Moriz Chr. (2005)
Raufutterernte: Klimaerwärmung besser nutzen. Bericht Nr. 634, Agroscope FAT Tänikon, Eidgenössische Forschungsanstalt für Agrarwirtschaft und Landtechnik, Ettenhausen.

Lüscher A., Peter M., Hohl M., Kampmann D. (2006)
Driving forces for changes in management and biodiversity of Alpine grasslands – basis for planning future development. Schlussbericht zuhanden NFP 48.

Mack M., Flury C. (2006)
Auswirkungen der Agrarpolitik 2011. Modellrechnungen für den Agrarsektor mit Hilfe des Prognosesystems SILAS. Bern; Eidgenössisches Volkswirtschaftsdepartement EVD, Forschungsanstalt Agroscope Reckenholz-Tänikon ART.

Mann S., Mack G. (2004)
Wirkungsanalyse der Allgemeinen Direktzahlungen. FAT-Schriftenreihe Nr. 64.

Mann S., Mante J. (2004)
Von Bauern und Fleischern – ein Vergleich der Ausstiegsmuster in schrumpfenden Sektoren. Berichte über Landwirtschaft 82 (2), S. 301–310.

Mann S. (2005)
Konzeptionelle Überlegungen zur Neugestaltung des Direktzahlungssystems der schweizerischen Landwirtschaft auf der Basis der Tinbergen-Regel. FAT-Schriftenreihe Nr. 66.

Mann S. (2006)
Das verhängnisvolle Paradigma staatlicher Kostendeckung in der Landwirtschaft. Agrarwirtschaft und Agrarsoziologie 1/06, 1–16.

Mather A., Fairbairn J. (2000)
From Floods to Reforestation: The Forest Transition in Switzerland. Environment and History 6, pp. 399–421.

Maurer K. (2005)
Natural and anthropogenic determinants of biodiversity of grasslands in the Swiss Alps. Dissertation, Universität Basel.

Maurer K., Weyand A., Fischer M., Stöcklin J. (2006)
Old cultural traditions, in addition to land use and topography, are shaping plant diversity of grasslands in the Alps. Biological Conservation 130, pp. 438–446.

Mayer A.C., Stöckli V., Gotsch N., Konold W., Kreuzer M. (2004)
Waldweide im Alpenraum. Neubewertung einer traditionellen Mehrfachnutzung. Schweizerische Zeitschrift für Forstwesen 155, S. 38–44.

Mayer C., Stöckli V. (2004)
Sind Schutzwald und Weide vereinbar? Forum für Wissen 2004, S. 73–78, Eidg. Forschungsanstalt für Wald, Schnee und Landschaft WSL.

Messerli P. (1989)
Mensch und Natur im alpinen Lebensraum – Risiken, Chancen, Perspektiven. Verlag Paul Haupt, Bern.

Messerli P. (2001)
Der «ländliche Raum» als Mythos. In: Eine neue Raumordnungspolitik für neue Räume. Flückiger H., Frey R.L. (Hrsg.). Publikation zum Forum für Raumordnung 1999/2001. ORL-Institut, ETH Hönggerberg, Zürich.

Mollet P., Hahn P., Heynen D., Birrer S. (2005)
Holznutzung und Naturschutz. Grundlagenbericht. Schriftenreihe Umwelt Nr. 378. Bundesamt für Umwelt, Wald und Landschaft (BUWAL) und Schweizerische Vogelwarte Sempach, Bern.

Monitoring Institute for rare breedings and seed in Europe (2003)
Landwirtschaftliche Genressourcen in den Alpen. Haupt, Bern.

Moser D., Gygax A., Bäumler B., Wyler N., Palese R. (2002)
Rote Liste der gefährdeten Farn- und Blütenpflanzen der Schweiz. Bundesamt für Umwelt, Wald und Landschaft, Bern; Zentrum des Datenverbundnetzes der Schweizer Flora, Chambésy; Conservatoire et Jardin botanique de la Ville de Genève, Chambésy (Hrsg.). BUWAL-Reihe «Vollzug Umwelt».

Moos-Nüssli E. (2004)
Der Bergackerbau droht zu verschwinden. Landwirtschaftlicher Informationsdienst 2663, S. 1–3.

Müller H.R. (1999)
Der Tourismus als Motor für den Nutzungswandel im Gebirgsraum. Forum für Wissen 1999 (2), S. 25–31, Eidg. Forschungsanstalt für Wald, Schnee und Landschaft WSL.

Müller J. (2005)
Landschaftselemente aus Menschenhand. Biotope und Strukturen als Ergebnis extensiver Nutzung. Spektrum Akademischer Verlag, Heidelberg.

Nogués-Bravo D., Araújo M.B., Errea M.P., Martínez-Rica J.P. (2007)
Exposure of global mountain systems to climate warming during the 21st Century. Global Environmental Change, doi:10.1016/j.gloenvcha.2006.11.007.

Nedelcu M., Hainard F. (2005)
La traduction des enjeux sécuritaires et écologiques dans les modes de gestion suisse des zones alluviales. VertigO – La revue en sciences de l'environnement, Vol 6, No 3, décembre 2005.

Oehl F., Sieverding E. (2004)
Pacispora, a new vesicular arbuscular mycorrhizal fungal genus in the glomeromycetes. Journal of Applied Botany and Food Quality 78, pp. 72–82.

Oehl F., Sýkorová Z., Redecker D., Wiemken A., Sieverding E. (2006)
Acaulospora alpina, a new arbuscular mycorrhizal fungal species characteristic for high mountainous and alpine regions of the Swiss Alps. Mycologia 98, pp. 286–294.

Oppermann R., Gujer H.U. (2003)
Artenreiches Grünland – bewerten und fördern. MEKA und ÖQV in der Praxis. S. 119–127. Ulmer.

Ott E., Frehner M., Frey H.-U., Lüscher P. (1997)
Gebirgsnadelwälder – Ein praxisorientierter Leitfaden für eine standortgerechte Waldbehandlung. Haupt Verlag, Bern.

Pfister C. (2004)
Landwirtschaftliche und sozioökonomische Vielfalt in den Schweizer Alpen. Diplomarbeit, Universität Zürich.

Poorter H. (1993)
Interspecific variation in the growth response of plants to an elevated ambient CO_2 concentration. In: Rozema J., Lambers H., van de Geijn S.C., Cambridge M.L. (eds.). CO_2 and biosphere, pp. 77–97. Kluwer Academic Publisher, Dordrecht.

Primack R.B. (1995)
Naturschutzbiologie. Spektrum Akademischer Verlag, Heidelberg, Berlin, Oxford.

Pro Natura (Hrsg.) (2000)
Wildnis und Kulturlandschaft. Grundlagen für einen zielgerichteten Naturschutz. Beiträge zum Naturschutz in der Schweiz 21/2000. Pro Natura, Basel.

Pro Specie Rara (1995)
Landwirtschaftliche Genressourcen der Alpen. Bristol-Stiftung, Zürich.

Pro Specie Rara (2005)
Jahresbericht 2004. Pro Specie Rara Bulletin 2005 (1).

Rentsch H. (2006)
Der befreite Bauer. Avenir Suisse. Verlag Neue Zürcher Zeitung.

Revelli N. (1977)
Il mondo dei vinti. Torino: Einaudi Tascabili, 435 S.

Rieder P. (1996)
Berglandwirtschaft in der Schweiz. In: Landwirtschaft im Alpenraum – unverzichtbar, aber zukunftslos? Bätzing W. (Schriftleitung). Blackwell Wissenschafts-Verlag Berlin, Wien.

Rieder P. (2000)
Berglandwirtschaft im Spannungsfeld von Markt, Politik und Gesellschaft. In: Bauern am Berg. Ladurner U., Ruef D. (Hrsg.). Offizin Zürich vlg., 207 S.

Rieder P. (2001)
Verlässt der Bauer die Alpen oder haben bäuerliche Betriebe eine Zukunft? In: 2. Alpenreport. Internationale Alpenschutzkommission CIPRA (Hrsg.). Haupt Verlag, Bern.

Rieder P. (2003)
Zukünftige agrarische Nutzungen im Berggebiet. Folgen für Tourismus, Forst- und Landwirtschaft. Schweizerische Zeitschrift für Forstwesen 154, S. 17–21.

Rieder P., Buchli S., Kopainsky B. (2004)
Erfüllung des Verfassungsauftrages durch die Landwirtschaft unter besonderer Berücksichtigung ihres Beitrags zur dezentralen Besiedlung. Hauptbericht, ETH Zürich.

Rigling A., Dobbertin M., Bürgi M., Feldmeier-Christe E., Gimmi U., Ginzler C., Graf U., Mayer P., Zweifel R., Wohlgemuth, T. (2006)
Baumartenwechsel in den Walliser Waldföhrenwäldern. Forum für Wissen 2006, S. 23–33, Eidg. Forschungsanstalt für Wald, Schnee und Landschaft WSL.

Rodewald R. (1997)
Differenzierung der Sömmerungsbeiträge – Eine Alternative zum Strassenbau. In: BUWAL (Hrsg.). Einzelideen für Natur und Landschaft. Schriftenreihe Umwelt Nr. 281 Natur und Landschaft. Einzelidee Nr. 5. Bundesamt für Umwelt, Wald und Landschaft, Bern

Rodewald R. (2006)
Les paysages en terrasses en Suisse: potentialités et limites pour leur protection et leur utilisation future. In: Paysages en mémoire (L. Lévêque, ed.), L'Harmattan, Paris.

Rodewald R., Knoepfel P. (2000)
Regionalpolitik und ländliche Entwicklung in der Schweiz – eine Auslegeordnung. idheap. Lausanne.

Rodewald R., Neff C. (2001)
Bundessubventionen – landschaftszerstörend oder landschaftserhaltend? Praxisanalyse und Handlungsprogramm. Fonds Landschaft Schweiz (Hrsg.). Bern.

Rusterholz H.P., Erhardt A. (1998)
Effects of elevated CO_2 on flowering phenology and nectar production of nectar plants important for butterflies of calcareous grasslands. Oecologia 113, pp. 341–349.

Rutherford G.N., Edwards P.J., Zimmermann N.E. (2006)
Understanding land cover change – analysing spatial and temporal pattern of forest succession on abandoned agricultural land using ordinal logistic regression. Manuskript, eingereicht.

SAB (Schweizerische Arbeitsgemeinschaft für die Berggebiete) (2006)
Das Schweizer Berggebiet 2006: Fakten und Zahlen. Bern.

Saxer M., Steinhöfel H. (2004)
Einblicke in die schweizerische Landwirtschaft. Bundesamt für Statistik BFF (Hrsg.), Neuchâtel.

Schläpfer F. (2006)
Zeit zum Ausmisten. NZZ am Sonntag, 19. März, S. 28.

Schmid W., Wiedemeier P., Stäubli A. (2001)
Extensive Weiden und Artenvielfalt. Synthesebericht im Auftrag des BUWAL. Frick und Sternenberg.

Schmidlin J., Birrer K., Bosshard A., Lüthy M., Schmid W. (1994)
Naturgemässe Kulturlandschaft Fricktal. Schlussbericht Kurzfassung. Agrofutura, Brugg. 30 S.

Schmithüsen F., Wild-Eck S., Zimmermann W. (2000)
Einstellungen und Zukunftsperspektiven der Bevölkerung des Berggebietes zum Wald und zur Forstwirtschaft. Beiheft zur Schweizerischen Zeitschrift für Forstwesen 89. Schweizerischer Forstverein und Professur Forstpolitik und Forstökonomie, Zürich.

Schneeberger N. (2005)
Transformation rates and driving forces of landscape change on the northern fringe of the Swiss Alps. Diss. ETH No. 16202.

Schreiber C. (2005)
Über die Muster der Verwaldung. Bündnerwald 4, S. 65–68.

Senn J., Häsler H. (2005)
Wildverbiss: Auswirkungen und Beurteilung. Forum für Wissen 2005, S. 17–25. Eidg. Forschungsanstalt für Wald, Schnee und Landschaft WSL, Birmensdorf.

Senn J., Suter W. (2003)
Ungulate browsing on silver fir (*Abies alba*) in the Swiss Alps: beliefs in search of supporting data. Forest Ecology and Management 181, pp. 151–164.

Senn J., Wasem O., Odermatt U. (2002)
Impact of browsing ungulates on plant cover and tree regeneration in wind-throw areas. Forest Snow and Landscape Research 77, pp. 161–170.

Sick W.-D. (1993)
Agrargeographie. Das Geographische Seminar. Westermann, Braunschweig.

Sieverding E., Oehl F. (2006)
Revision of *Entrophospora* and description of *Kuklospora* and *Intraspora*, two new genera in the arbuscular mycorrhizal Glomeromycetes. Journal of Applied Botany and Food Quality 80, pp. 69–81.

Simmen H. Walter F. (2006)
Landschaft gemeinsam gestalten – Möglichkeiten und Grenzen der Partizipation. Thematische Synthese zum Forschungsschwerpunkt III «Zielfindung und Gestaltung» des Nationalen Forschungsprogrammes 48 «Landschaften und Lebensräume der Alpen» des Schweizerischen Nationalfonds SNF. vdf-Verlag, Zürich.

Simmen H., Walter F., Marti M (2006)
Den Wert der Alpenlandschaften nutzen. Thematische Synthese zum Forschungsschwerpunkt IV «Raumnutzung und Wertschöpfung» des Nationalen Forschungsprogrammes 48 «Landschaften und Lebensräume der Alpen» des Schweizerischen Nationalfonds SNF. vdf-Verlag, Zürich.

Skuhravá M., Stöcklin J., Weppler T. (2006)
Geomyia n. gen. *alpina* n. sp. (Diptera: Cecidomyiidae), a new gall midge species associatied with flower heads of *Geum reptans* (*Rosaceae*) in the Swiss Alps. Mitteilungen der Schweizerischen Entomologischen Gesellschaft 79, S. 107–115.

Spiegelberger T., Hegg O., Matthies D., Hedlund K., Schaffner U. (2006a)
Long-term effects of short-term perturbation in a subalpine grassland. Ecology 87, 1939–1944.

Spiegelberger T., Matthies D., Müller-Schärer H., Schaffner U. (2006b)
Scale-dependent effects of land use on plant species richness of mountain grassland in the European Alps. Ecography 29, pp. 541–548.

Stalder R. et al. (2005)
Szenarien zu den Rahmenbedingungen der Schweizer Berglandwirtschaft im Jahr 2015. Arbeitsbericht vom 30. Mai 2005.

Steiger P. (1998)
Wälder der Schweiz. 3rd ed. Ott Verlag, Thun.

Stiftung Landschaftsschutz Schweiz (2005)
Landschaftsschutz 2004, Bern.

Stoffel M., Wehrli A., Kühne R., Dorren L.K.A., Perret S., Kienholz H. (2006)
Assessing the protective effect of mountain forests against rockfall using a 3D simulation model. Forest Ecology and Management 225, pp. 113–122.

Stuber M., Bürgi M. (2001)
: Agrarische Waldnutzungen in der Schweiz 1800–1950. Waldweide, Waldheu, Nadel- und Laubfutter. Schweizerische Zeitschrift für Forstwesen 152, S. 490–508.

Suter W. (2005)
: Vom Verbissprozent zur Walddynamik: Der weite Weg zum Verständnis der Wechselbeziehungen zwischen Wald und Huftieren. Forum für Wissen 2005, S. 7–16. Eidg. Forschungsanstalt für Wald, Schnee und Landschaft WSL, Birmensdorf.

SVS – BirdLife Schweiz (2001)
: Berge – Natur vom Alpenbogen bis zum Kaukasus. SVS, Zürich.

Tangerini A., Clivaz Ch. (2005)
: Final Scientific Report NFP 48, Chavannes-près-Renens.

Tasser E., Mader M., Tappeiner U. (2003)
: Effects of land use in alpine grasslands on the probability of landslides. Basic and Applied Ecology 4, pp. 271–280.

Theurillat J.-P., Schlüssel A., Geissler P., Guisan A., Velluti C., Wiget, L. (2003)
: Vascular plant and bryophyte diversity along elevational gradients in the Alps. In: Nagy L., Grabherr G., Körner C., Thompson D.B.A. (eds.). Alpine biodiversity in Europe, pp. 185–193. Springer Verlag, Berlin.

Thomet-Thoutberger P. (1991)
: Vorschläge zur ökologischen Gestaltung und Nutzung der Agrarlandschaft. NFP Boden, Bern.

Thurston P., Bosshard A., Gerber R., Schiess C., Schüpbach W. (1992)
: Landwirtschaft und Naturschutz aus Bauernhand. Schlussbericht des CH 91-Pilotprojektes auf 9 Bauernhöfen im Kanton Zürich 1989–1991. Zürcher Vogelschutz, Zürcher Naturschutzbund, WWF Sektion Zürich und Zürcher Bauernverband, Zürich. 58 S.

Van der Heijden M.G.A., Boller T., Wiemken A., Sanders I.R. (1998a)
: Different arbuscular mycorrhizal fungal species are potential determinants of plant community structure. Ecology 79, pp. 2082–2091.

Van der Heijden M.G.A., Klironomos J.N., Ursic M., Moutoglis P., Streitwolf-Engel R., Boller T., Wiemken A., Sanders I.R. (1998b)
: Mycorrhizal fungal diversity determines plant biodiversity, ecosystem variability and productivity. Nature 396, pp. 69–72.

van Elsen T. (Hrsg.) (2005)
: Einzelbetriebliche Naturschutzberatung – Ein Erfolgsrezept für mehr Naturschutz in der Landwirtschaft. Beiträge zur Tagung vom 6.–8. Oktober 2005 in Witzenhausen. FiBL Deutschland e.V., Witzenhausen.

Veit H. (2002)
: Die Alpen – Geoökologie und Landschaftsentwicklung. Verlag Eugen Ulmer, Stuttgart.

Von Moos A. (2003)
: Untersuchungsgebiet Sarnen OW: Standörtliche und forstliche Grundlagendaten, Vorkommen und Nutzung der Weisstanne von 1900 bis heute. Technischer Bericht, Wald-Wild-Konflikt.

Von Wyl B. (2005)
: Geschichte der Tanne im Entlebuch. Technischer Bericht 46 S.

Walker J., Heeb J., Hindenlang K. (2005)
: Plattform Stotzigwald: Wald- und Wildmanagement im Kanton Uri. Forum für Wissen 2005, S. 51–58. Eidg. Forschungsanstalt für Wald, Schnee und Landschaft WSL, Birmensdorf.

Walther G.R. (2004)
: Plants in a warmer world. Perspectives in Plant Ecology, Evolution and Systematics 6, pp. 169–185.

Walther G.R., Beissner S., Burga C.A. (2005)
: Trends in the upward shift of alpine plants. Journal of Vegetation Science 16, pp. 541–548.

Wasser B., Frehner M. (1996)
: Minimale Pflegemassnahmen für Wälder mit Schutzfunktion – Eine Wegleitung. Bundesamt für Umwelt, Wald und Landschaft, Bern.

Wehrli A. (2006)
: Mountain forest dynamics and their impacts on the long-term protective effect against rockfall – A modelling approach. Dissertation Nr. 16358, ETH Zürich.

Weiss J. (2000)
: Das Missverständnis Landwirtschaft. Befindlichkeit, Selbstbild und Problemwahrnehmung von Bauern und Bäuerinnen in unsicherer Zeit. Chronos.

Weyand A. (2005)
    Drivers of grassland biodiversity in the Swiss Alps.
    PhD Thesis, University of Zurich, Zürich.

Wipf S., Rixen C., Fischer M., Schmid B., Stoeckli V. (2005)
    Effects of ski piste preparation on alpine vegetation.
    Journal of Applied Ecology 42, pp. 306–316.

Wohlgemuth T. (2002)
    Environmental determinants of vascular plant species richness
    in the Swiss alpine zone. In: Körner C., Spehn E.M. (eds.).
    Mountain biodiversity: a global assessment, pp. 103–116.
    Parthenon Publishing, New York.

Wohlgemuth T., Bugmann H., Lischke H., Tinner W. (2006)
    Wie rasch ändert sich die Waldvegetation als Folge von raschen
    Klimaveränderungen? Forum für Wissen 2006, S. 7–16,
    Eidg. Forschungsanstalt für Wald, Schnee und Landschaft WSL.

WWF Schweiz (Hrsg.) (2005)
    Alpen im Überblick. Natura 2000 und Smaragd.
    WWF Schweiz, Zürich.

Zemp M., Haeberli W., Hoelzle M., Paul F. (2006)
    Alpine glaciers to disappear within decades? Geophysical
    Research Letters 33, L13504, doi:10.1029/2006GL026319.

Zoller H., Bischof N., Erhardt A., Kienzle U. (1984)
    Biozönosen von Grenzertragsflächen und Brachland in den
    Berggebieten der Schweiz. In: Brugger E.A., Furrer G.,
    Messerli B., Messerli P. (eds.). Umbruch im Berggebiet,
    S. 523–548. Verlag Paul Haupt, Bern.